Werner Tusche

# Reden und Überzeugen

## Rhetorik im Alltag

Fünfte, aktualisierte Auflage

Bund-Verlag

Die Deutsche Bibliothek – CIP-Einheitsaufnahme

**Tusche, Werner:**
Reden und Überzeugen : Rhetorik im Alltag / Werner Tusche. –
5., aktualisierte Aufl. – Frankfurt am Main : Bund-Verl., 2001
    ISBN 3-7663-3258-9


**5. Auflage 2001**

© 1988 by Bund-Verlag GmbH, Frankfurt am Main
Herstellung: Inga Tomalla, Frankfurt am Main
Umschlag: Angelika Richter, Heidesheim
Satz: Typomedia Satztechnik GmbH, Ostfildern
Druck: Freiburger Graphische Betriebe, Freiburg
Printed in Germany 2001
ISBN 3-7663-3258-9

## Zu diesem Buch

Eines wird heute kaum mehr bezweifelt: Reden ist erlernbar.
Aber, so werden Sie jetzt vielleicht fragen, kann man es denn lernen, indem man ein Buch über Rhetorik durcharbeitet? Sagt nicht der Volksmund, Reden lernt man nur durch reden? Das ist gewiss im Kern richtig. Dieses Buch kann nicht die Praxis ersetzen. Es kann sie aber wesentlich ergänzen und Ihnen dadurch auch zu mehr Erfolg im Ernstfall verhelfen.
Haben auch Sie – wie so viele – Probleme beim Reden vor und mit anderen? Meist handelt es sich dabei um mangelnde Selbstsicherheit. Vielleicht sind Sie auch nur mit gewissen rhetorischen beziehungsweise argumentativen Techniken und Verhaltensweisen zu wenig vertraut.
Ich möchte Ihnen mit diesem Buch ein paar Türen öffnen und Ihnen vor allem zeigen, wie Sie zu mehr Sicherheit beim Reden gelangen können, was Sie von der rhetorischen Kommunikation für Ihre persönliche Praxis wissen sollten und worauf es hier besonders ankommt.
»Reden und überzeugen« ist aus vielfältiger Erfahrung und Beobachtung im öffentlichen und privaten Leben entstanden. Dieser Ratgeber liegt nun bereits in fünfter Auflage vor. Dieser Ratgeber ist aber auch das Ergebnis meiner langjährigen pädagogischen Arbeit mit Erwachsenen aller Altersstufen und Bildungsgrade, deren Anregungen, Fragen und Wünsche wesentlich zum Entstehen des Buches in dieser Form beigetragen haben. Wegen dieses Praxisbezuges habe ich auf eingehendere theoretische Erörterungen ebenso verzichtet wie auf entbehrliche Fachausdrücke. Ein Maximum an Beispielen soll Ihnen neben Zusammenfassungen und Übersichten die Einprägung erleichtern: Mit Hilfe der Übungen in den einzelnen Kapiteln und der am Ende dieses Buches abgedruckten Lösungsvorschläge (Kap. XVI) können Sie schließlich Ihre Lernfortschritte selbst kontrollieren.
Vielleicht interessieren Sie sich auch für die eine oder andere Hintergrundinformation zum besseren Verständnis des Themas und seiner Probleme.

**Referieren, Diskutieren, Argumentieren** und **Verhandeln** sind die Schwerpunkte dieses Buches. Denn in diesen Fertigkeiten haben wir uns alle täglich zu bewähren, sei es im Privatleben, beruflich, bei Vereinen, Parteien oder bei anderen öffentlichen Institutionen.

»Schweigen ist zwar – wie das Sprichwort behauptet – Gold, dennoch kommt niemand um das Reden herum.« (Theo Riegler)

Wir sehen uns heutzutage einer wachsenden Flut öffentlicher Äußerungen ausgesetzt wie keine Generation zuvor. Vielleicht ist Ihnen das Wort »Rhetorik« dadurch etwas anrüchig geworden und Sie denken wie viele vor allem an Meinungsmanipulation und Schönfärberei. Auf der anderen Seite müssen wir aber auch selbstkritisch feststellen, dass unsere eigene Dialogfähigkeit offensichtlich Schaden genommen hat.

Sind nicht auch unsere Gespräche oft nur ein Austausch von Oberflächlichkeiten? Wann reden wir noch tatsächlich miteinander?

Ich hoffe, dieses Buch kann auch dazu beitragen, Ihr kritisches Bewusstsein gegenüber der »Sprache der Macher« zu schärfen und gleichzeitig Ihre Fähigkeit zum sprachlichen Kontakt, zum Aufeinander-eingehen, weiterzuentwickeln.

Werner Tusche

# Inhaltsverzeichnis

# I. Schlüsselwort »Rhetorik«

*»Der Mensch steckt im Herzen, nicht im Kopf.«*
*Arthur Schopenhauer*

## 1. Einige Worte vorweg

Wenn über das Reden gesprochen wird, fällt auch meist der Begriff »Rhetorik«. Was bedeutet dieser Ausdruck? Dazu ein kurzer Blick in die Vergangenheit.

Das Wort »Rhetorik« stammt aus dem Altgriechischen und führt uns an die Wiege der abendländischen Kultur zurück. Damals, vor mehr als zweitausend Jahren, wurde in enger Verbindung mit der griechischen Philosophie auch die »**Kunst der Rede**« entwickelt. Sie fand Anwendung vor allem in der politischen Rede – Athen war ein demokratischer Stadtstaat – und in der Gerichtsrede.

Was von antiken Reden überliefert ist, zeigt uns, mit welcher Kunstfertigkeit damals öffentlich gesprochen wurde, wie man vor allem die Technik der Argumentation beherrschte und es verstand, Reden wirksam, ja schön zu gestalten. Lange galt deshalb auch Rhetorik als die »Kunst der *schönen* Rede«. Doch was schön ist, unterliegt zunächst dem Zeitgeschmack. Zwischen der Rhetorik des Griechen Demosthenes, Martin Luthers, eines Schillerschen Bühnenhelden, Thomas Manns oder eines öffentlichen Redners unserer Tage gibt es erhebliche Unterschiede, deren Ursache vor allem im Stilempfinden der jeweiligen Zeit liegt.

Aber auch die individuelle Eigenart und Bewertung spielen dabei bekanntlich eine große Rolle. »Der Stil ist der Mensch« gilt hier wie auch bei allen anderen Lebensäußerungen.

Nie jedoch war schönes und damit auch wirksames Reden Geschmackssache allein. Über die Jahrhunderte hinweg haben sich für die Rhetorik *objektive Regeln* erhalten, die auch heute noch Gültigkeit besitzen, weil sie zeitlos sind. So sagt zum Beispiel der Dichter Christoph Martin Wieland, ein Zeitgenosse Goethes:

»Wir verstehen unter der Redekunst eine auf die Kenntnis der Regeln gegründete Fertigkeit, wohl zu reden, das ist, durch seine

Reden die Zuhörer zu überzeugen, sich ihrer Affekte zu bemeistern und sie zu dem Zweck zu lenken, den man sich gesetzt hat.« Wieland bringt im Stil des 18. Jahrhunderts zum Ausdruck, dass man »wohl zu reden« lernen kann. Denn er nennt die Redekunst (Kunst von »können« abgeleitet) eine Fertigkeit. Dieser Meinung war man auch schon in der Antike. Die Römer sagten kurz und bündig: »Dichter werden geboren, Redner werden gemacht.«

Ein zweites wird aus den Worten Wielands deutlich: Reden zielt auf Überzeugen ab und darauf, die »Affekte« (Gefühle) der Zuhörer zu »bemeistern« und zweckentsprechend zu »lenken«. Überzeugen bedeutet also, den Zuhörer nicht nur rational, das heißt verstandesmäßig, sondern vor allem in tieferen Schichten, emotional, zu erreichen und damit sozusagen sein »Herz« zu gewinnen. Das kann allerdings auch Manipulation bedeuten. Geschichte und Gegenwart liefern zahlreiche Beispiele dafür, wie groß die Beherrschbarkeit des Menschen durch die Sprache ist. Der Soziologe Helmut Schelsky urteilt: »In der Herrschaft durch Sprache ist ein Herrschaftsgrad von Menschen über Menschen erreicht, demgegenüber physische Gewalt geradezu harmlos und veraltet ist.«

Rhetorik war und ist noch heute keineswegs allein die Kunst, »schön« zu reden, sondern vor allem ein Weg, andere zu beeinflussen, ja zu beherrschen. Das gilt natürlich nicht nur für die öffentliche Rede, etwa im politischen Rahmen, sondern auch für jedes Gespräch im Alltag, wo Meinungen eine Rolle spielen. Hier können wir immer wieder bestätigt finden, was Wieland vom Überzeugen gesagt hat.

Was da im Einzelnen vor sich geht, möchte ich an einem simplen Beispiel darstellen.

## 2. Wie reden wir miteinander?

Hier ein Ausschnitt aus einem ganz alltäglichen Disput im Familienkreis: Vater, Mutter und Sohn Fritz (17) sitzen am Tisch. Das Abendessen ist gerade beendet. Fritz schaut ungeduldig auf die Uhr, will aufstehen und gehen.

*Vater:*    Du hast es aber eilig! Was hast du denn heute noch vor –
oder dürfen wir das nicht wissen?

*Fritz:*    Entschuldigt, aber ich treffe mich um sieben mit Freunden,
und es ist schon zehn vor.

*Mutter:*    Was, schon wieder musst du weg? Du bist ja an keinem
Abend mehr daheim!

*Vater:*    Und dann kommst du immer viel zu spät zurück!

*Fritz:*    Ich habe heute eine wichtige Besprechung mit Florian, Hans
und Otto. Wenn ihr nichts dagegen habt, fahren wir in den
Ferien zum Camping an den Bodensee. Florian hat letzte
Woche den Führerschein gemacht und kriegt von seinem
Vater den Wagen geliehen.

*Mutter:*    Das ist eine gute Idee! Am Bodensee ist es sehr schön, auch
die Berge sind nicht weit weg. Ich war da auch mal im
Urlaub vor vielen Jahren.

*Vater:*    Nun, ich weiß nicht, ob das richtig ist. Wenn Florian erst vor
kurzem den Führerschein bekommen hat, dann wird er
noch nicht sicher genug fahren können. Wie oft gibt es
Unfälle wegen mangelnder Fahrpraxis! Erst vor zwei Tagen
ist ein Achtzehnjähriger wegen zu hoher Geschwindigkeit
von der Fahrbahn abgekommen und schwer verunglückt.

*Fritz:*    Aber Vater, Florian fährt bestimmt vorsichtig! Da kannst du
ganz beruhigt sein. Der ist zuverlässig, der wird nie ein
Raser!

*Mutter:*    Na, hoffentlich hast du Recht!

*Vater:*    Was weißt du schon von anderen Menschen, Fritzchen! Das
kannst du noch gar nicht beurteilen, da fehlt dir doch die
nötige Lebenserfahrung. Außerdem begeisterst du dich immer viel zu schnell für etwas – und dann kommt die große
Enttäuschung.

*Fritz:*    Jetzt übertreibst du aber gewaltig! Es wird schon nichts
passieren. Wenn Florians Vater ihm den Wagen leiht, dann
hat er auch Vertrauen in seinen Sohn. Und der kennt ihn
doch schließlich am Besten. Außerdem sind es ja noch acht
Wochen bis zu den Ferien, da holt sich Florian schon noch
genügend Fahrpraxis.

*Mutter:  Und wie steht's mit der Ausrüstung? Ich glaube, da sind*
*noch viele andere Fragen offen, über die wir reden müssen.*
*Also, unsere Zustimmung hast du noch nicht!* . . . . . .

Drei Menschen reden miteinander, stehen in sprachlicher Kommunikation. Gegenstand des Gesprächs ist der Plan des Sohnes, in den Ferien mit Freunden zum Camping zu fahren. Es kommt dabei zu einer Meinungsverschiedenheit zwischen den Eltern und ihrem Sohn, weil Florian, der Freund von Fritz, Führerscheinneuling ist und den Eltern als Fahrer nicht zuverlässig genug erscheint. Sie befürchten, die jungen Leute könnten unterwegs verunglücken.

Betrachten wir dieses Gespräch genauer, so sehen wir, dass es gewissermaßen auf **zwei Ebenen** verläuft.

Zunächst geht es um das Projekt Campingurlaub. Fritz informiert seine Eltern sachlich über Ort und Zeit, wer dabei sein wird und wer den Wagen fährt. Seine Mutter äußert sich positiv zur Lage des Bodensees. Der Vater hat Einwände. Aus der Tatsache, dass Florian erst vor kurzem den Führerschein erworben hat, folgert er, dass er noch nicht sicher genug fahren kann. Er weist dabei auf den schweren Unfall eines jungen Mannes hin, der wenige Tage zuvor passiert ist.

Fritz hält dem entgegen, dass sein Freund zuverlässig sei. Er argumentiert auch mit dem Vertrauen von dessen Vater. Außerdem könne sich Florian noch bis Ferienbeginn am Steuer üben.

Alle diese Äußerungen sind themabezogen und klingen sachlich und informativ. Sie bewegen sich auf der **rationalen Ebene.** Andererseits enthält dieses Gespräch, wie jede Kommunikation, auch viele emotionale Elemente.

Das beginnt schon mit der Eile des Sohns und der Reaktion seiner Eltern (»Musst du schon wieder weg?«). Dann folgen Vorwürfe der Eltern (»Du bist ja an keinem Abend mehr daheim! – Du kommst immer viel zu spät zurück!«)

Bevor Fritz von dem Vorhaben der Freunde spricht, sagt er: »Wenn ihr nichts dagegen habt, . . .« und drückt damit aus, dass er mit dem Widerstand der Eltern rechnet.

Die Mutter findet den Plan gut und erinnert sich an eigene Urlaubserfahrungen; der Vater ist skeptisch, worauf Fritz unter anderem sagt, er könne ganz beruhigt sein. Dann wird auch die Mutter unsicher (»Hoffentlich hast du Recht!«).

Schließlich geht der Vater seinen Sohn persönlich an: »Fritzchen«(!) habe zu wenig Lebenserfahrung und begeistere sich immer viel zu schnell für etwas, worauf Fritz von Übertreibung spricht. Am Ende hat Fritz die Skepsis seiner Eltern nicht ausräumen können.

Hier wird eine zweite Gesprächsebene sichtbar, die des Gefühls und der persönlichen Einschätzungen. Sprachliche Kommunikation spielt sich immer auf beiden Ebenen ab, auf der des Verstandes und auf der des Gefühls und des Willens: auch **Inhalts- und Beziehungsebene** genannt. Wie die drei Personen im eben skizzierten Disput, so äußern auch wir uns immer sowohl inhaltlich-rational als auch personenbezogen-emotional. Und wenn wir einem Redner zuhören, dann nehmen wir nicht nur auf, was er uns inhaltlich vermittelt, sondern wir erleben diesen zugleich – wenn auch nur teilweise bewusst – als Person durch eine Vielzahl von Signalen, die von ihm ausgehen und in uns Empfindungen wecken.

Das beginnt bei der Körperhaltung und anderen körpersprachlichen Äußerungen (Blick!) und geht über die Sprechweise bis hin zu Haartracht und Kleidung.

Aus alledem ergibt sich erst das »Bild« vom Anderen, das eigene Urteil, wobei unser Gefühl letztlich den Ausschlag gibt, auch wenn wir es uns oft nicht eingestehen oder gar nicht wissen. »Das Herz hat seine Gründe, welche die Vernunft nicht kennt« (Pascal). Wir »rationalisieren«, schieben Verstandesgründe für unsere Bewertung vor.

Zur Beziehungsebene gehört auch der **Selbstbezug** des Sprechenden. Wer redet, der steht immer auch mit sich selber in Kommunikation und hat das Bedürfnis nach Selbstdarstellung. Er kommt sich vielleicht großartig vor, wenn ihm eine Formulierung gelungen ist – man kann das oft am Gesicht ablesen – und erlebt sich als überlegenen Gesprächspartner, wie etwa der Vater im oben wiedergegebenen Familiendisput, wenn er seinem »Fritzchen« gegenüber herablassend seine Lebenserfahrung ins Spiel bringt.

Dieser Selbstbezug kann umgekehrt auch sehr negativ ausfallen. Wenn jemand beim Reden Schwierigkeiten hat, den Faden verliert oder nicht die richtigen Worte findet, dann kann das weh tun und entmutigen.

| ! | **Wichtig:**

Lernziel Nummer eins: Klar und wirksam sprechen
Wenn wir diese beiden Ebenen der Kommunikation vor Augen haben, wird uns deutlich, dass Rhetorik im Kern auf zweierlei abzielt: dass man klar *und* wirksam spricht, wobei »klar« die Inhaltsebene und »wirksam« die Beziehungsebene betrifft. Das soll unser erstes Lernziel sein.
Was immer Ihre Redesituation kennzeichnet, ob Sie referieren, diskutieren oder verhandeln, ob Sie vor oder mit anderen sprechen, in jedem Fall kommt es darauf an, dass Sie sich klar und wirksam ausdrücken.
In der Praxis des Redens sind beide Komponenten ebenso wenig voneinander zu trennen wie die Ebenen der Kommunikation. Wir Menschen sind ja auch nicht mit Schubfächern für die verschiedenen Erlebnis- und Wahrnehmungsbereiche ausgestattet, sondern geistig-seelisch-körperliche Ganzheiten, bei denen im Grunde alles miteinander verbunden ist und aufeinander einwirkt.
Diese wichtige Tatsache wollen wir immer im Auge behalten, wenn wir uns zunächst damit befassen, was es mit »klar und wirksam« im Einzelnen auf sich hat und wie wir dieses Lernziel am Besten erreichen.

## II. Wie Sie Klarheit erzielen

*»Eine unklare Rede ist ein blinder Spiegel«*
*(Chinesisches Sprichwort)*

Klar reden heißt vor allem, sich verständlich ausdrücken. Wer informieren und zum Mitdenken aktivieren will, muss versuchen, seinen Gedanken eine möglichst präzise sprachliche Gestalt zu geben. »Jeder Satz sollte der Maßanzug für das Gedachte sein«, formuliert Friedrich Sieburg als Idealvorstellung.

### 1. Einfach und eindeutig formulieren

»Diese ganze Situation unseres Vereins, wir haben gerade gehört, dass ein hauptamtlicher Trainer eingestellt werden soll, ich muss sagen, dass es unserem Verein, wenigstens im Augenblick, falls die Zahlen stimmen, gar nicht so gut geht.« So äußerte sich ein Mitglied bei einer Sportvereinsversammlung nach dem Tätigkeitsbericht des Vorsitzenden.

Gewiss, wir haben verstanden, was der Betreffende gemeint hat und worauf sein Diskussionsbeitrag hinauslief. Das hätte er aber auch einfacher und klarer sagen können. Sollte schon der geschriebene Satz übersichtlich, das heißt nicht zu kompliziert gebaut sein, so gilt das erst recht für den gesprochenen.

Wer beim freien Formulieren zu lange Sätze produziert, macht es nicht nur seinen Zuhörern, sondern auch sich selbst unnötig schwer. Die einzelnen Teile passen oft nicht mehr zusammen, man hat Probleme mit dem richtigen Satzabschluss und kommt dann auch gedanklich durcheinander. Hier gilt es, Selbstdisziplin zu üben, den roten Faden des Gedankenganges stets im Auge zu behalten und spontane Einfälle so einzubauen, dass man selber den gedanklichen Bogen noch überblickt.

Sprachlich bedeutet dies, dass man schon beim Anformulieren eines Satzes dessen Hauptstützen anpeilt, dass man vor allem weiß, welches Verb zu welchem hauptwörtlichen Begriff gehört.

Unser Sportsmann hätte seine Stellungnahme besser in mehrere kurze Sätze fassen sollen.

Wie hätten Sie das ausgedrückt? Versuchen Sie es, bevor Sie die Fußnote lesen!*

Zum **Verb** hier folgende Anmerkung: Da in der deutschen Sprache in Nebensätzen das Verb erst am Schluss steht, kann es einem zu gedanklichen Umwegen neigenden Redner bei mangelnder Konzentration und entsprechender Ungeübtheit leicht passieren, dass er, schließlich am Ende eines solchen Satzgefüges angelangt, nicht mehr weiß, wie er *begonnen hat*, und deshalb den richtigen Abschluss durch das passende Verb verfehlt.

Stellen Sie sich diesen eben formulierten Satz gesprochen vor und beachten Sie dabei die Stellung der Verben. Ein frei formulierender Redner tut sich entschieden leichter, wenn er einen solchen Gedanken einfacher in mehreren Sätzen strukturiert, zum Beispiel so:

*1. Satz:* In deutschen Nebensätzen steht das Verb erst am Schluss.

*2. Satz:* Konzentration und Übung sind deshalb nötig, damit man ein Satzgefüge richtig zu Ende führt.

*3. Satz:* Es kann nämlich passieren, dass man nach mehreren Einschiebungen nicht mehr weiß, wie man begonnen hat.

*4. Satz:* Dann verfehlt man leicht den richtigen Abschluss durch das passende Verb.

Bei zweigeteilten Prädikaten mit *Hilfsverben* wie »haben« oder »sein« ist schon bei relativ einfachen Formulierungen frühzeitig das Satzende anzupeilen, wenn es keine Bruchlandung geben soll:

– Der Redner *hat* in seinem Vortrag eine Reihe von aktuellen Fragen der Energiepolitik *behandelt*.

---

\* Er hätte es etwa so sagen können:

»Wir haben gerade gehört, dass ein hauptamtlicher Trainer eingestellt werden soll.

Falls die Zahlen stimmen, ist die finanzielle Situation unseres Vereins aber gar nicht so gut.

Ich meine deshalb, dass wir uns im Augenblick keinen leisten können.«

aber:
– Der Redner *ist* in seinem Vortrag *auf* eine Reihe von aktuellen Fragen der Energiepolitik *eingegangen.*

Hier stellt das Hilfsverb gleichsam die Weiche für das Satzende. Also vorausschauen, nie aufs Geratewohl mit einem Satz beginnen! Das Institut für Kybernetik der Gesamthochschule Paderborn hat nach langjährigen Versuchen mit mehr als 1000 Menschen herausgefunden, dass gut die Hälfte aller Erwachsenen Sätzen mit mehr als 13 Wörtern nicht mehr folgen kann. Den Anfang eines Satzes vergessen rund ein Drittel aller Erwachsenen bereits dann, wenn 11 Wörter ohne Pause aneinandergereiht würden. Bei geschachtelten Sätzen mit 18 oder mehr Wörtern schrumpfe die Zahl der verstandenen Wörter auf 15 Prozent. Überschätzen Sie daher nicht die Aufnahmefähigkeit Ihrer Zuhörer!

Wie Sie es nicht machen sollten, hat uns der Satiriker Kurt Tucholsky in seinen vielzitierten »Ratschlägen für einen schlechten Redner« in amüsanter Übertreibung vorgeführt: »Sprich mit langen, langen Sätzen – solchen, bei denen du, der du dich zu Hause, wo du ja die Ruhe, deren du so sehr benötigst, deiner Kinder ungeachtet, hast, vorbereitest, genau weißt, wo das Ende ist, die Nebensätze schön ineinander geschachtelt, so dass der Hörer, ungeduldig auf seinem Sitz hin und her träumend, sich in einem Kolleg wähnend, in dem er früher so gern geschlummert hat, auf das Ende solcher Periode wartet.«

Manche erschweren sich die Vollendung eines Satzes mit dem passenden Verb auch dadurch, dass sie eine Tätigkeit (z.B. erziehen) hauptwörtlich bezeichnen (Erziehung). Dazu brauchen sie dann aber ein weiteres Verb, welches sich zu »Erziehung« gesellen lässt – und das ist gar nicht so leicht zu finden! Die Folge: Der Redefluss stockt, der Sprecher wird verunsichert und kommt vielleicht auch gedanklich ins Schleudern.

Beispiel: »Junge Eltern wissen oft nicht, wie die Erziehung eines Kindes ...« (aussehen soll, zu bewerkstelligen ist, geht, sein soll, erfolgt? – alles wenig befriedigende Lösungen). Deshalb ist es besser, die **Tätigkeit im Verb** auszudrücken: »Junge Eltern wissen oft nicht, wie man ein Kind *erzieht*.« So ist der Satzabschluss sprachlich kein Problem mehr.

Es empfiehlt sich, auch sonst das Verb dem hauptwörtlichen Begriff öfter vorzuziehen. Das macht die Aussage direkter, fasslicher und übrigens auch schöner.

Nicht:    »Wir müssen für die *Beseitigung* dieses Missstandes *Sorge tragen* und bald eine *Besprechung* darüber *anberaumen*.«

Sondern: »Wir müssen diesen Missstand *beseitigen* und bald darüber *sprechen*.«

Eine weit verbreitete Erscheinung beim freien Formulieren ist auch die **Verwendung von Füllwörtern** wie »also«, »eigentlich«, »an und für sich«, »sozusagen«, oder von *Fülllauten* wie »äh« und »em«, wenn einem im Moment der treffende Ausdruck fehlt oder wenn man eine Denkpause braucht. Dagegen ist grundsätzlich nichts einzuwenden, das tun in Maßen auch geübte, souveräne Redner. Lästig für Zuhörer kann es jedoch sein, wenn solche Wörter oder Laute zur Gewohnheit geworden sind, sich verselbständigt haben und keinerlei Rechtfertigung mehr in der Sprechdenk-Strategie besitzen.

Bei echten Wortfindungsproblemen sollte man besser den Redefluss rechtzeitig abbremsen, eventuell ein Wort oder eine Silbe etwas dehnen oder einfach eine kleine Sprechpause einlegen. **Sprechdenken** ist wie Autofahren: Langsam beginnen, Tempo allmählich steigern, wissen, wohin man will, vorausdenken, um bei Hindernissen rechtzeitig »schalten« zu können, die Gesamtsituation stets im Auge behalten.

Wie sich dieses »Denken im Sprechen« präzise abspielt, kann kaum exakt beschrieben werden, da es zum erheblichen Teil unterhalb der Schwelle des Bewusstseins stattfindet. Vor allem ist umstritten, ob unsere Gedanken die Worte produzieren oder ob es die präsenten Worte sind, die unser Denken steuern. Denn wenn ein Gedanke Gestalt annimmt, ist er bereits sprachlich eingekleidet. »Die Sprache ist der Leib des Denkens« (Hegel). Wahrscheinlich hat Nietzsche Recht, wenn er sagt:

»Wir haben in jedem Moment eben nur den Gedanken, für welchen uns die Worte zur Hand sind, die ihn ungefähr auszudrücken vermögen.«

Das unterstreicht die Bedeutung des aktiven Wortschatzes. Wer gelegentlich in einer Fremdsprache sprechdenken muss, der weiß, wie Lücken im aktiven Wortschatz auch gedanklich einengen können.

Auch die **Wortwahl** sollte einfach und eindeutig sein. Fachausdrücke bzw. Fremdwörter, die der Zuhörer nicht versteht, sollten erläutert werden, wenn man sie schon nicht vermeiden kann. Besonders problematisch wird es, wenn in einem Satz abstrakte, d.h. unanschauliche Begriffe sich gleichsam auf den Füßen stehen, so dass der Uneingeweihte dem Gesagten nicht oder nur mit großer Mühe folgen kann: der Durchblick ist versperrt.

Belege hierfür liefert das Juristen- oder Behördendeutsch in reicher Zahl, aber auch das »Polit-Chinesisch« bestimmter Gruppierungen. Deren spröde Rhetorik nährt mitunter den Verdacht, gar nicht von allen verstanden werden zu wollen.

Ein Beispiel:»Solidarität auf der Basis des Kollektivs, das Individuation fürchtet oder nicht zulässt, verfestigt Ohnmacht.«

Nicht immer ist es also die Länge, die einen Satz schwer verständlich macht. Oft liegt es am Einzelausdruck und an der Häufung von abstrakten Begriffen unter gleichzeitiger Ausdörrung des Satzes fast bis auf Telegrammstil.

Der hier ausgedrückte Gedanke – das Zitat stammt aus einer Studentendiskussion – erfordert im Klartext mindestens zwei Sätze und etwa doppelt so viele Worte. Versuchen Sie es selbst, bevor Sie die Fußnote lesen!*

Natürlich gelingt die richtige Wortwahl um so besser, je größer der schon erwähnte aktive Wortschatz ist. Darunter versteht man den Vorrat an präsenten Ausdrücken während des Sprechdenkens im Unterschied zum passiven Wortschatz, also jenen Wörtern und Wendungen, die wir zwar verstehen, aber nicht selbst benutzen. Schon die Definition legt nahe, wie man seinen aktiven Wortschatz

---

* Gemeint schien etwa das zu sein:
  Der Zusammenhalt in einer Gemeinschaft wird ständig geschwächt, wenn sich der Einzelne darin nicht frei entfalten darf. Wir sollten uns deshalb davor nicht fürchten, jeden auf seine Weise zum Zuge kommen zu lassen.

erweitern kann: durch Einübung, d.h. durch wiederholte Anwendung von bestimmten Ausdrücken in Sinnzusammenhängen. Das Einpauken von isolierten »Vokabeln« bringt kaum etwas, wenn die Verwendung in Sätzen nicht hinzukommt.

Gute Übungen zur Erweiterung des aktiven Wortschatzes sind:

– das laute Vorlesen von Texten, z.B. Zeitungsmeldungen;
– die Wiedergabe von Gelesenem in freier Formulierung, aber unter bewusster Verwendung bestimmter Ausdrücke (diese eventuell notieren!);
– die Beschreibung von Personen, Gegenständen und Vorgängen;
– das Suchen von Synonymen (Begriffe von gleicher Bedeutung) in Sinnzusammenhängen: Wie kann ich dasselbe anders ausdrücken? (Siehe auch »Anregungen für weitere Übungen«, Seite 284 ff.)

## 2. Sinnzusammenhang vor Augen haben

Stellen Sie sich vor, ein Freund erzählt Ihnen folgendes Erlebnis:

*»Am letzten Sonntag hörte ich plötzlich ein Geräusch. Ich schlich in den Hausflur und sah durch die halb geöffnete Tür, wie ein Einbrecher sich an meinem Schreibtisch zu schaffen machte.*

*Als die Polizei nach etwa zehn Minuten erschien, war der Einbrecher bereits aus dem Haus.*

*Seine Beute, ein paar Schmuckstücke und Geldscheine, wurde ihm sofort abgenommen.*

*So hatte ich nochmals Glück gehabt. Ich werde jedenfalls nie mehr vergessen, vor dem Schlafengehen die Fenster im Erdgeschoss zu schließen.«*

Wenn Sie diese Geschichte so hören, werden Sie sicher nicht ganz klarkommen und Fragen an Ihren Freund haben: Warum ist die Polizei nach etwa zehn Minuten erschienen? War das Zufall oder wurde sie von jemandem gerufen? Wie konnte dem Einbrecher die Beute abgenommen werden, wenn er doch bereits aus dem Haus war, als die Polizei ankam?

Ihr Freund hat zwei wesentliche Umstände unerwähnt gelassen. Zum einen, dass er, während der Einbrecher noch im Haus war, unbemerkt die Polizei anrufen konnte, zum anderen, dass der Einbrecher auf der Straße gestellt und festgenommen wurde. Außerdem hätte der Hinweis auf die Tatzeit statt am Schluss schon im ersten Satz untergebracht werden müssen: »Am letzten Sonntag hörte ich *mitten in der Nacht* plötzlich ein Geräusch.«

Erst jetzt ist die Geschichte plausibel und verständlich. Klar sprechen, heißt auch, sich geordnet äußern, damit dem Zuhörer der Zusammenhang des Dargestellten deutlich ist. Es sollte nichts Wichtiges fehlen.

Im Wesentlichen geht es hier um die **sachlogisch richtige Reihenfolge** des Gesagten, und zwar **ohne Gedankensprünge**. Was war vorher, was kam danach? Welche Ursache führte zu welchen Folgen? Wie verhielt sich das eine zum anderen? Mit welchen sprachlichen Mitteln kann ich diese Zusammenhänge einsichtig machen?

Das sind Fragen, die sich hier stellen und die es immer wieder zu beachten gilt. Denken Sie nur an Zeugenaussagen über einen Unfallhergang, an Handlungsanleitungen oder an argumentative Zusammenhänge, von denen später noch die Rede sein wird.

Besonders im Zustand der Erregung passiert es uns zuweilen, dass wir sagen, was uns gerade durch den Kopf schießt, statt eines nach dem anderen so darzustellen, wie es zusammengehört und verstanden werden kann.

Konzentration und Selbstkontrolle sind vor allem gefragt, wenn wir von Vorgängen, über die wir zu berichten haben, innerlich aufgewühlt sind. In solchen Situationen sollten Sie stets zunächst innehalten und erst einmal ruhig durchatmen, bevor Sie sich äußern.

Häufig leisten wir uns auch Gedankensprünge oder lassen Einzelheiten in einer Darstellung deshalb weg, weil wir glauben, sie seien für das Verständnis des Ganzen nicht wichtig. Um so mehr wundern wir uns dann, wenn unsere Zuhörer uns missverstanden haben oder um weitere Informationen bitten. Deshalb mein Rat:

 **Hinweis:**

Versetzen Sie sich in die Lage und den Kenntnisstand Ihrer Zuhörer und überlegen Sie vorher genau, was Sie an Verständnis und Wissen voraussetzen können. Das ist freilich nicht immer leicht. Daher die Faustregel: Im Zweifelsfall lieber weniger voraussetzen.

## 3. Kurz und prägnant reden

Ein bundesdeutscher Politiker sagte vor der so genannten Wende in einem »Statement«: »Alle mir und sicher auch Ihnen bekannten Vorzeichen deuten offenbar darauf hin, dass es einen konstruktiven Fortschritt im deutsch-deutschen Dialog geben wird und dass die Gesprächsbereitschaft hüben wie drüben nicht abreißt, die ja nützlich für beide Seiten ist und dem Wohle aller unserer Landsleute dient.«

Sie kennen solche Sätze, besonders aus Politikermund. Da wird mit vielen Worten nur wenig gesagt – mit Absicht? Der Informationsgehalt dieses langen Satzes erschöpft sich in der Mitteilung: Wir werden weiter miteinander reden. Alles andere ist überflüssiges Wortgeklingel, bestehend aus Selbstverständlichkeiten und Schlagworten – kein Beispiel für gute Rhetorik!

Was heißt im Übrigen »konstruktiver Fortschritt«? Ist Fortschritt nicht immer konstruktiv? Ein »destruktiver Fortschritt« wäre ja ein Widerspruch in sich; also hätte hier das Wort »Fortschritt« genügt.

Im vorigen Abschnitt wurde davor gewarnt, sich zu knapp auszudrücken und dabei vielleicht Wesentliches wegzulassen. Damit sollte natürlich keineswegs der Weitschweifigkeit und dem bloßen Geschwafel als dem anderen Extrem das Wort geredet werden.

Wer es an der gebotenen Kürze und Prägnanz fehlen lässt, kann bekanntlich nicht nur sein Publikum tödlich langweilen, sondern wird auch viel Nebel über eine Sache legen. Wenn jemand vom Hundertsten ins Tausendste kommt, verschwimmen meist die Konturen völlig, der Zuhörer weiß nicht mehr, was wirklich wichtig ist und muss sich möglicherweise den Sinn des Gesagten mühsam zusammenklauben.

Wer zu Weitschweifigkeit neigt, sollte sich zur Selbstdisziplinierung nie ohne klares gedankliches Konzept vor ein Publikum stellen und sich auch streng daran halten, gerade dann, wenn er im Thema »zu Hause« ist!

Beim Stichwort Prägnanz ist vor allem an die **Strukturierung** einer Rede gedacht. Besonders bei längeren Ausführungen ist es nötig, Teilbereiche deutlich werden zu lassen, neue Gesichtspunkte hervor-zuheben, Wesentliches von Zeit zu Zeit zusammenzufassen bezie-hungsweise zu wiederholen und dem Publikum damit kleine Ruhe-pausen zur geistigen Verdauung des Gesagten zu gönnen. Auch **Vorankündigungen** können einer Rede mehr Prägnanz geben. Man nennt zum Beispiel eingangs kurz die Gesichtspunkte, die man behandeln will, bevor man sie ausführt. Neue Aspekte können Sie auch durch **rhetorische Fragen** hervorheben.

Sprachlich sieht das beispielsweise so aus:

– »Ich möchte mich nun mit dem Problem . . . beschäftigen.«
  (Teilbereich deutlich machen)
– »Aber auch Folgendes sollte nicht vergessen werden . . .«
  (neuen Gesichtspunkt hervorheben)
– »Wir haben also erkannt, dass . . .«
  (Zusammenfassung)
– »Drei Aspekte sollen im Mittelpunkt meiner Ausführungen ste-
  hen:
  1. . . . 2. . . . 3. . . .«
  (Vorankündigung)
– »Was steht hinter dieser Erscheinung?«
  (rhetorische Frage)

Prägnanz kann auch dadurch erreicht werden, dass man eine – nicht selten komplexe – Erscheinung, Haltung oder programmatische Absicht durch **formelhafte Verkürzung** kennzeichnend »auf den Be-griff« bringt. So kritisiert z. B. ein Diskussionsteilnehmer im Zusam-menhang mit der Raserei auf den bundesdeutschen Straßen die Werbung der Autoindustrie und bringt seine Meinung abschließend auf die Formel: »Hier geht Geschäft vor Menschenleben.«

Beispielen hierfür begegnen wir vor allem in der öffentlichen Rheto-rik, vom biblischen, wieder aktualisierten »Schwerter zu Pflugscha-ren« über Kaiser Wilhelms »Kanonenbootpolitik« bis zur Losung des Weltkirchenrates »Einheit in der Vielfalt«, der feministischen

Formel »Mein Bauch gehört mir« und Egon Bahrs »Wandel durch Annäherung« im Blick auf die deutsch-deutsche Nachbarschaft. Oder wenn jemand zum Ausdruck bringen will, dass diejenigen, die einmal schwache Schüler waren, gern über die Lehrer herziehen, dann fasst er dieses Urteil vielleicht in den prägnanten Satz: »Das ist die Rache der letzten Bank.«

Dieses Verkürzungsverfahren dient indessen, wie beim Aspekt »Wortwahl« bereits erwähnt, nicht immer der größeren Klarheit; vor allem dann nicht, wenn zu viel Vorwissen verlangt und die Symbolsprache nicht voll verstanden wird. So kann zum Beispiel der Sinn der Formulierung »Kinder nach Katalog« in seiner kritischen Zielsetzung nur dann voll erfasst werden, wenn der Zusammenhang mit der modernen Gen-Technologie und ihren Möglichkeiten deutlich gemacht worden ist.

## 4. Auf Anschaulichkeit achten

In einer Diskussion über die Errichtung eines Jugendtreffs sagte ein Teilnehmer: »Wir brauchen eine solche Begegnungsstätte vor allem aus kommunikatorischen Gründen. Viele unserer Jugendlichen können ihre freie Zeit nicht sinnvoll verbringen, entwickeln soziale Defizite und manche haben auch gefährliche negative Kontakte.« Das stimmt natürlich, klingt jedoch reichlich abstrakt, allgemein und unanschaulich.

Ein anderer Diskutant machte es besser, indem er gedanklich etwa dasselbe so ausdrückte: »Viele unserer Jugendlichen sitzen jeden Abend in ihrer Bude wie gebannt vor der Glotze oder lassen sich von ihrer Stereoanlage vollpowern, dass die Möbel zittern. In der schummrigen Disko tanzt jeder verträumt für sich. Viel mehr als ›Hallo‹ bringen sie nicht heraus, wenn ein Bekannter auftaucht – als ob sie das Sprechen verlernt hätten. Neulich traf ich einen, dem wollte ein düsterer Typ mit abgeschabter Lederjacke und Pickelgesicht vor einer Kneipentür Rauschgift andrehen! Wenn wir erst mal einen Jugendtreff haben, wird sich da wohl manches ändern lassen.«

Warum ist der zweite Beitrag besser? Er ist anschaulich, konkret, bringt Details statt allgemeiner Bewertungen und ist dadurch auch verständlicher. Statt von »sozialen Defiziten« ist hier von Glotze, Stereoanlage, Disko-Solotanz und davon die Rede, dass viele nur noch »Hallo« sagen können. Anstelle des abstrakten Begriffs »negative Kontakte« erscheint ein düsterer Typ, der vor der Kneipentür auf sein Opfer wartet.

Freilich ist dieser Beitrag mehr als doppelt so lang wie der erste, ohne indessen weitschweifig zu sein. Aber die Details sind nun einmal nötig, wenn beim Zuhörer ein Bild entstehen soll. Gedanken und Zusammenhänge verstehen wir oft erst dann, wenn wir uns eine Vorstellung davon machen können. Deshalb ist es um der Klarheit willen auch wichtig, sich möglichst anschaulich auszudrücken.

Die Mittel dazu sind neben den konkreten Details auch Metaphern (bildhafte Ausdrücke und Wendungen, siehe auch »formelhafte Verkürzungen«), ferner Beispiele und Vergleiche.

Zunächst einiges zu den **Metaphern:**

»Der Mensch ist ein *Augentier*« (Ludwig Reiners) und unsere Sprache *wimmelt* von ihnen, wir müssen uns ihrer nur *bedienen*, sie in unsere Sätze *einbauen*, dann kommen wir zu mehr *Anschaulichkeit*. Allein in diesem Satz befinden sich fünf solcher Metaphern! Oft treten diese bildhaften Ausdrücke in Redewendungen und Sprichwörtern auf: Da werden »Denkanstöße« gegeben, es wird etwas »auf den Weg gebracht«, da hat Morgenstund »Gold im Mund«, »liegt der Hase im Pfeffer« oder es müssen gar »Köpfe rollen« – wohl täglich entstehen neue Wendungen dieser Art, andere kommen aus der Mode, sind »abgedroschen«.

Zu den gängigsten Metaphern gehört das für Seele, Gemüt und Emotionalität stehende »*Herz*«: Es geht uns etwas zu Herzen, eine Speise ist herzhaft, ein Kind wird geherzt und bei Matthäus heißt es: »Wovon das Herz voll ist, davon geht der Mund über.« Auch an das eingangs zitierte Schopenhauer-Wort »Der Mensch steckt im Herzen, nicht im Kopf« sei hier erinnert.

Dass man allerdings des Guten auch zu viel tun kann, zeigt folgendes Beispiel aus einer Politikerrede, aufgespießt (schon wieder eine

Metapher!) von der Süddeutschen Zeitung: »Eine Politik des niedrigen Zinses wäre derzeit nur das *Locken mit der Taube am Dache.* Mit dem *Tritt aufs Bremspedal* haben uns die Notenbanken zumindest *den Sperling in die Hand gegeben,* dass wenigstens von den Voraussetzungen her *die Weichen* für eine bessere Stabilität *gestellt* sind.« »Bilderrätsel« nennt die SZ treffend diesen Passus. Nicht Klarheit, sondern Verwirrung ist das Ergebnis einer solchen unbedachten Häufung von bildlichen Ausdrücken, die vor allem gar nicht zueinander passen.

Was **Beispiel** und **Vergleich** bedeuten, muss hier nicht eigens definiert werden; wir gehen ja ständig damit um. Abstrakte Darlegungen können ohne sie oft kaum verstanden werden. Zu denken ist hier vor allem an Vorschriften, gesetzliche Regelungen, vertragliche Vereinbarungen und statistische Ergebnisse, aber auch an logische Gedankenketten, wenn jemand argumentiert. Was jeweils konkret gemeint ist, sollte an gut gewählten Beispielen oder mit passenden Vergleichen, welche die Zuhörer auf dem Hintergrund ihrer eigenen Lebenserfahrung verstehen können, einsichtig gemacht werden.

Zwei Beispiele dazu:

1. Der 2. Senat des Bundessozialgerichts in Kassel hat den Schutz der gesetzlichen Unfallversicherung auch für die Dauer einer auf einen Arbeitsunfall folgenden Heilbehandlung bejaht.

   Was konkret gemeint ist, könnte durch folgendes *Beispiel* von einem Referenten deutlich gemacht werden: Wenn jemand nach einem Arbeitsunfall Massagen verordnet bekommt, dabei aber von der Liege fällt und sich den Arm bricht, dann muss die Versicherung auch diese Kosten übernehmen.

2. In Mexico City leben 17 Millionen Menschen.

   Veranschaulichung durch *Vergleich*: Das entspricht genau der Bevölkerungszahl der ehemaligen DDR.

Auch die Umsetzung von abstrakten Zahlen in *Prozentangaben* stellt einen Vergleich in diesem Sinne dar (Bezugszahl 100): den Zahlenraum von 1 bis 100 vermag jeder zu überblicken.

## 5. Deutlich sprechen

Alle Bemühungen um Klarheit durch eindeutiges und einfaches, geordnetes, kurzes, prägnantes und anschauliches Sprechen fruchten jedoch wenig, wenn der Redner nicht deutlich, also akustisch schlecht aufnehmbar, spricht.

Wer verstanden werden will, achte deshalb auf die Lautbildung, auch **Artikulation** genannt, vor allem, dass er nicht nuschelt und Wortteile (meist Endsilben) verschluckt. Schlechte Artikulation hat (bei intakten Sprechwerkzeugen) ihren Grund darin, dass der Betreffende den Mund nicht genug öffnet und die Lippen zu wenig bewegt – also im Wortsinne »mundfaul« ist, was beim Dialektsprechen besonders leicht passiert.

*Sprechübungen mit Tonbandkontrolle* können zur Verbesserung der eigenen Artikulation beitragen und manchmal sehr schnell Abhilfe schaffen. Zwar gehen die erwähnten Unarten mitunter auf psychische Fehlhaltungen (vor allem Kontaktschwierigkeiten) zurück. Meist sind sie aber lediglich Angewohnheiten, die sich unschwer »wegtrainieren« lassen und keine speziellen Hilfen erforderlich machen.

*Gute Artikulation spart übrigens auch Stimmkraft.* Denn wer deutlich spricht, kann sich stimmlich stärker schonen – ein wichtiger Aspekt in vielen Berufen, nicht nur bei Lehrern und Schauspielern! Er tut damit auch seinen Zuhörern einen Gefallen, denn zu viel Lautstärke kann bekanntlich ebenso lästig sein wie zu wenig.

*Bewusst artikulierendes Flüstern ist eine gute Ausspracheübung.*

Was die Lautstärke betrifft, so ist anzustreben, dass man sich je nach den äußeren Umständen oder der Wirkungsabsicht variabel verhält. Zur Deutlichkeit gehört auch die angemessene **Stimmführung**: Heben und Senken der Stimme (Satzende), Betonung von bestimmten Wörtern, Pausen und Wechsel des Sprechtempos geben der Darstellung akustisch Struktur und machen sie dadurch fasslicher.

Dies alles ist nicht zuletzt eine Frage der **Atemtechnik**. Nur wer durch richtiges Atmen genug Luftvorrat hat, kann seine Stimme auch im Hinblick auf Deutlichkeit entsprechend einsetzen und dynamisch variieren. *Sinnpausen beim Sprechen* sollten auch *Pausen zum*

*Atmen* sein. Vermeiden Sie jedoch jedes Vollpumpen, das nur zu Stauungen führt, wie jedes Schnappen nach Luft, welches sich besonders beim Mikrophonsprechen als störendes Geräusch bemerkbar macht. Atmen Sie ruhig durch Nase und eventuell leicht geöffneten Mund ein. Dabei sollten Sie die gewohnte Brustatmung, auch Flachatmung genannt, mit der *Zwerchfell-Bauchatmung*, der so genannten Tiefatmung, verbinden. Dadurch werden auch die unteren Partien der Lungenflügel mit Luft versorgt. Bei der Tiefatmung flacht sich das in seiner Ruhelage nach oben gewölbte Zwerchfell ab, wodurch der Druck auf die Eingeweide die Bauchdecke nach außen gewölbt wird und sich die Flanken seitlich dehnen (»Schwimmgürtel-Effekt«).

Auch richtiges Atmen sollte geübt werden. Wenn Sie sich systematisch damit befassen wollen, können Sie einschlägige Literatur zu Hilfe nehmen. Noch besser ist es allerdings, wenn Sie einen Kurs oder ein Seminar zu dieser Thematik belegen. In vielen Orten gibt es entsprechende Angebote durch Volkshochschulen oder andere Institutionen.

Dass die Tiefatmung auch ein wesentlicher Faktor der Körperentspannung im Hinblick auf den Abbau von Ängsten beim Reden ist, werde ich in Kapitel VII »Redeangst muß nicht sein« noch darstellen.

### 6. Übungen zu Kapitel II
(Lösungen s. S. 249 ff)

#### A. Sagen Sie es einfacher, gegebenenfalls in mehreren Sätzen

1. Der Ausflug fand, obwohl es regnete, zeitweise sogar in Strömen, wie geplant am letzten Samstag in bester Stimmung statt, wobei jeder voll auf seine Rechnung kam.
2. Dies ist ein Problemfeld, wo sich der Aufwand an faktischem Handeln umgekehrt proportional zur Menge der gehaltenen Reden verhält.

3. Der Sprecher hatte am Nachmittag des Tages, an dem die Konferenz zu Ende gehen sollte, wiederholt eine Einschätzung der Probleme, welche der Realität gerecht würde, verlangt.

4. Heute ist man sich völlig im Klaren darüber, wobei zuzugeben ist, dass die Art und Weise, wie das umzusetzen ist, unterschiedlich sein dürfte, dass Schuldenmachen nichts bringt.

5. Diese Aufgabenverteilung, das ist ja unser Hauptproblem, dass wir alles Unangenehme machen müssen und dass Ihr Euch auf das beschränkt, was populär ist, die machen wir nicht mehr mit.

## B. Verwenden Sie Verben statt der hauptwörtlichen Begriffe

1. Unsere Mitarbeiter zeigten große Bemühung, konnten aber leider keinen Abschluss tätigen.

2. Nach der Informierung der Zuhörer über alle Probleme erfolgte die Beantwortung von verschiedenen Fragen.

3. Der Politiker gab seiner Meinung Ausdruck, dass hier kein Handlungsbedarf bestehe.

4. Nach der Verhaftung des Verdächtigen folgte die Feststellung seiner Personalien.

5. Die Berasung des Freigeländes mit Grassamen ist zur Durchführung zu bringen.

6. Die Beaufschlagung der Straßenfläche durch Öl und Fett hat Umleitungen zur Folge gehabt.

7. Der Abstieg auf der Liftbahn ist zwecks Schonung der Neubegrünung unzulässig.

## C. Aktivierung des Wortschatzes

1. Geben Sie den Inhalt des folgenden Zeitungsartikels mit Ihren Worten wieder und gehen Sie dabei in folgender Weise vor:
   - Artikel *gut durchlesen* und Gesamtinhalt erfassen.
   - Beim zweiten Durchlesen wichtige *Stichwörter* auf ein Blatt notieren.

- Text weglegen und *mündliche Wiedergabe* nach diesen Notizen. Wenn möglich zur Kontrolle auf *Tonkassette* sprechen. Stellen Sie sich dabei einen Zuhörer vor.
- *Vergleich* Ihrer Darstellung mit dem Zeitungstext: Haben Sie alles Wesentliche korrekt und gut verständlich wiedergegeben?
- Gegebenenfalls Übung *wiederholen.*

---

**Teures Parken auf Behinderten-Parkplätzen**

MÜNCHEN (AP) Wer sein Fahrzeug unberechtigt auf einen Behinderten-Parkplatz stellt, wird nach Mitteilung des ADAC in Bayern stärker zur Kasse gebeten. Statt der sonst bei Parkverstößen üblichen zehn Mark kostet das Delikt mindestens 30 Mark. Nach Auffassung des Innenministeriums verstoße ein solcher Falschparker nicht nur gegen das Gesetz, sondern auch gegen das Gebot der Fairness gegenüber Behinderten. Darüber hinaus werde auch die Verkehrssicherheit beeinträchtigt, wenn zum Beispiel ein Behinderter wegen des besetzten Parkplatzes die Fahrbahn überqueren müsse. Fahrzeuge von Gesunden auf Behinderten-Parkplätzen würden rigoros abgeschleppt, wenn einem Behinderten kein anderer geeigneter Parkplatz zur Verfügung stehe. (SZ)

---

D. Sachlogisch richtige Reihenfolge

1. Stellen Sie fest, in welcher Weise im folgenden Text gegen die sachlogisch richtige Reihenfolge verstoßen worden ist, und korrigieren Sie ihn im Hinblick darauf.

*Fahren ohne Führerschein*

Wenn der autobegeisterte Sohn ohne Führerschein bereits fünfmal bei Schwarzfahrten ertappt worden ist, handelt die Mutter grob fahrlässig.

Die Versicherung muss deswegen auch nicht für den Unfallschaden aufkommen.

Die Mutter sollte ihre Autoschlüssel nicht in der Küchenschürze an der Garderobe lassen.

**E. Verbessern Sie folgende Sätze, deren Metaphern nicht zusammenpassen:**

1. Das soziale Netz ist ein unverzichtbarer Grundpfeiler unseres Rechtsstaates.
2. Der Redner hat mit seiner Bemerkung das Schwarze, das uns allen unter den Nägeln brennt, auf den Kopf getroffen.
3. Der Zahn der Zeit, der schon so manche Träne getrocknet hat, wird auch über diese Wunde Gras wachsen lassen.

**F. Verdeutlichen Sie einem entsprechenden Publikum folgende Feststellungen durch Beispiele bzw. Vergleiche**

1. Wer ohne einen für andere Verkehrsteilnehmer ersichtlichen Grund auf einer Bundesstraße plötzlich stoppt, ist zumindest zum Teil mitverantwortlich dafür, wenn es zu einem Auffahrunfall kommt.
2. Übermäßiges Fernsehen kann Kinder süchtig machen, haben amerikanische Kinderärzte herausgefunden.
3. Jeder Einzelne ist aufgerufen, seinen Beitrag zum Umweltschutz zu leisten. Da gibt es noch viel zu tun.

## III. So reden Sie wirksam

*»Es genügt nicht, irgendwo Fachmann zu sein –*
*man muss auch überzeugen können.«*
*Ein Diplom-Ingenieur zu seinem Entschluss,*
*ein Rhetorik-Seminar zu besuchen.*

Vielleicht kennen Sie Gottfried Kellers Novelle »Das Fähnlein der sieben Aufrechten«. Darin finden wir folgenden Ratschlag: »Wenn du sprichst, so sprich weder wie ein witziger Hausknecht, noch wie ein tragischer Schauspieler, sondern halte dein gutes natürliches Wesen rein und sprich immer aus diesem heraus.«

In der Tat geht die Wirkung eines Redners vor allem von seiner Persönlichkeit aus, genauer gesagt von der Übereinstimmung zwischen Charakterbild und Redeweise im Allgemeinen sowie zwischen Wortsprache und Körpersprache im Besonderen. Klafft beides auseinander, so entsteht ein Defizit an Glaubwürdigkeit und daraus ein Mangel an Überzeugungskraft – darüber können in aller Regel auch die raffiniertesten Finessen nicht hinwegtäuschen. Viele Zuhörer haben ein gutes Gespür für solche rhetorische Falschmünzerei.

### 1. Persönlicher Sprechstil

Wer wirksam reden will, achte also vor allem auf einen persönlichen Sprechstil. Was im vorigen Abschnitt über Artikulation und dynamische Stimmführung gesagt wurde, muss mit der individuellen Prägung des betreffenden Menschen in Harmonie stehen. Hier muss jeder unter Berücksichtigung der objektiven Kriterien *seinen* Redestil finden. Deshalb helfen keine wohlfeilen Rezepte und auch nicht das Kopieren anderer von womöglich völlig unterschiedlichem Naturell, sondern nur Selbsterfahrung, geduldige Erprobung von Möglichkeiten und individuelle Beratung. In diesem Zusammenhang sollte man auch das so genannte »reine« Hochdeutsch nicht überbewerten, ohne dass ich damit dem Dialektsprechen bei öffentlichen Anlässen das Wort reden möchte. Die Mundart, so lebendig und anschaulich sie auch sein kann, hat natürlich den Nachteil, dass sie von vielen nicht verstanden wird, oft passt sie auch nicht zum Rahmen, in dem eine Rede gehalten wird.

Übrigens gibt es genau genommen »das« Hochdeutsch als gesprochene Sprache gar nicht, abgesehen von der Bühnensprache, die aber eigentlich eine Kunstsprache ist. Theodor Ickler nennt das Hochdeutsch »die Sprache mit der größten Reichweite« und fährt fort: »Sie ist nicht homogen, sondern gewissermaßen nur das gemeinsame Dach der vielfältigen Sprachmöglichkeiten.«

Das entspricht präzise der Lebenserfahrung. Auch unsere prominentesten bundesdeutschen Redner, beim Regierungschef angefangen, lassen durchaus sprachlich mehr oder minder ihre landsmännische Herkunft erkennen, und wenn es nur die mundartliche Lautfärbung, die spezifische Sprachmelodie und eine gewisse Wortwahl sind, die mit ihrem »Hochdeutsch« eine ganz natürliche Verbindung eingegangen sind und sozusagen zur persönlichen Note gehören.

Unsere *Umgangssprache* ist eine individuelle Mischung aus Mundart und Hochdeutsch. Jeder hat hier seine persönliche »Bandbreite«, das heißt, er kann sich je nach Situation und Zuhörerschaft mehr mundartlich-lässig oder mehr hochdeutsch-gewählt ausdrücken.

Die jeweils angemessene Stilebene zu finden, ist im Wesentlichen eine Frage der Sensibilisierung durch Übung und Selbstkontrolle.

## 2. Lebendigkeit der Darstellung

Aufs engste verbunden mit dem eben Gesagten ist der Ratschlag, lebendig zu sprechen. Lebendig reden kann nur, wer voll hinter dem steht, was er sagt. Es geht dabei um die Übereinstimmung zwischen Gesagtem und Gemeintem, gepaart mit dem Drang, dieses möglichst überzeugend mitzuteilen, also um das, was man *engagiert reden* nennt. Der Zuhörer hat es meist nicht schwer, echtes Engagement von der bloßen Pose zu unterscheiden. Er merkt intuitiv, dass da etwas von der Person des Redners mitschwingt, dass Kopf *und* Herz im Spiele sind und ein klarer, zielgerichteter Wille vorhanden ist. Nur eine Rede, die vom Gefühl getragen wird, kann eine gute Rede sein.

In der Rhetorik nennt man dies auch **affektbetont** oder *emphatisch* reden und meint damit, dass auch Emotionales zum Ausdruck kommt und nicht nur nüchterne Fakten und abstrakte Denkinhalte transportiert werden. Affektbetontes Reden birgt natürlich auch die Gefahr, dass der Redner den Gefühlsausdruck übertreibt und sich womöglich so »warm« oder gar in Rage redet, dass er die Kontrolle über sich verliert und dadurch ungewollt zur lächerlichen Figur wird. Deshalb gehören zum engagierten Reden immer auch Selbstbeherrschung und ein Gefühl für die richtige Dosierung. Es ist gar keine Frage, dass es sich hier um eines der schwierigsten Probleme in der gesamten Rhetorik handelt.

Wieviel Affektbetontheit ist nötig, um überzeugen zu können? Wo ist die obere Grenze anzusetzen, bei der die Wirkung sich in ihr Gegenteil verkehren könnte? Darauf kann es wohl keine allgemeingültigen Antworten geben. Pessimisten haben hier Goethe schnell bei der Hand: »Wenn ihr's nicht fühlt, ihr werdet's nicht erjagen«, Optimisten hingegen weisen darauf hin, dass das Gespür für das rechte Maß sehr wohl entwickelbar ist.

Wer sich lebendig im Sinne des engagierten Redens ausdrückt, wird beim Zuhörer nicht nur dessen Verstand, sondern auch Gefühl und Phantasie ansprechen. Damit wird er jene Saiten zum Klingen bringen, von denen schon bei der Erläuterung des Begriffes »Kommunikation« gesagt worden ist, dass sie letztlich unsere Urteilsinstanz darstellen. Gefühl und Phantasie sprechen wir in erster Linie durch eine **plastische Ausdrucksweise** an. Diese ist, wie bereits erwähnt, schon für eine bessere Verständlichkeit des Gesagten wichtig. Noch mehr aber dient sie der Wirkung eines Beitrages im Blick auf das Ziel der Rede und die Interessen- und Stimmungslage des Publikums.

Der Dichter Georg Büchner liefert uns in seiner Streitschrift »Der hessische Landbote« (1834), mit der er sich vor allem an das so genannte einfache Volk wendet, ein klassisches Beispiel für plastische Darstellung. Statt allgemein und farblos festzustellen, dass die Reichen ein angenehmes Leben zu Lasten der armen Bauern führen, sagt er an einer Stelle dieses Werkes: »Das Leben der Reichen ist ein langer Sonntag: sie wohnen in schönen Häusern, sie tragen zierliche

Kleider, sie haben feiste Gesichter und reden eine eigene Sprache; das Volk aber liegt vor ihnen wie Dünger auf dem Acker. Der Bauer geht hinter dem Pflug, der Reiche aber geht hinter ihm und dem Pflug und treibt ihn mit den Ochsen am Pflug, er nimmt das Korn und lässt ihm die Stoppeln. Das Leben der Bauern ist ein langer Werktag; Fremde verzehren seine Äcker vor seinen Augen, sein Leib ist eine Schwiele, sein Schweiß ist das Salz auf dem Tische des Reichen.«

Dazu drei Beispiele aus der Rhetorik unserer Zeit:

- Für den Umstand, dass allzu beflissene Fernsehleute die Unabhängigkeit dieses Mediums eher gefährden als gewisse Parteipolitiker, fand ein Kritiker die plastische Formulierung: »So schnell können die Totengräber eines unabhängigen Fernsehens gar nicht ihre Geräte auspacken, dass nicht ein Bediensteter des Fernsehens selbst schon beim Schaufeln wäre.«

- Der amerikanische Politiker Jesse Jackson sagte auf dem Wahlkonvent der Demokraten 1984: »Mir wäre Franklin D. Roosevelt in seinem Rollstuhl heute lieber als Ronald Reagan auf dem Pferd.«

- Der bayerische SPD-Politiker Schöfberger griff im Bundestagswahlkampf 1987 den Landwirtschaftsminister Ignaz Kiechle wegen seiner EG-Agrarpolitik mit folgendem Vergleich an: »Der springt in Bonn als Löwe ab und kommt in Brüssel als Bettvorleger an.«

| ! | **Wichtig:** |
|---|---|

Wer emotional ansprechen will, sollte vor allem die »abgegriffene Münze«, das **Klischee vermeiden**, ohne jedoch in übertriebene Originalitätssucht zu verfallen und zu versuchen, ein Feuerwerk an funkelnden Formulierungen auf die Zuhörer herunterprasseln zu lassen. Sparsam sein, einige wenige rhetorisch starke Stellen genügen!

Allzu gewählte oder ausgefallene Ausdrucksformen können ebenso ihre Wirkung verfehlen wie gängige, farblose Allerweltsfloskeln, die man an jeder Straßenecke hören kann. Es gehört wohl zu den

Zeichen unserer schnelllebigen Zeit, dass wirklich geglückte Formulierungen – die Medien sorgen für rasche Verbreitung – meist bald in aller Munde sind und im gleichen Tempo auch an Reiz und Originalität einbüßen.

## 3. Geschickter Aufbau

Wichtig für Wirkung beziehungsweise Überzeugungskraft eines Redebeitrages ist – neben persönlicher Redeweise und Lebendigkeit – auch sein Aufbau.

Im vorigen Kapitel wurde erläutert, dass ein klarer, das heißt verständlicher Beitrag geordnet sein muss im Sinne einer sachlogisch richtigen Reihenfolge des Mitgeteilten. Wenn Sie jedoch nicht nur informieren, sondern auch überzeugen wollen, müssen Sie, bei aller notwendigen Berücksichtigung logischer Zusammenhänge im Einzelnen, darüber hinaus auch *psychologisch-taktisch* vorgehen mit Blick auf Ihr Redeziel.

Dies betrifft besonders die hauptsächlichen Bauelemente, also Einleitung, Hauptteil und Schluss, von denen in Kapitel V »Sicher referieren« noch ausführlicher die Rede sein wird. Hier nur einige taktische Anregungen.

So sollte man sich zum Beispiel fragen, wie man Aufmerksamkeit und Interesse der Zuhörer gewinnen kann, mit welchen Mitteln Vorbehalte seitens des Publikums überwunden werden können, was vorangegangen sein muss, ehe man so genannte »bittere Wahrheiten« verdaulich präsentieren kann, welche Fakten besonders herausgestellt werden sollten und welche unerwähnt bleiben können oder sollten. Schließlich, wann welche Handlungsimpulse kommen müssen, damit die Zuhörer nicht nur momentan gewonnen werden, sondern möglichst auch auf Dauer motiviert sind, in bestimmter Weise aktiv zu sein.

● **Überzeugende Beweisgründe**

Wer das erreichen will, der braucht natürlich auch gute Argumente, das heißt, überzeugende Beweisgründe für seinen Standpunkt. Das Gebiet der Argumentation ist so wichtig, dass ihm ein eigener Abschnitt gewidmet sein soll. Dabei wird auch deutlich werden, dass es sich beim Argumentieren keineswegs immer allein um rationale Begründungszusammenhänge handelt und wir es hier sehr oft auch mit einer Scheinrationalität zu tun haben, hinter der sich massive emotionale Haltungen verbergen können.

● **Hörerbezogenheit**

Eine wirksame Rede ist schließlich, auch wenn nur einer spricht, kein Monolog, sondern eine Art von Dialog. Kurt Tucholsky nennt sie in seinen schon erwähnten »Ratschlägen für einen schlechten Redner« sogar ein Orchesterstück, »eine stumme Masse spricht nämlich ununterbrochen mit«. Nie sind die Zuhörer »Ölgötzen«, die ausdruckslos dasitzen. Immer gehen Reaktionen von ihnen aus, Rückmeldungen an den Redner, welche ihm signalisieren, wie seine Worte aufgenommen werden.

Da wird zustimmend genickt, geklatscht oder »Sehr richtig« gerufen, da gibt es auch manchmal skeptische oder gelangweilte Gesichter, vielleicht entsteht sogar Unruhe bei einer Bemerkung, die einigen Zuhörern nicht gefallen hat. Dieses Feedback zur Kenntnis zu nehmen und in angemessener Weise zu berücksichtigen, kann man nur empfehlen. Voraussetzung dafür ist allerdings, dass Sie grundsätzlich hörerbezogen, das heißt auf einen Quasi-Dialog, eingestellt sind und diesen auch tatsächlich praktizieren. Das ist sowohl verbal als auch körpersprachlich zu verstehen.

● **Verbale Hörerbezogenheit**

Zur verbalen Hörerbezogenheit gehören alle Formen der direkten oder indirekten Einbeziehung des Publikums, wie Anrede, Bezugnahme auf Bekanntes, Erinnerung, Aufforderung, Einräumung, Anheimstellung, Frage und ähnliche kommunikative Äußerungen. Benutzen Sie einfache Sätze und an geeigneter Stelle (mit Blickkontakt) Formulierungen wie

»Sie haben sicher auch in der Zeitung gelesen, dass . . .«
»Wie Sie bereits wissen . . .«
»Vielleicht erinnern Sie sich noch an den Vorfall . . .«
»Achten Sie einmal darauf, ob . . .«
»Ich weiß, das ist nicht leicht zu verstehen . . .«
»Es ist Ihnen überlassen, meine Damen und Herren, inwieweit Sie Konsequenzen daraus ziehen . . .«
(Siehe auch Seite 50: Figuren der Hörerbezogenheit)
Sie werden am Feedback Ihrer Zuhörer rasch merken, dass solche Wendungen mehr sind als bloßes Wortgeklingel und nicht wenig dazu beitragen können, das Publikum für Ihre Gedanken aufzuschließen, jeden Einzelnen zu erreichen und schließlich zu gewinnen.

Wir haben alle schon Rednern zugehört, häufig vor dem Bildschirm, die uns zum Beispiel Aktuelles vom Tage im Leitartikel-Stil vorgetragen haben. Nach dem Ende der dreiminütigen Lesung wussten wir dann oft nicht, was der Kommentator eigentlich gesagt hatte. Wir hätten es einem anderen nicht wiedergeben können; denn das Vorgetragene war nicht hörerbezogen genug formuliert.

Der Unterschied zwischen einem für Leser geschriebenen Aufsatz und einer Rede besteht nicht zuletzt darin, dass die gute Rede in keinem Augenblick die Live-Situation, das Hier und Jetzt, außer Acht lässt. Der Zuhörer muß das Gesprochene im selben Moment aufnehmen und verstehen können; hier und jetzt muss er angerührt oder überzeugt werden. Besonders letzteres wird kaum gelingen, wenn der Redner im Stil einer gehobenen Zeitung monologisiert und das Publikum das Gefühl bekommt, für ihn gar nicht vorhanden zu sein.

## 4. Körpersprache

Vermutlich haben Sie auch schon, zum Beispiel im Urlaub in einer fremden Stadt, Folgendes erlebt: Da kommt ein Straßenhändler – durch Ihren neugierigen Blick angelockt – auf Sie zu, gestikuliert wild vor Ihrer Nase, fasst Sie vielleicht gar am Arm und schaut Ihnen unausgesetzt in die Augen, während er Ihnen etwas in den höchsten Tönen anpreist.

Die verbalen Äußerungen treten hier zurück gegenüber dem, was sein Körper ausdrückt; die Körpersprache dominiert. Sicher eine besondere und auch nicht gerade angenehme Situation, soweit es sich um Kontakte mit Fremden handelt. An sich aber ist der so genannte paraverbale Ausdruck, Körpersprache oder auch Sprechgebaren genannt, etwas ganz Alltägliches, von uns selbst ständig Praktiziertes. Im Einzelnen gehören dazu die **Gestik** (Körperbewegung, vor allem mit der Hand), die **Mimik** (Blick, Gesichtsausdruck) und die **Körperhaltung** insgesamt.

Eigentlich sollte über diesen Ausdrucksaspekt kaum gesprochen werden müssen. Denn nichts ist natürlicher als die vielfältige und äußerst nuancenreiche Sprache unseres Körpers, durch die wir uns meist viel unmittelbarer, spontaner und damit auch ehrlicher und überzeugender ausdrücken können als durch die Wortsprache. Sogar beim Telefonieren redet, wie jeder schon bei anderen beobachtet hat, der Körper mit, obwohl der Gesprächspartner das gar nicht sehen kann. Bei starken Emotionen (»Mir fehlen die Worte«) ersetzt die Körpersprache geradezu die Wortsprache, sagt sie, was Worte nicht oder nicht mehr sagen können*. Botho Strauß nennt das Gesicht »das aktivste soziale Organ des Menschen« und hebt dabei besonders das Lächeln als »die höchste soziale Errungenschaft unseres stummen Körpers« hervor. Wie auch jede andere Ausdrucksbewegung des Körpers »sprechend« sein kann, haben wir alle schon unzählige Male in unserem eigenen Leben erfahren.

Wenn trotzdem auch hierzu einige Bemerkungen angebracht erscheinen, so deshalb, weil die Harmonie von Wort- und Körpersprache in der exponierten, häufig angstbesetzten Situation des Redens vor Publikum bekanntlich allzu oft gleichsam Sprünge bekommt.

Der Redner ist befangen, er »steht neben sich selber«, das heißt, er richtet seine Aufmerksamkeit immer wieder auf sich und bewertet

---

* Die reine, nicht von Worten begleitete Körpersprache, wie wir sie auch in der Pantomime kennen, nennt man *nonverbalen* Ausdruck.

sich unausgesetzt selbst, meist besonders streng. Dadurch verkrampft er sich und der natürliche Zusammenhang von verbalem und paraverbalem Sprechen geht verloren. Auf der Seite des Sprechgebarens äußert sich das meist darin, dass man plötzlich seine Hände »entdeckt« und nicht weiß, wohin man mit ihnen soll. Manche versuchen, sie zu verstecken, zum Beispiel in den Hosentaschen, hinter dem Rücken oder indem sie sie vor der Brust verschränken. Andere krampfen sie ineinander oder halten sie steif an den Schenkeln.

Eine das Sprechen unterstützende Gestik ist in allen diesen Fällen nicht oder kaum mehr möglich (vielleicht noch mit dem Kopf, aber Kopfgestik ist eher etwas für Handpuppen).

Darüber hinaus verkrampft dabei meist der ganze Körper in seiner Haltung. Die Muskelanspannung bewirkt, dass die Atmung flacher wird und dass letztlich auch Sprechfluss, Artikulation, Stimmkraft und nicht zuletzt auch die Fähigkeit zur Konzentration auf den Sprechakt selbst negativ beeinflusst werden. Weil der Mensch eine Ganzheit ist, kommt fast zwangsläufig eines zum anderen, wenngleich der Schwerpunkt solcher Verkrampfungen individuell sehr verschieden sein kann.

Aus dem Gesagten ergibt sich, dass man Körpersprache, besonders Gestik, nicht »machen« kann oder sollte. Sie sind sozusagen von Haus aus je nach Temperament da, wenn ein Mensch sich äußert; vorausgesetzt, er ist locker, konzentriert sich auf seine Aufgabe und bringt sich selbst voll ein. Wer auf diese Weise »in der Rolle« lebt, dessen Körpersprache wird sich in Übereinstimmung mit dem Gesagten und Gemeinten befinden, der wird weder zu wenig davon entwickeln noch aus Nervosität gar zu viel des Guten tun.

Natürlich gibt es auch die rhetorischen Routiniers, die keine Gelegenheit auslassen, sich wort- und gestenreich zu produzieren und dabei nicht selten eine imponierende Theatralik mit beträchtlicher Blendwirkung entfalten, wobei allerdings die Glaubwürdigkeit, mindestens längerfristig gesehen, auf der Strecke bleibt. Diesen Selbstdarstellern wären ehrliche Freunde zu wünschen, die es fertig bringen, ihnen das Übermaß an Pose bewusst zu machen und sie wieder auf den Pfad der rhetorischen Tugend zurückzubringen, der im

Zweifelsfall eher in der Sparsamkeit der Mittel zu sehen ist als im Zuviel.

Die Videotechnik kann Ihnen ebenfalls eine gute Hilfe sein; denn was man von sich selbst auf dem Bildschirm sieht, das hat meist mehr Überzeugungskraft als die Ratschläge anderer.

Die Körpersprache ist übrigens auch Gegenstand wissenschaftlicher Untersuchungen. **Kinesik** (von griechisch »kinesis« = Bewegung) nennt man diesen Zweig der Ausdruckspsychologie. Im Wesentlichen geht es hier darum, die Bedeutung bestimmter körperlicher Bewegungen beziehungsweise Ausdrucksformen möglichst exakt zu erforschen und in ein Ordnungssystem zu bringen. Das führt mitunter zu Auflistungen wie beispielsweise der folgenden:

- Arme verschränken – Verschlossenheit
- Oberkörper vorbeugen – Interesse
- sich zurücklehnen – kritische Distanz
- sich an die Nase greifen – Verlegenheit
- die Augenbrauen heben – Erstaunen
- Finger an den Mund legen – Ratlosigkeit
- das Kinn streicheln – Zufriedenheit
- Kopf einziehen – Angst
- stehend in den Knien wippen – Angriffslust
- mit dem Kugelschreiber spielen – Nervosität
- Partner beim Sprechen nicht anschauen – Unehrlichkeit
- mit den Fingern trommeln – Ungeduld
- die Hand auf den Mund legen – Schuldbewusstsein
- mit dem Finger auf andere zeigen – Aggressivität
- beide Hände heben – Unschuld
- Oberlippe hochziehen – Verachtung

Diese Liste lässt sich beliebig verlängern.

Eine schematische Gegenüberstellung von Verhalten und Bedeutung in dieser Form ist indessen höchst problematisch. In manchen Fällen könnte man auch an andere Deutungen denken. Wer die Arme verschränkt, den kann auch frösteln; wer sich das Kinn streichelt, will vielleicht nur prüfen, ob er gut rasiert ist; und wer mit den Fingern auf den Tisch trommelt, kann auch Siegesgewissheit signalisieren.

> ! **Wichtig:**
> Körpersprachliche Äußerungen dürfen nie isoliert betrach-
> tet, sondern müssen im Zusammenhang mit dem übrigen
> Ausdrucksverhalten gesehen werden, bei sprachlicher Kom-
> munikation nicht zuletzt auch mit der Sprechweise.

Nehmen Sie also immer Ihren Gesprächspartner als *ganzen* Menschen wahr und üben Sie Auge *und* Ohr, statt sich Verhaltens-
gleichungen wie Rechenexempel einzuprägen und danach Gesprächspartner beurteilen zu wollen.

## 5. Richtige Distanz

Wenn wir jemandem »zu nahe treten«, dann ist dieser peinlich
berührt oder gar beleidigt. Wir benutzen diese Wendung im doppelten Sinne des Wortes, im bildlichen, wenn das Taktgefühl gemeint
ist, aber auch im wörtlichen Sinn, das heißt, in räumlicher Hinsicht.
Wenn Fremde, etwa in einem Fahrstuhl, eng nebeneinander stehen
müssen, so fühlen sie sich dabei meist unbehaglich: im »Dunstkreis«
der oder des anderen vermeiden sie tunlichst jeden Blick- oder auch
Sprechkontakt. Besonders unangenehm kann es sein, wenn uns
jemand beim Sprechen zu nahe kommt und uns dabei womöglich
auch noch ständig am Arm oder an der Schulter berührt – wohl
meist ein Versuch, den anderen zu »vereinnahmen«.
Jeder kennt aus eigener Alltagserfahrung die Bedeutung der Distanz
für alle Formen menschlicher, besonders sprachlicher Kommunikation.
*Proxemik* (von lat. »proximitas«: Nähe) heißt der Wissenschafts-
zweig der Psychologie, der sich dieser Erscheinungen angenommen
hat. Der Amerikaner E. T. Hall nennt vier **Distanzbereiche** im
sprachlichen Verkehr:
• intime Distanz – sehr vertrauliche Gespräche, z.B. ins Ohr flüstern

- persönliche Distanz – Alltagskontakte zwischen Bekannten, z.B. auf der Straße
- soziale Distanz – Abwicklung von Geschäften, z.B. beim Kaufmann oder in einem Büro
- öffentliche Distanz – rhetorische Kommunikation im größeren Rahmen, z.B. Rede von einem Podium aus

Hall geht dabei so weit, die einzelnen Entfernungen noch in nahe und weite Phasen zu unterteilen und diese exakt auf den Zentimeter festzulegen, was natürlich für den rhetorischen Alltag von geringem Wert ist.

Jede Kommunikation zwischen Menschen stellt schließlich etwas Dynamisches und nichts Statisches dar. So können sich bekanntlich während eines Gesprächs die Entfernungen der miteinander Redenden nicht unerheblich verändern; zum Beispiel, wenn die Partner lediglich gesellschaftliche Floskeln austauschen: Wie geht's? – Danke gut! (persönliche Distanz), oder wenn sie buchstäblich die Köpfe zusammenstecken, um zu tratschen (intime Distanz).

Ein gewisses Gespür für die jeweilige Lage und nicht zuletzt der Respekt vor der Persönlichkeit des anderen sind hier die besten Wegweiser für richtiges Verhalten, wobei als Faustregel gelten kann: Lieber etwas zu viel als zu wenig Abstand zum Gesprächspartner.

**Zusammenfassung der Kapitel 2 und 3:**
**Gesichtspunkte zur Gestaltung eines Redebeitrages**

### Wie Sie Klarheit erzielen
*Einfach und eindeutig formulieren:*
Satzbau, Wortwahl
*Sinnzusammenhang vor Augen haben:*
sachlogisch richtige Reihenfolge,
keine Gedankensprünge
*Kurz und prägnant reden:*
keine Weitschweifigkeit,
Wesentliches hervorheben
*Auf Anschaulichkeit achten:*
konkrete Einzelheiten,
Metaphern, Beispiele und Vergleiche, die an Bekanntes
anknüpfen
*Deutlich sprechen:*
gute Artikulation, angemessene Lautstärke, richtige Betonung,
dynamische Stimmführung, wechselndes Sprechtempo, Pausen
an der richtigen Stelle, Atemvorrat.

### So reden Sie wirksam
*Persönlicher Sprechstil:*
kein gestelztes Hochdeutsch
*Lebendigkeit der Darstellung:*
engagiert reden (»affektbetont«),
Gefühl und Phantasie ansprechen, plastische Ausdrucksweise
*Geschickter Aufbau:*
zielorientiert, taktisch überlegt
*Überzeugende Beweisgründe:*
gute Argumente
*Hörerbezogenheit:*
verbal, direkte Anrede, Bezugnahmen, Erinnerungen u. a.,
paraverbal, begleitende Körpersprache,
richtige Distanz.

# IV. Überblick über besondere rhetorische Mittel

## 1. Redefiguren

Bereits aus klassischer Zeit überliefert ist uns eine Vielzahl von Formulierungsmöglichkeiten für Redebeiträge, die besonders auf Wirkung angelegt sind: die rhetorischen Mittel beziehungsweise Redefiguren.

Neben den schon erwähnten Metaphern, Beispielen, Vergleichen und sprachlichen Neubildungen gehören zu ihnen noch eine Reihe anderer. Bewusst oder unbewusst verwenden wir sie auch im Alltag immer wieder. Es kommt darauf an, sie gezielt, aber auch dosiert, rhetorisch einzusetzen. Hier eine Auswahl der gebräuchlichsten:

### Wiederholung
- Es gibt eine Mehrheit, eine schweigende Mehrheit... (mit Verdeutlichung)
- ... dann hätten wir keine Hochschulkrise, keine Schulmisere, keinen Lehrermangel.
- Mit Mann und Ross und Wagen...
- Niemand, niemand denkt an ein solches Vorgehen...

### Steigerung
- Vertrauen ist gut, Kontrolle ist besser...
- Wir brauchen mehr Umweltbewusstsein, ja Umwelt*gewissen*!

### Variation
- Da können Sie nicht mit uns rechnen, dafür rühren wir keinen Finger.

### Reimwörter
- Frieden schaffen ohne Waffen.
- Außer Thesen nichts gewesen. (Endreim)
- Wir waren drauf und dran, Ross und Reiter zu nennen.
- Der schöne Schein... (Stabreim)

## Veraltete Ausdrücke
- Sein Scherflein zu etwas beitragen.
- Ein Quentchen Hoffnung haben.
- Wie weiland Fürst Bismarck schon sagte ...

## Vermischung verschiedener Stilebenen (Stilbrüche)
- »Unser Gemecker ist gemeinnützig« (Robin Wood)
- argumentativer Eiertanz
- diplomatisches Geseiche
- auch Zusammensetzungen wie »Fresstempel« für ein vornehmes Speiselokal

## Umschreibung von Sachverhalten
- Er nahm den Hut.
- jemandem auf der Matte stehen
- Die Basis war dagegen.
- etwas vom Tisch bringen
- Die Spannungen zwischen Moskau und Washington halten an.

## Euphemismus (Abmilderung zur Beschönigung eines Sachverhalts)
- Mietanpassung statt Mieterhöhung
- Zweitfrisur statt Perücke
- Vorwärtsverteidigung statt Angriff
- negatives Wachstum statt Rückgang

## Übertreibung
- jemandem einen unschätzbaren Dienst erweisen
- bei Adam und Eva beginnen
- etwas dauert eine Ewigkeit
- eisenhart sein
- jemandem jeden Wunsch von den Lippen ablesen

## Untertreibung
- über den großen Teich (Atlantik) segeln
- etwas recht passabel (d. h. sehr gut) machen
- zu einer Sache eine Kleinigkeit beitragen

**Ironie**
- Der Rhein ist ein völlig sauberer Fluss; er wird mehrmals jährlich chemisch gereinigt.

**Verneinung des Gegenteils (eigentlich Betonung des Gemeinten)**
- Herr X ist kein großes Licht.
- Ich bin da nicht uninformiert.
- Er ist nicht auf den Mund gefallen.
- Das war keine Offenbarung.

**Wortspiel**
- Besser arbeitslose Heere als Arbeitslosenheere.
- Was man sagt, soll wahr sein; aber nicht alles, was wahr ist, soll man auch sagen.
- »Eiliger Vater« (statt Heiliger Vater)
- Bei uns darf jeder demonstrieren, aber niemand demolieren. (Hier mit *Antithese* verbunden: jeder – niemand)
- Auch der »Schmidtleid-Effekt«, mit dem nach dem Kanzlersturz von Helmut Schmidt 1982 SPD-Wahlerfolge in einigen Ländern erklärt wurden, gehört in diese Kategorie.

**Rhetorische Frage**
- Doch was ist bisher erreicht worden?
- Wo steht denn geschrieben, dass...?
- Wer hat denn schon immer davor gewarnt?

**Änderungen im Satzbau**
- Zehn Jahre haben Sie gebraucht!
- Sie können ihn haben, den Streit!
- Es gibt ihn wirklich, diesen absurden Standpunkt. (Betonung durch Umstellung)
- Schlaff, bequem, narzistisch, anmaßend: So erscheint vielen Älteren die junge Generation. (Auslassung, Raffung)

**Figuren des Redeaufbaus**
- Andeutung eines Ereignisses, von dem erst später die Rede sein wird (Vorgriff)
- Abschließende Zusammenfassung (Rückgriff)
- Einschiebung einer unterhaltsamen Bemerkung, z.B. einer Anekdote, zur Auflockerung oder Ablenkung von einer Schwierigkeit (Abschweifung oder Exkurs; mit Bedacht verwenden!)

**Figuren der Hörerbezogenheit**
- Meine Damen und Herren! Liebe Freunde! (direkte Anrede)
- Sie haben sicher Recht, wenn Sie meinen ... (Zugeständnis, oft anschließend Einwand: aber ...)
- Urteilen Sie doch selbst! (Anheimstellung)
- Wie Sie sicher noch vor Augen haben ... (Erinnerung)
- Sie wissen ja, was ich meine. (Anspielung)

## 2. Anwendung in öffentlicher Rede

In welcher Häufung diese rhetorischen Mittel in der gestalteten Rede auftreten können, zeigt das nachfolgende Beispiel von *Thomas Mann*. Es handelt sich hier um den Anfang eines Vortrages, den der Dichter im Jahre 1936 zur Feier von Sigmund Freuds 80. Geburtstag in Wien gehalten hat.

| | |
|---|---|
| *Meine Damen und Herren!* | Anrede |
| *Was legitimiert einen Dichter, den Festredner zu Ehren eines großen Forschers zu machen? ( ... )* | rhetorische Fragen |
| *Wie rechtfertigt es sich, dass eine gelehrte Gesellschaft ( ... )* | |
| *nicht einen ihres Zeichens, einen Mann der Wissenschaft bestellt, damit er den hohen Tag ihres Meisters im Worte begehe, sondern einen Dichter, das heißt* | Stabreim |
| *also doch einen Menschengeist, der* | Variation, Verdeutlichung Umschreibung |

| | |
|---|---|
| *wesentlich nicht auf Wissen, Scheidung,* | |
| *Einsicht, Erkenntnis, sondern auf* | Raffung |
| *Spontaneität, Synthese, aufs naive Tun* | Antithese |
| *und Machen und Hervorbringen gestellt* | |
| *ist (...).* | Wiederholung |
| *Geschieht es vielleicht in der Erwägung,* | |
| *dass der Dichter als Künstler, und zwar* | rhetorische Frage |
| *als geistiger Künstler, zum Begehen* | |
| *geistiger Feste, zum Festefeiern über-* | Wiederholungen, Verdeut- |
| *haupt berufener, dass er von Natur ein* | lichung und Steigerung |
| *festlicherer Mensch sei als der Erken-* | |
| *nende, der Wissenschaftler? – Ich* | |
| *will dieser Meinung nicht wider-* | |
| *sprechen.* | Verneinung des Gegenteils |
| *Es ist wahr, der Dichter versteht sich* | Zugeständnis |
| *auf Lebensfeste; er versteht sich sogar* | |
| *auf das Leben als Fest – womit ein* | Wortspiel |
| *Motiv zum erstenmal leise und vor-* | |
| *läufig berührt wird, dem es bestimmt* | Metapher |
| *sein mag, in der geistigen Huldigungs-* | Vorgriff |
| *musik dieses Abends eine thematische* | Metaphern |
| *Rolle zu spielen.* | |

Natürlich gehören auch Stilgefühl und ein gewisses geistiges Niveau dazu, um mit solchen Möglichkeiten in dieser Dichte richtig umgehen zu können. Das Ergebnis ist sonst nicht Lebendigkeit oder echtes Pathos, sondern bloßes Wortgeklingel oder hohle **Phrasenhaftigkeit**, wie sie gerade im parlamentarischen Bereich häufig anzutreffen sind; übrigens auch ein dankbares Thema für Karikaturisten und Satiriker (siehe z.B. die »Bundestagsreden« von Loriot und Otto Waalkes).

Die »Frankfurter Allgemeine Zeitung« hat im Jahre 1975 sogar in einem Leitartikel das »Parlamentsgeschwafel«, in Bonn »Kies« genannt, aufgespießt und folgende Unterscheidungen getroffen:

1. *Der gewöhnliche Kies:* Dies soll hier deutlich gesagt werden. – Wir sollten das weder über- noch unterbewerten.

2. *Der Selbstbespiegelungskies:* Das erkläre ich an dieser Stelle in aller Deutlichkeit.
3. *Der Kraftmeierkies:* Ob Ihnen das passt oder nicht.
4. *Der rhetorische Edelkies oder Schwulst:* Das kostbare Gut der Gesundheit ...
   (zitiert nach Wolf Schneider: »Wörter machen Leute«)

## 3. Sprechweise

Natürlich gehört zu den rhetorischen Wirkungsmitteln neben den Redefiguren besonders auch die Art, wie jemand von seinen stimmlichen Möglichkeiten Gebrauch macht, also die Sprechweise (auch »*Prosodik*« genannt).

Davon war schon wiederholt die Rede, deshalb hier nur eine Zusammenfassung der wichtigsten Mittel und ihre Wirkung:

### Sprachstilebene
Der Redner wechselt die Sprachstilebene, z.B. geht er vom Hochdeutschen in die Mundart oder in eine Gruppensprache über (Jägersprache u.a.); meist Wiedergabe einer Redensart oder Zitat. Wirkung: mehr Farbe, eventuell Schmunzeleffekt und Auflockerung. (Als abschließendes Urteil z.B. »Da legst di nieder.«)

### Sprechtempo
Durch Verlangsamen oder Beschleunigen entsteht mehr Lebendigkeit.

### Lautstärke
Geschicktes Variieren bewirkt, dass Wesentliches hervorgehoben und die Aufmerksamkeit der Zuhörer darauf gelenkt wird.

### Tonhöhe
Das Auf und Ab der Stimme erzeugt Dynamik. Gegensatz: die einschläfernde Monotonie eines Redners.

**Längung von Lauten**
In Kombination mit dem entsprechenden Tonfall bekommen die gedehnten Wörter eine bestimmte Gefühlsqualität; meist ironische Wirkung.

**Stakkato**
Das »Einhämmern« durch Betonung jedes einzelnen Wortes, manchmal sogar jeder Silbe eines kurzen, geradlinigen Satzes; wird oft bei polemischen Auseinandersetzungen verwendet, wirkt emotionalisierend.

**Portato**
Getragene Sprechweise, die Wörter und Sätze schwingen gleichsam aus; wirkt feierlich bis pathetisch, oft kombiniert mit leichtem Vibrato (Zittern der Stimme).

**Pausen**
Bewusste Verzögerungen (»Kunstpausen«) können vor einer wichtigen Bemerkung Spannung erzeugen bzw. besondere Aufmerksamkeit wecken, nach einer solchen die Wirkung verstärken und die Verarbeitung des Gesagten erleichtern.

**Satzabschluss**
Je nach Wirkungsabsicht
- **weiterführend**: Die Stimme bleibt in der Schwebe, die Spannung hält an. Das Sprichwort sagt: Nichts ist erfolgreicher als der Erfolg.
- **fragend**: Die Stimme geht nach oben, die Spannung wird gesteigert: Wissen Sie, was sich daraus ergibt?
- **abschließend**: Die Stimme fällt ab, es entsteht ein Ruhepunkt, Entspannung: Darüber sollten Sie einmal nachdenken.

Für die Praxis gilt im Ganzen hier Ähnliches wie bei der Körpersprache. Wir setzen auch unsere stimmlichen Mittel meist völlig spontan ein; Gefühle und Absichten drücken sich unmittelbar in der Sprechweise aus.
Gleichwohl können wir unseren Äußerungen durch bewusstere

Verwendung der aufgezeigten Möglichkeiten mehr Nachdruck und Überzeugungskraft geben.

Aber auch hier möchte ich zur Vorsicht raten; jede Übertreibung und jede Künstelei kostet Glaubwürdigkeit! Da ist es dann nicht mehr weit bis zum »tragischen Schauspieler« Gottfried Kellers oder, wie wir ihn heute bezeichnen würden, zum Schmierenkomödianten.

## 4. Übungen zu Kapitel IV
(Lösungen s. S. 251 f)

### Welche plastischeren Redewendungen gibt es dafür?

1. Die andere Partei hat bei der letzten Wahl *erhebliche Stimmenverluste erlitten.*
2. Frau Schöneich *ist* bei der Belegschaft *sehr beliebt.*
3. Als der Redner geendet hatte, *spendete niemand Beifall.*
4. Es wurden ihm immer wieder *Schwierigkeiten bereitet.*
5. Wir *können* erhebliche *Fortschritte verzeichnen.*
6. Herr Gebert *passt gut* in dieses Gremium.
7. Der Fahrer *beschleunigte sofort* und *fuhr mit hoher Geschwindigkeit weg.*
8. Die Diskussion wurde *sehr erregt geführt.*
9. Sein *empfindsamer* Konkurrent *gab bald auf.*
10. Dieses Argument *brachte* seine Gegner *in große Verlegenheit.*
11. Unser Versammlungslokal *liegt in der Nähe* des Stadtzentrums.
12. Der Beschuldigte *zeigte sich reumütig.*
13. Der Gewählte *genoss* bald *kein Vertrauen mehr.*
14. Die Verhandlungspartner *gingen sehr grob miteinander um.*
15. Wir haben endlich *alle Schwierigkeiten beseitigt.*
16. Mitten in der Besprechung *erschien plötzlich* der Chef.
17. Frau Worke hat *sich* früher nie für Politik *interessiert.*
18. Was du da sagst, *hat damit doch gar nichts zu tun*!
19. Das stundenlange *Laufen in der Stadt* hatte uns müde gemacht.

20. Das Stimmengewirr im Hintergrund des Saales *wurde* immer *lauter*.
21. Martin *weiß immer genau Bescheid*.
22. Er hat es gewagt, ihm *zu widersprechen*.
23. Wer *Böses tut, darf sich über die Folgen nicht beklagen*.
24. Ich *weiß doch auch nicht alles*!

# V. Sicher referieren

*»Jede Rede zielt darauf, die gemeinsame Rede zu sein.«*
*(Botho Strauß)*

Beim Stichwort »Referieren« denken viele in erster Linie an das Reden vor einem mehr oder weniger großen Zuhörerkreis. Wir sehen uns allen Blicken ausgesetzt auf einer Bühne, vielleicht verschanzt hinter einem Rednerpult, aber dennoch ungeschützt einer anonymen, womöglich feindseligen Masse ausgeliefert, die nur darauf lauert, uns bei einem Fehler zu ertappen und unsere Schwächen zu entdecken. »Ein Podium ist eine unbarmherzige Sache, da steht der Mensch nackter als im Sonnenbad«, lesen wir bei Tucholsky.

Öffentlich reden gehört in der Tat zu den größten Angstmachern, wie auch Bevölkerungsumfragen, vor allem in den USA, erwiesen haben. Wir werden uns deshalb mit dem Problem »Redeangst« genauer beschäftigen müssen, vor allem, wie man damit besser zurechtkommt. Zunächst jedoch einige grundlegende Bemerkungen zum Thema »Reden vor anderen«.

Vom Zweck her gesehen lassen sich die vielen Anwendungsmöglichkeiten der Rede in drei *Haupttypen* zusammenfassen, nämlich in **Sachreferat, Meinungsrede** und **Gelegenheitsrede**, wobei gleich anzumerken ist, dass die Praxis eigentlich nur Mischformen kennt.

## 1. Wie Sie ein Sachreferat aufbauen

Das Sachreferat bewegt sich primär auf der rationalen Ebene, es dient vorwiegend der Information und will uns zum Mitdenken veranlassen. Es ist, da sachorientiert, entsprechend dem jeweiligen Thema *logisch und übersichtlich* zu ordnen. Deshalb kann für den Aufbau kein allgemein anwendbares Rezept genannt werden, das über die schon jedem Grundschüler bekannte Dreiteilung Einleitung – Hauptteil – Schluss hinausginge.

Wesentlich ist zunächst die Formulierung des Themas. Durch dieses sind die für den jeweiligen Aufbau entscheidenden Schwerpunkte und Perspektiven zu gewinnen.

Für den **Hauptteil**, die Themenbehandlung selbst, bieten sich besonders folgende Wege an:

### 1. Die chronologische Anordnung
Hier ist der *Zeitablauf* der leitende Ordnungsaspekt. Wenn etwa über Leben und Arbeitsleistung eines ausscheidenden Mitarbeiters referiert wird, dürfte dieser Weg besonders brauchbar sein. Oft lässt sich auch ein Sachreferat schlicht in die Teile Vergangenheit, Gegenwart, Zukunft gliedern.

### 2. Der kausale Weg
Nach *Ursache und Wirkung* aufbauen sollte man ein Referat oder einen Vortrag besonders dann, wenn man Entwicklungen darzustellen hat oder über wissenschaftliche Zusammenhänge, Arbeitsschritte, Experimente und ihre Ergebnisse o. ä. zu berichten ist.

### 3. Die Ordnung nach dem Handlungszusammenhang
Bestimmte Geschehnisse werden meist nach diesem Schema wiedergegeben, das der Anordnung nach so genannten *W-Fragen* folgt, z. B.:
– Wer hat wann, was, wie, wo und warum getan?
– Was hat sich wann, wo, wie und weshalb abgespielt?
  Beispiel: Bericht über eine Hilfsaktion des Roten Kreuzes. Auswahl und Reihenfolge der W-Fragen wird sich selbstverständlich nach dem jeweiligen Vorkommnis zu richten haben.

### 4. Die Orientierung an der Bedeutung der Ereignisse
Dieses Anordnungsschema, nach dem *das Wichtigste zuerst oder auch zuletzt* genannt und alles andere seiner Bedeutung nach eingeordnet wird, eignet sich vor allem dann, wenn man über einen längeren Zeitraum zu referieren hat, über den es vieles mit unterschiedlichem Gewicht zu sagen gibt, z. B. bei einem Jahresrückblick anlässlich der Hauptversammlung eines Vereins.

**5. Der Aufbau nach den Orten der Tätigkeit**
Ein Weg, an den zu denken ist, wenn bei einer Organisation beispielsweise über *Aktivitäten auf Kreisebene* zu berichten ist. Hier kann gegebenenfalls auch noch zwischen zentralen und dezentralen Tätigkeiten oder Veranstaltungen unterschieden werden. Beispiel: Ein Parteisekretär berichtet über Wahlveranstaltungen im Stimmkreis.

**6. Die Gliederung nach Sachbereichen**
Organisationen haben oft vielfältige und *unterschiedliche Aufgaben* zu bewältigen. Wer darüber zu referieren hat, wird gut beraten sein, diese begrifflich zu ordnen und in seinem Bericht klar auseinanderzuhalten. Dadurch treten die Sachbereiche im Zusammenhang mit dem Geleisteten deutlicher hervor.

 **Beispiel:**
Der Vorsitzende einer Jugendgruppe ordnet seinen *Rechenschaftsbericht* in folgende Bereiche:
1. Freizeitaktivitäten,
2. Zusammenarbeit mit anderen Gruppen,
3. Teilnahme an überörtlichen Veranstaltungen,
4. Raumprobleme,
5. Personelles,
6. Beratungen im Vorstand,
7. Kontakte zu öffentlichen Stellen.
(Über das Finanzielle berichtet der Kassenwart.)

Es liegt auf der Hand, dass die hier aufgezeigten Wege oft zu kombinieren sind. In welcher Weise das zu geschehen hat, ergibt sich letztlich aus der jeweiligen Thematik.

*Aufgaben*

A. Skizzieren Sie in Stichpunkten den Aufbau eines Sachreferats zu folgenden Themen:

1. Mein beruflicher Werdegang (oder mein Bildungsweg), z.B. für ein Vorstellungsgespräch (chronologisch)
2. Arbeitsprozess: wie etwas angefertigt wird oder funktioniert (kausal)
3. Vorfall im Straßenverkehr, z.B. ein Unfall (W-Fragen)
4. Ihr letztes Studien-, Berufs- oder Vereinsjahr (nach Bedeutung)
5. Urlaubsreise, die Sie gemacht haben (örtlich geordnet)
6. Berichten Sie über eine Bürgerinitiative oder wie Sie ein persönliches Projekt angegangen haben – etwa z.B. Hausbau (Sachbereiche).

B. Sprechen Sie das Kurzreferat mit Hilfe des Stichwortzettels auf Band und hören Sie es sich anschließend an.

Achten Sie dabei besonders auf die Umsetzung der Stichpunkte in einen Redezusammenhang:
• Waren die einzelnen Sätze klar und übersichtlich?
• Stimmte die Wortwahl?
• Haben Sie die einzelnen Fakten bzw. Gedanken gut miteinander verbunden? (Überleitungen)
• Haben Sie Gedankensprünge vermieden?
• Wurde das besonders Wichtige deutlich genug hervorgehoben?
• Haben Sie anschaulich formuliert?
• Wie waren Sprechtempo, Betonung und Artikulation?
• Waren genügend Pausen dabei, und zwar an den richtigen Stellen?
• Wenn Sie mit dem Ergebnis nicht zufrieden sind, wiederholen Sie diese Übung!

## 2. So können Sie eine Meinungsrede gliedern

Die Meinungsrede ist vor allem dadurch charakterisiert, dass in ihr ein Standpunkt, eine Bewertung entwickelt wird mit dem Ziel, die Zuhörer zu überzeugen beziehungsweise sie zum Mithandeln zu aktivieren. So wird zum Beispiel der Politiker mit einer Wahlrede beim Publikum das von ihm gewünschte Wahlverhalten erreichen wollen, während ein Werbefachmann durch seine Ausführungen eine bestimmte Kaufentscheidung nahelegen wird.

Dieser Zielsetzung entsprechend ist die Meinungsrede besonders psychologisch-taktisch beziehungsweise argumentativ zu gliedern, das heißt, die Sachorientierung wird der beabsichtigten Wirkung untergeordnet, die Fakten werden vom Redner so ausgewählt und angeführt, wie er sie braucht, um bestmöglich überzeugen zu können.

Natürlich lassen sich für die Gliederung des Hauptteils auch bei einer Meinungsrede je nach dem Thema im Einzelnen verschiedene Wege denken.

Besonders nahe liegt jedoch folgende **Grundstruktur:**

1. Schritt:  Der Redner stellt die **Lage** dar, wie er sie sieht und wie sie auch seine Zuhörer sehen sollen.

2. Schritt:  Der Redner bewertet die von ihm skizzierte Situation und entwickelt daraus eine anzustrebende **Zielvorstellung,** mit der sich das Publikum identifizieren soll.

3. Schritt:  Der Redner zeigt **Wege** auf, wie dieses Ziel, dieser anzustrebende Zustand erreicht werden kann. Er bietet Problemlösungen an, die allein Erfolg versprechen und die sich der Zuhörer zu eigen machen soll. (Oft gehörtes Politikerwort: »Dazu gibt es keine Alternative.«)

Bei dieser Vorgehensweise kommt es entscheidend darauf an, dass der Zuhörer *alle drei Schritte* nachvollzieht und sich gewissermaßen vom Redner argumentativ an die Hand nehmen lässt. Wer der Lagebeurteilung (1. Schritt) zustimmt und die Zielsetzung (2. Schritt) bejaht, wird – eine schlüssige, geschickte Darstellung im Einzelnen vorausgesetzt – auch die Lösungsvorschläge (3. Schritt) akzeptieren und sich vom Redner überzeugen lassen.

**! Hinweis:**

In Frageform lässt sich der Aufbau des Hauptteils einer Meinungsrede so formulieren:

1. Was ist/war bisher? (Lage)
2. Was sollte sein? (Ziel)
3. Wie ist das erreichbar? (Wege)

 **Ein Beispiel in Stichworten:**

Thema des Referats: *Gefährdung Jugendlicher durch Videofilme*

Hauptteil:

1. (Lage)  Videokassetten-Markt stark angeschwollen; ein Viertel der Produktion härteste Brutalität und Pornographie.

Folgen: Psychische Schocks, Süchtigkeit bei jungen Menschen.

2. (Ziel)  Stärkerer Schutz Jugendlicher vor solchen Gefahren; Unterbindung dieser gewissenlosen Geschäftemacherei.

3. (Wege)  Gesetzliche Schritte: Entsprechende Verbote, Novellierung des Jugendschutzgesetzes.

Erzieherische Maßnahmen:

Information der Eltern über Gefahren; Freizeitgewohnheiten der Kinder (Umgang!) besser überwachen.

Diese **Dreischritt-Methode** erinnert Sie vielleicht an das bekannte Verhaltensmuster *Sehen – Urteilen – Handeln.*

Wir gehen an Alltagsprobleme immer wieder in dieser Weise heran, um sie zu lösen. Beispiel: Unser Auto streikt: Wir betrachten den Schaden eingehend und machen uns ein Bild (Sehen = Lage). Dann versuchen wir, der Ursache auf den Grund zu kommen und damit die Zusammenhänge zu verstehen (Urteilen = Ziel). Schließlich tun wir etwas dagegen; wir reparieren den Schaden selbst oder wir nehmen die Hilfe eines Fachmannes in Anspruch (Handeln = Weg).

Die Dreischritt-Methode ist zugleich die Strategie jeder Argumentation; wir werden ihr daher in dem Abschnitt »Drei Schritte zum Ziel: das Grundkonzept« in Kapitel X wieder begegnen.

## 3. Möglichkeiten für Einleitung und Schluss

Wie zum Aufsatz, so gehören auch zum Sachreferat und zur Meinungsrede ein einleitender Teil und eine Schlussbemerkung. Beide sollten in einem angemessenen Verhältnis zur Gesamtlänge der Rede stehen. Denn sie haben gegenüber der eigentlichen Themabehandlung, also dem Hauptteil, dienende Funktion.

Wohl wissend, dass es bestimmte Gründe dafür geben kann, die Einleitung oder den Schluss mit mehr Umfang und Gewicht zu versehen, kann als Faustregel gelten, dass beide Teile zusammen nicht mehr als etwa ein Fünftel der Dauer des Hauptteiles umfassen sollten. Wenn Sie also beispielsweise Ihr Referat auf eine Gesamtlänge von 25 Minuten angelegt haben, kämen auf Einleitung und Schluss zusammen maximal etwa vier Minuten, wobei natürlich beide Teile je nach Thema und Umständen meist unterschiedlich lang sind.

● Einleitung

Die Einleitung verfolgt einen doppelten Zweck. Von der Sache her führt sie zum Thema: Der Redner sollte nicht gleich mit der Tür ins Haus fallen. Die Einleitung soll dabei dem Zuhörer die Wichtigkeit der Fragestellung bewusst machen, seine Aufmerksamkeit auf sie lenken und sein Interesse an Information beziehungsweise Problemlösung wecken.

Der besondere rhetorische Zweck der Einleitung besteht indessen darin, eine positive »*Affektbrücke*« zwischen Redner und Zuhörer zu schlagen. Damit ist gemeint, dass das Publikum auf die menschliche

»Wellenlänge« des Vortragenden eingestimmt wird, ihn als Person akzeptiert und glaubwürdig findet, auch wenn es sich in diesem frühen Stadium der rhetorischen Kommunikation nur um eine Art Vertrauensvorschuss handeln kann, der jedoch nicht unterschätzt werden sollte.

»Captatio benevolentiae« (etwa: sich das Publikum gewogen machen) nannten dies die Römer in ihren Grundregeln der Rhetorik. Freilich sollte sich der Redner davor hüten, diese Zielsetzung gar zu deutlich und womöglich in selbstgefälliger Pose durchscheinen zu lassen (»Schaut her, was für ein netter Kerl ich bin!«). Man merkt die Absicht und ist verstimmt, sagt der Volksmund dazu treffend.

Die Zuhörer thematisch und menschlich zu gewinnen, ist für den Redner selbst vor allem deshalb wichtig, weil ihm das positive Echo Auftrieb geben, seine Motivation stärken und gewisse Anfangsängste vermindern kann.

Als **Möglichkeiten, ein Thema einzuleiten,** bieten sich an:

**Kurzer Rückblick:**
Fast genau vor 25 Jahren, am..., trafen sich in der Gaststätte »Goldenes Lamm« 21 Frauen und Männer. Sie machten sich Gedanken darüber, wie man mehr für den Breitensport in unserer Stadt tun könnte... (Rede zum Vereinsjubiläum)

**Persönliches Erlebnis:**
Kürzlich musste ich in die Altstadt fahren, weil ich dort jemanden zu besuchen hatte. Doch um einen Parkplatz bemühte ich mich vergeblich, weit und breit war nichts zu finden... (Vortrag über Tiefgaragen-Projekt)

**Aktuelles Ereignis:**
Wie Sie wissen, haben in den letzten Tagen die Finanzämter die neuen Steuerformulare verschickt... (Information über Einkommensteuer)

**Neuere Erkenntnis:**
Die Statistiker haben herausgefunden, dass in der Bundesrepublik alle fünf Minuten eine Ehe geschieden wird... (Referat über Eherecht)

**Allgemeine Stimmung:**
Ich weiß, meine Damen und Herren, über Rüstungsfragen zu reden, ist gegenwärtig nicht gerade populär... (Information über die Bundeswehr)

**Verbreitete Kritik:**
In der letzten Zeit, meine Damen und Herren, hört man immer wieder Stimmen, die sich kritisch zur Sozialpolitik der Bundesregierung äußern... (Vortrag über Sozialgesetzgebung)

**Anekdote bzw. Zitat:**
Von Winston Churchill stammt der Satz: »Eine gute Rede besteht aus einem interessanten Anfang und einem wirkungsvollen Schluss – der Abstand zwischen diesen beiden sollte möglichst gering gehalten werden.« Ich will deshalb gleich zum Thema kommen und mich auch kurz fassen... (Thema beliebig)

**Situativer Einstieg:**
Der Vorsitzende hat soeben in seinen Begrüßungsworten mit Recht beklagt, dass hier eine so drangvolle Enge herrscht... (Referat über den Bau eines größeren Vereinsheimes)

Der situative Einstieg, bei dem sich also der Referent auf die momentane Situation bezieht (vorher Gesagtes, besondere Umstände oder Vorkommnisse, Publikum und ähnliches), ist meist improvisiert und, besonders bei längeren Ausführungen, der eigentlichen Einleitung lediglich vorgeschaltet. Bei kurzen Gelegenheitsreden oder Diskussionsbeiträgen stellt er indessen die Regel dar (Siehe Beispiele S. 131).
Sprachlich ist bei der Einleitung zu beachten, dass gerade die *ersten Sätze* in einer Rede *klar und leicht fasslich* formuliert und in ruhiger

Sprechweise vorgetragen werden sollten. Dazu gehört vor allem, dass Sie *nicht mit einem längeren Nebensatz beginnen* und die Hauptsache erst am Schluss bringen, sondern den umgekehrten Weg wählen: *den Hauptsatz mit der zentralen Aussage an den Anfang stellen*! Also nicht etwa, womöglich auch noch zu schnell, beginnen: »Da viele Menschen infolge ihrer mangelnden Kenntnisse oder auch aufgrund eigener schlechter Erfahrungen der Schulmedizin zu misstrauen begonnen haben, liefern sie sich nicht selten so genannten Geistheilern aus.«

Sondern: »Viele Menschen liefern sich so genannten Geistheilern aus; denn sie haben schlechte Erfahrungen mit der Schulmedizin gemacht. Häufig sind auch mangelnde Kenntnisse der Grund für ihr Verhalten.«

## • Schluss

Der Schluss hat vor allem die Aufgabe, ein Thema abzurunden, Emotionen und Gedanken ausschwingen zu lassen und wohl auch ein gewisses Symmetriebedürfnis zu befriedigen. Je intensiver die rhetorische Kommunikation war, das heißt, je mehr ein Publikum in Stimmung versetzt worden ist, um so mehr sollte man sein Augenmerk auf den Schlußteil legen, und zwar nicht nur, um sich selbst »einen guten Abgang« zu verschaffen, sondern vor allem im Hinblick auf die Wirkung des Vorgetragenen über den Augenblick hinaus.

Während beim Sachreferat oft eine kurze Schlussbilanz beziehungsweise eine abschließende Zusammenfassung, die das Wesentliche noch einmal in Erinnerung bringt, genügt, dient der Schluss bei der Meinungsrede vor allem dem Zweck, Folgerungen nahezulegen beziehungsweise das Publikum für ein bestimmtes Verhalten abschließend zu mobilisieren. Der Zuhörer soll sich mit dem dargelegten Standpunkt so stark identifizieren, dass er bereit ist, dieser Überzeugung gemäß auch zu handeln. Der Schluss gibt den letzten Anstoß dazu und bewirkt die Bereitschaft, das Gehörte »in die Tat umzusetzen«.

Folgende **Möglichkeiten für den Schluss** einer Rede gibt es u. a.:

**Denkanstoß:**
Ich halte dies für die einzig mögliche Lösung. Oder sehen Sie eine andere? (rhetorische Frage)

**Ausblick:**
In den kommenden Jahren werden uns vor allem die Fragen beschäftigen, ob ... Aber auch hier werden wir sicher die richtigen Antworten finden.

**Wunsch:**
Was wir uns natürlich alle wünschen, das sind in dieser Angelegenheit weitere Fortschritte.

**Hoffnung:**
Hoffen wir also, dass es uns gelingt, aller Schwierigkeiten bald Herr zu werden!

**Befürchtung:**
Wir werden allerdings nicht zum Ziel kommen, wenn wir hier nicht alle an einem Strang ziehen.

**Aufforderung:**
Lassen Sie sich bei Ihrer Wahl am nächsten Sonntag nicht von billigen Parolen beeinflussen! Ihr eigenes Urteil muss entscheiden – und Ihr eigenes Herz!

**Abschließendes Bekenntnis (evtl. Zitat):**
Ich stehe dazu, darauf können Sie sich verlassen!
Schon Hölderlin sagte:»Wo aber Gefahr ist, da wächst das Rettende auch.«
»Ich bin ein Berliner!« (Präsident J. F. Kennedy 1963 in Berlin)
Achten Sie darauf, dass das von Ihnen ausgewählte Zitat – an welcher Stelle auch immer Sie es verwenden – in den dargestellten Zusammenhang passt und sich auch stilistisch gut einfügt.

## 4. Tipps für Gelegenheitsreden

Wie Sie aus eigener Erfahrung wissen werden, ist die Gelegenheitsrede die wohl häufigste Form des Redens vor anderen in Beruf und Alltag. Wer immer Funktionen im öffentlichen Leben ausübt, zum Beispiel als Mitglied eines Vereins oder Parteigremiums, einer Initiative oder eines Arbeitskreises, oder beruflich herausgehoben ist, etwa als Chef, Abteilungsleiter, Meister oder auch als Mitglied eines Personal- oder Betriebsrates, kommt fast zwangsläufig mehr oder weniger oft in die »Verlegenheit«, die berühmten passenden Worte zu allen möglichen Anlässen zu sagen. Man denke beispielsweise an die Ehrung von verdienten Mitgliedern, die Begrüßung von Gästen, die Einführung oder auch Verabschiedung von Mitarbeitern oder an Tischreden, um nur einige wenige dieser Anlässe zu nennen.

Was die Gelegenheitsrede vom Sachreferat und von der Meinungsrede unterscheidet, ist die besondere Betonung des Kommunikativen, ja Persönlichen, oft durchsetzt mit ausgesprochen unterhaltenden Elementen. Das schließt Information und Meinung natürlich auch hier nicht aus. Nicht zuletzt sollte eine Gelegenheitsrede auch durch Kürze gekennzeichnet sein.

Martin Luthers Dreizeiler

> *Tritt fest auf,*
> *Machs Maul auf,*
> *Hör bald auf!«*

gilt natürlich allgemein, besonders aber hier, wo die Rede nur Beiwerk ist, sozusagen zur Rollenfunktion des Betreffenden gehört. Trotzdem sollten Sie einen solchen Kurzauftritt nicht auf die leichte Schulter nehmen, etwa in der Einstellung: »Mir wird schon etwas Passendes einfallen, das lasse ich auf mich zukommen.« Die Folge einer solchen Fehleinschätzung kann beim wenig Geübten sein, dass er nicht mehr als ein paar gängige Floskeln stockend und ohne rechten Zusammenhang von sich gibt, während andererseits der Routinierte, aber Unvorbereitete leicht in undiszipliniertes Plaudern gerät, die gewohnte Platte ablaufen lässt, auf Nebenwege gelangt und auf diese Weise die Geduld seiner Zuhörer überstrapaziert.

Richtig ist, dass Gelegenheitsreden in der Regel frei vorgetragen werden. Das schließt aber eine entsprechende Vorbereitung keineswegs aus. Dabei sollte der jeweilige Redeanlass besonders bedacht werden unter Einbeziehung der Umstände, der Publikumszusammensetzung und -erwartung sowie des schon erwähnten Zeitfaktors. Es empfiehlt sich, die wesentlichen Punkte auf einem kleinen **Stichwortzettel** zu notieren und sie sich so gut einzuprägen, dass sie, möglichst ohne abgelesen werden zu müssen, lebendig vorgetragen werden können.

Andererseits ist es keine Schande, auch bei einer Kurzrede einen »Spickzettel« zu benützen, das heißt, ab und zu einen Blick darauf zu werfen, und zwar nicht verstohlen, sondern ganz offen und ungezwungen. Hier sollten Sie, besonders als Anfänger in diesem Metier, keinen falschen Ehrgeiz entwickeln.

Der **Aufbau** einer Gelegenheitsrede richtet sich natürlich nach dem jeweiligen Anlass. Gleichwohl erweist sich im Allgemeinen folgende Gliederung als praktikabel:

1. kurzer, eventuell situativer Einstieg,
2. Kerngedanke,
3. kommunikativ-wirksamer Abschluss.

Im Einzelnen sollten die im Folgenden skizzierten Punkte besonders beachtet werden:

• Grundstimmung beim Publikum richtig erfassen und berücksichtigen.

**Wie stehen die Zuhörer zueinander?**
Ein Publikum kann bekanntlich recht unterschiedlich zusammengesetzt sein. Es kann sich um eine familiäre Zusammenkunft handeln, bei der mehrere Generationen vertreten sind, vielleicht bei einer goldenen Hochzeit. Oder es hat sich ein Freundeskreis aus Anlass eines runden Geburtstages getroffen, in dem jeder jeden seit Jahren kennt. Eine ähnliche Konstellation ist bei Treffen mit Kollegen gegeben, die durch den täglichen beruflichen Umgang miteinander

eng vertraut sind und die vielleicht einen ausscheidenden Mitarbeiter verabschieden. Nicht ganz so nahe stehen sich in der Regel Mitglieder eines öffentlichen Gremiums wie eines Vorstandes, Kuratoriums oder Aufsichtsrates, die meist aufgrund anderer Tätigkeiten oder Ämter in solche Positionen entsandt oder gewählt werden. Wenn hier etwas zu feiern ist, vielleicht ein Amtsjubiläum, wird man deshalb auch förmlicher miteinander umgehen und die Reden werden entsprechend angelegt sein.

**Was ist vorangegangen?**
Jede Gelegenheitsrede hat einen bestimmten Platz in einem größeren Zusammenhang. Wenn sie nicht am Anfang steht, zum Beispiel bei der Begrüßung von Gästen anlässlich einer Betriebsfeier, sondern erst später zu halten ist, wird immer auch zu berücksichtigen sein, was nach den jeweils vorangegangenen Programmpunkten am besten passt. Wenn sich beispielsweise eine Belegschaft bei einem Personalausflug nach einer mehrstündigen Wanderung in einem Gasthaus zum gemütlichen Ausklang des Tages trifft, werden tiefschürfende, lange Ausführungen, etwa über die Geschichte des Ortes, in dem man sich befindet, fehl am Platze sein. Der Redner darf sich dann nicht wundern, wenn bald Unruhe im Publikum entsteht und immer mehr Zuhörer in die Bar abwandern.

**Was folgt?**
Auch bestimmte Erwartungshaltungen beeinflussen die Grundstimmung bei einer Zusammenkunft und müssen vom Sprecher mit bedacht werden. Wenn Sie zum Beispiel bei einer Vortragsveranstaltung den Hauptreferenten des Abends einzuführen haben, auf dessen Rede das Publikum schon gespannt wartet, dann dürfen Sie die Geduld Ihrer Zuhörer nicht durch allzu breit angelegte eigene Bemerkungen zu sehr auf die Probe stellen.

**Welche Atmosphäre bestimmt diese Zusammenkunft?**
Es können sich auch kaum vorhersehbare Umstände auf die Grundstimmung der Zuhörer nachhaltig auswirken. Vielleicht ist Streit entstanden, eine wichtige Persönlichkeit zur allgemeinen Enttäu-

schung nicht erschienen oder organisatorisch etwas schief gelaufen; vielleicht hat es auch eine sehr angenehme Überraschung gegeben. In solchen Situationen kommt es besonders darauf an, dass Sie sich flexibel verhalten und den Umständen in Ihren Ausführungen Rechnung tragen, statt sich starr an ein vorgefasstes Redekonzept zu klammern. Vor allem sollten Sie hier den situativen Einstieg entsprechend anpassen.

• **Den richtigen Augenblick zum Reden wählen.**

Besonders bei geselligen Veranstaltungen kommt es mitunter vor, dass eine Gelegenheitsrede keinen vorher festgelegten Platz hat. Da stellt sich manchmal die quälende Frage: Wann stehe ich auf und rede?

Den richtigen Zeitpunkt dafür zu finden, kann viel Fingerspitzengefühl erfordern. Manche versäumen den passenden Moment deshalb, weil sie von Hemmungen geplagt sind und einfach den Entschluss nicht aufbringen, die Gelegenheit wahrzunehmen. Sie schieben dann womöglich ihren Beitrag so lange vor sich her, bis der richtige Zeitpunkt endgültig verpasst ist und sie dann gegen ein unaufmerksames Publikum anreden müssen. Oder sie resignieren und schweigen ganz, geplagt vom schlechten Gewissen und nagenden Selbstvorwürfen.

Aber auch das Gegenteil kann man zuweilen beobachten. Jemand will, nervös und ungeduldig, seinen »Auftritt« rasch hinter sich bringen und übersieht dabei völlig, dass seine Zuhörer alles andere als aufnahmebereit sind.

Bei einer Tischrede wird noch mit dem Geschirr geklappert oder es hat noch nicht jeder Platz genommen. Die Gäste sind noch beim »small talk« mit Freunden, die sie lange nicht mehr gesehen haben. Im Saal ist der Beifall für die vorangegangenen Musikdarbietungen noch nicht verebbt. Es wird im Eifer übersehen, dass ein Ranghöherer vorher noch etwas sagen möchte usw.

Wenn bei einer Gelegenheit, zum Beispiel bei einer Gratulationscour, mehrere Teilnehmer zu sprechen haben, sollte vorher geklärt werden, wer wann redet. Häufig wird das übrigens schon in der schriftlichen Einladung bekannt gegeben.

Bei Tischreden gehen die Meinungen auseinander, wann der richtige Zeitpunkt dafür gegeben ist. Der frühere italienische Staatspräsident Pertini bemerkte bei einer solchen Gelegenheit einmal in seiner trocken-humorigen Art: »Reden sind immer schädlich. Vor dem Essen verderben sie den Appetit, nach dem Essen die Verdauung.« Favorisiert wird heute allgemein die Zeit zwischen Vorspeise und Hauptgericht. Nach der Vorspeise ist der erste Hunger gestillt, die Tischnachbarn haben sich miteinander bekannt gemacht oder schon ein kleines Gespräch geführt und sind in aller Regel aufnahmebereit, wenn der Redner ans Glas klopft, wartet, bis Ruhe eingekehrt ist und dann zu sprechen beginnt. Natürlich wird dafür gesorgt werden müssen, dass das Bedienungspersonal nicht schon während der Rede(n) das Hauptgericht aufträgt.

- **Die Rede persönlich gestalten.**

Wie in anderem Zusammenhang schon dargelegt, sollte jede Rede auch eine persönliche Verbindung zum Publikum herstellen. Das gilt für die Gelegenheitsrede in besonderem Maße, zumal bei geselligen Anlässen, wo man ja meist jeden Zuhörer auch persönlich kennt.

Achten Sie deshalb darauf, dass sich die Anwesenden direkt angesprochen fühlen. Das gelingt Ihnen zum Beispiel, wenn Sie an gemeinsam Erfahrenes oder Erlebtes anknüpfen oder erinnern. Auch wenn für die Gelegenheitsrede nicht ohnehin eine Person oder mehrere Leute der Anlass sind – wie bei Ehrungen – und diese somit im Mittelpunkt stehen, ist es oft angebracht, sich auf einzelne Anwesende (meist in besonderen Funktionen) direkt mit Namensnennung zu beziehen. Inwieweit dies passt, muss jedoch in jedem Einzelfall mit Einfühlungsvermögen entschieden werden; denn hier können auch Eitelkeiten und Eifersüchteleien geweckt werden. Nicht selten wird zum Beispiel erwartet, dass einzelne Anwesende persönlich vor den Versammelten begrüßt werden. Da erhebt sich dann die manchmal schwierige Frage, in welcher Reihenfolge dies geschehen soll.

Wenn es sich um Persönlichkeiten des öffentlichen Lebens, so genannte Honoratioren, handelt, wird man sich normalerweise nach der Ranghöhe richten. Bei politischen Ämtern ist das relativ einfach. Da wird etwa der Parlamentsabgeordnete vor dem Landrat, dem Bürgermeister und den Stadträten rangieren, erst dann kommen leitende städtische Beamte, Schulleiter, Bank- und Firmenchefs sowie Vereinsvorsitzende und wer sonst noch eigens begrüßt werden muß. Anwesende Geistliche werden manchmal noch zuerst, vor den politischen Persönlichkeiten, genannt; das hängt von den örtlichen Gepflogenheiten ab.

Wenn ein Einzelner, der vielleicht im Mittelpunkt einer Ehrung steht, besonders begrüßt werden soll, ist es meist am besten, ihn erst am Schluss, und dann mit der entsprechenden Hervorhebung, namentlich zu nennen.

Das Problem bei der Begrüßung Einzelner besteht natürlich vor allem darin, dass man dabei leicht jemanden vergessen kann. Damit das nicht passiert, sollte eine Liste mit den Namen und Funktionen der Betreffenden vorher erstellt werden, gegebenenfalls nach Eingang der Zusagen, wenn schriftlich mit Rückantwort eingeladen wurde. Es kann aber auch ein Mitarbeiter damit beauftragt werden, die eintreffenden Gäste zu notieren. Wer sich erst, schon hinter dem Rednerpult stehend, durch Blickkontakt die zu begrüßenden Persönlichkeiten aus dem Publikum gleichsam herausfischt, der kann leicht jemanden übersehen!

Eine andere bange Frage: Wo hört man auf? Ja, man könnte auch grundsätzlich fragen, ob solche Namensprozessionen denn in einer demokratischen Gesellschaft noch zeitgemäß sind. Was denken sich womöglich die anderen, nicht Genannten?

Wie weit hier zu gehen ist, kann nur im Einzelfall entschieden werden. Das hängt wesentlich vom Anlass, der Zusammensetzung des Publikums und den jeweils herrschenden Konventionen ab. Als Faustregel sollte aber gelten: Möglichst wenige einzeln begrüßen, Beschränkung auf diejenigen, die bei dem Anlass besonders willkommen sind.

Eine gute Lösung kann auch sein, wenn man Gruppen pauschal begrüßt, zum Beispiel die anwesenden Stadträte oder die Vertreter der örtlichen Vereine. Man kann auch den Weg gehen, dass man einen »Würdenträger« stellvertretend für alle Repräsentanten des öffentlichen Lebens namentlich nennt, also etwa den 1. Bürgermeister und damit zugleich alle anderen städtischen Mandatsträger. Wörtlich: »Ich begrüße stellvertretend für alle Vertreter des öffentlichen Lebens Herrn Ersten Bürgermeister X.« oder: »Wir freuen uns, heute auch zahlreiche Lehrkräfte bei uns zu wissen, an der Spitze Herrn Schulamtsdirektor Y.«

Bringen Sie sich aber auch selber als Person ein, sprechen Sie auch von sich, natürlich ohne eine selbstgefällige Show abzuziehen.

Und benutzen Sie die Ich-Form, wenn Sie sich selber meinen; weichen Sie nicht ins anonyme »man« aus. Also nicht: Man erinnert sich immer wieder gern daran, sondern: *Ich* erinnere mich immer wieder gern daran.

● Einen Kerngedanken in den Mittelpunkt stellen.

Der Kerngedanke ist natürlich die Hauptsache bei einer Gelegenheitsrede. Hier zeigt sich, ob der Redner wirklich etwas zum gegebenen Anlass zu sagen hat. Während der Einstieg sich oft aus der Situation heraus ergibt und deshalb improvisiert sein kann, ja manchmal sein muss, will der Kerngedanke vorher gut überlegt sein.

Was ist das Besondere und Wichtige, das uns zusammengeführt hat; eine Person, eine Sache oder ein Ereignis von Tragweite? Was erwarten meine Zuhörer primär von mir zu hören? Was sollte vor allem angesprochen werden? Wie stehe ich selbst emotional zu diesem Anlaß? In diese Richtung werden die Vorüberlegungen bei diesem Punkt gehen müssen.

Bei einer Abschiedsrede auf einen ausscheidenden Kollegen wird sicher die Erwähnung seiner Laufbahn, seiner Verdienste für den Betrieb und seiner besonderen Eigenschaften im Kern der Darlegungen stehen.

Beim Richtfest für ein Vereinsheim hingegen gehören die wesentlichen Daten des Bauprojektes in den Mittelpunkt, von der Beschlussfassung im Vorstand über Finanzierungsfragen bis zur Fertigstellung des Hauses im Rohbau. Auch wichtige Persönlichkeiten werden in diesem Zusammenhang mit Dank erwähnt werden müssen.

Ein Bürgermeister nimmt das Wort bei einem vorweihnachtlichen Seniorentreffen, kommt zum Kern und zitiert sowie erläutert mit aufmunternden Beispielen den Satz: »Das Alter ist keine von der Höhe des Lebens bergab führende Einbahnstraße.« Ein gutes Zitat, das wirklich passt und nicht nur zeigt, wie gebildet Sie sind, das den Nagel auf den Kopf trifft und auch stimmungsmäßig am rechten Platz ist, kann hier Gold wert sein.

- Auch Gefühle ansprechen.

Dass die Gelegenheitsrede auch Gefühle ansprechen sollte, ergibt sich eigentlich schon aus den bisherigen Hinweisen. Im Sinne des kommunikativen Charakters eines solchen Beitrages wird es sich vor allem um die Aktivierung des sogenannten Wir-Gefühls handeln: Die Zuhörer werden als Gemeinschaft angesprochen, deren Wollen in die gleiche Richtung zielt. Der Redner selbst wird dabei in der Regel deutlicher persönliche Gefühle artikulieren als beim Sachreferat oder der Meinungsrede.

Zu warnen ist allerdings vor Gefühlsüberschwang und Humor um jeden Preis. Wer sich gewissermaßen Gefühle verordnet oder unbedingt die Zuhörer zum Lachen bringen will, weil der Anlass es nahelegt, erzeugt vielleicht nur ein mitleidiges Lächeln oder Verlegenheit, weil das, was er sagt, nicht ehrlich klingt oder als krampfhaft empfunden wird.

Auch Witze auf Kosten anderer kommen meist nicht gut an; dann schon lieber, wenn der Anlass es erlaubt, von einer eigenen (verzeihlichen) Schwäche reden und damit seine Zuhörer zum Schmunzeln bringen.

Hier einige Beispiele für die **Aktivierung von Wir-Gefühlen:**
– Bei einer Leistungsbilanz, etwa einem Rechenschaftsbericht eines Vereins oder einer Partei, wird der Anteil vieler hervorgehoben

und betont, dass es sich hier um eine Gemeinschaftsleistung handelt, die ohne den Einsatz aller nicht zustande gebracht worden wäre.

– Bei einem persönlichen Jubiläum stellt der Redner heraus, wie sehr sich der Geehrte der Wertschätzung aller erfreuen kann.

– Bei einer Gebäudeeinweihung wird die Freude jedes Mitgliedes über das gelungene Werk zum Ausdruck gebracht: »Wir werden es mit Leben erfüllen«.

– Bei der Siegesfeier eines Sportvereins wird der gemeinsame Stolz auf die Leistungen der siegreichen Mannschaft angesichts eines keineswegs zu unterschätzenden Gegners artikuliert.

• **Auf die Wortwahl achten.**

Wer im öffentlichen Leben tätig ist, weiß nur zu gut, dass Gelegenheitsreden oft als gesellschaftlicher Zwang empfunden werden. Man muss reden, weil es eben von einem erwartet wird und das Ritual es so will. Nach der persönlichen Einstellung zum Anlass wird da kaum gefragt. Allein die Position, die jemand innehat, verpflichtet ihn dazu und das ist verständlicherweise manchmal eine lästige Pflicht.

Wie lästig sie ist, kann man dann der Wortwahl des Redners entnehmen. Je weniger er persönlich motiviert ist, desto mehr wird er der Versuchung erliegen, sich sprachlich an gängige, abgedroschene Vokabeln und Redewendungen, an **Floskeln**, zu halten, bei denen sich niemand mehr etwas denkt und auch kaum jemand mehr hinhört. Am Ende atmet jeder auf – der Redner wahrscheinlich am meisten. Mit solchen Floskeln ließen sich ganze Seiten füllen. So freut sich etwa der Redner über unser zahlreiches Erscheinen, besonders, dass es Herr Direktor Meier sich nicht hat nehmen lassen, uns die Ehre seiner Anwesenheit zu geben. Da hat es der Wettergott wieder einmal gut mit uns gemeint, da ist etwas unser aller Anliegen oder ein echtes Bedürfnis. Da wird der Ansicht Ausdruck verliehen, dass in einem gesunden Körper auch ein gesunder Geist wohnt und schließlich hält Essen und Trinken Leib und Seele zusammen. In diesem Sinne ...

Natürlich gibt es für bestimmte Anlässe allgemein übliche Formulierungen, denken Sie nur an bestimmte Ausdrucksformen bei Grab- oder auch Glückwunschreden. Das lässt aber immer noch genug Spielraum für Eigenes, und dieses muss keineswegs etwa dichterischen Rang haben, es sollte nur nicht zu abgegriffen sein und natürlich klingen. Ich empfehle Ihnen schlichte Formulierungen. Freuen Sie sich zum Beispiel als Begrüßungsredner, dass die Veranstaltung so gut besucht ist, dass Sie auch Herrn Direktor Meier begrüßen können. Weisen Sie eventuell darauf hin, dass der warme Sommertag uns allen wie gerufen kommt, dass Ihnen etwas sehr wichtig ist und dass Sie dies besonders betonen möchten. Vor Freizeitsportlern sagen Sie vielleicht: »Treibt weiter euren schönen Sport. Das macht nicht nur Spaß, sondern erhält euch auch gesund.« Und wenn Sie bei einem Essen zum Zugreifen animieren wollen, dann genügt ein freundliches »Und nun lassen Sie sich das kalte Büfett schmecken«.

Die Schlussfloskel »In diesem Sinne . . .« läßt sich in der Regel ersatzlos streichen. – Und noch eines:

Vor allem, wenn Sie eine Gelegenheitsrede, zum Beispiel ein Wort des Dankes, völlig frei gehalten haben, werden Sie hinterher oft feststellen, dass Sie manches ganz anders gesagt haben, als Sie es sich gedanklich zurechtgelegt hatten. Es kann auch sein, dass Sie einzelne Details zu erwähnen vergessen haben. Das sollte Ihnen aber keine schlaflose Nacht bereiten. Das, worauf es Ihnen wirklich ankam, haben Sie bestimmt gesagt; vielleicht weniger perfekt als ausgedacht, dafür aber spontaner, lebendiger und kommunikativer. Und darauf kommt es schließlich bei einer solchen Rede besonders an.

Einige einfache **Beispiele** für Gelegenheitsreden in Stichworten:
– Abendliche Einkehr nach Betriebsausflug:
  Einstieg:  Kurzer Willkommensgruß mit Hinweis auf Lokalität
  Kern:      Rückblick auf den gemeinsam verbrachten Tag (einige
             Schlaglichter)
  Schluss:   Wunsch zum geselligen Ausklang
– Begrüßung eines Gastreferenten:
  Einstieg:  Begrüßung des Publikums, Anlass skizzieren

Kern:        Vorstellung des Referenten (evtl. Name, Titel und
             Tätigkeit notieren), kurze Bemerkung zum Thema
Schluß:      Worterteilung an den Referenten
– Nach dem Referat:
Einstieg:    Dank an den Referenten
Kern:        Knappe (nicht überschwängliche) Würdigung der Aus-
             führungen
Schluß:      Überleitung zur Diskussion, Bitte um Wortmeldungen
– Tischrede anlässlich eines Betriebsbesuches
Einstieg:    Anknüpfung an Vorangegangenes (z.B. Betriebsbe-
             sichtigung), Begrüßung allgemein, evtl. besonderer
             Gäste
Kern:        Jetzt zwangloser Erfahrungsaustausch, besseres Ken-
             nenlernen
Schluß:      Dank für Interesse, Hoffnung auf Fortsetzung der
             Kontakte, Trinkspruch.


**Beispiel für eine Grabrede auf ein Vereinsmitglied**

Anrede        *Verehrte Frau Mangold, liebe Familie Mangold,*
              *meine Damen und Herren!*
*Einstieg:*   *Der Trachtenverein Maiburg betrauert den Ver-*
Anlass        *lust seines Vorstandsmitgliedes Franz Mangold.*
*Kern:*       *Der Verstorbene war einer der Gründer unseres*
Tätig-        *Vereins und von Anbeginn Mitglied des Vorstan-*
keiten        *des. Viele Jahre stand er uns als Kassenwart zur*
              *Seite; 1995 wählte ihn die Mitgliederversamm-*
              *lung einstimmig zum 2. Vorsitzenden. Er hatte*
              *dieses Amt bis zu seinem plötzlichen Tode inne.*
              *Franz Mangold kümmerte sich besonders um die*
              *organisatorische Abwicklung unserer öffentli-*
              *chen Veranstaltungen.*
Eigen-        *Sein Ableben trifft auch uns sehr schmerzlich.*
schaften      *Auf Franz Mangold war immer Verlass; was er in*
              *Angriff nahm, führte er auch konsequent und*
              *umsichtig zum Ziele. Bei Vorstandssitzungen*

| | |
|---|---|
| *Ver-*<br>*dienste* | *schätzten wir vor allem seine liebenswürdige,*<br>*ausgleichende Art und seine Fähigkeit, auch in*<br>*schwierigen Situationen klaren Kopf zu behal-*<br>*ten. Besonders darin war er uns allen stets ein*<br>*Vorbild.*<br>*Franz Mangold hat sich um den Trachtenverein*<br>*Maiburg verdient gemacht.* |
| *Schluss:*<br>Beileid<br>Versiche-<br>rung | *Ihnen, verehrte Frau Mangold, Ihren Kindern und*<br>*allen trauernden Hinterbliebenen gilt unser herz-*<br>*liches Mitgefühl. Wir werden uns an den lieben*<br>*Verstorbenen stets dankbar erinnern und unsere*<br>*Vereinsarbeit in seinem Geiste weiterführen.* |
| Kranz-<br>nieder-<br>legung | *Zum Zeichen unserer Trauer und Verbundenheit*<br>*lege ich im Namen des Vorstandes diesen Kranz*<br>*nieder.* |

*Bitte beachten Sie:*

- Besonders bei Grabreden jede Weitschweifigkeit vermeiden.
- Der Ernst des Anlasses gebietet eine schlichte, disziplinierte und würdige Ausdrucksweise.
- Deshalb prägnante Formulierungen wählen und in einfachen, übersichtlichen Sätzen sprechen.
- Diese ohne Hast, gut betont und laut genug vortragen, zwischen den einzelnen Aussagen Pausen machen (auch zum gelegentlichen Durchatmen!)
- Das Ziel einer Grabrede soll vor allem sein, die Verdienste des Verstorbenen wachzurufen, die Trauernden aufzurichten und ihnen Trost zuzusprechen.
- Von gezielter Emotionalisierung (»Druck auf die Tränendrüsen«) ist abzuraten.

**Zusammenfassung:**
**Formen und Aufbau einer Rede**

**Sachreferat**  *Ziel:* Informieren, Belehren, Mitdenken. Sachorientiert, rational geordnet.
*Aufbau:* vom Thema abhängig, z. B.
– chronologisch (Zeitablauf)
– kausal (ursächliche Zusammenhänge)
– W-Fragen
– Bedeutung (evtl. Steigerung)
– Örtlichkeiten (Aktivitäten)
– Bereiche (unterschiedliche Aufgaben)

**Meinungsrede**  *Ziel:* Aktivieren, Überzeugen.
Psychologisch-taktisch-argumentativ gegliedert.
*Aufbau:* Argumentationszusammenhang in drei Schritten:
1. Was ist/war bisher? (Lage)
2. Was sollte sein? (Ziel)
3. Wie ist das erreichbar? (Wege)

**Gelegenheitsrede**  *Ziel:* Kommunikativ, gesellig, persönlich, kurz.
*Aufbau:*
– situativer Einstieg
– Kerngedanke
– wirksamer Abschluss

**Einleitung**  Hinführung zum Thema, »Affektbrücke«.
**Schluss**  Abrundung des Themas, Schlussfolgerungen nahelegen bzw. Aktivitäten auslösen.

## 5. Übungen zu Kapitel V
(Lösungen s. S. 252 ff.)


**A.** Ergänzen Sie Einleitung und Schluss:

Kurzrede anlässlich der Monatsversammlung eines Vereins zum Thema »Mitgliederstand«.

1. Einleitung...
Hauptteil:
(Lage)
Ich habe mir die Zahlen nochmals genau angeschaut, meine Damen und Herren. Demnach belief sich der Mitgliederstand am Ende dieses Jahres auf insgesamt 254 gegenüber 293 im Vorjahr, das heißt, wir haben einen Rückgang um 39 Mitglieder zu verzeichnen, das sind mehr als 13 %.
Trotzdem möchte ich diese Entwicklung nicht dramatisch nennen; denn, wie Ihnen schon bekannt ist, sind in dieser Zahl ja neben den sechs Sterbefällen auch sieben Wegzüge enthalten, so dass dann nur 26 Austritte verbleiben, die uns beschäftigen sollten.
Einige von diesen ehemaligen Mitgliedern habe ich nach den Gründen ihres Austritts gefragt. Es waren vorwiegend jüngere Leute, die mir fast übereinstimmend gesagt haben, dass der Verein ihrer Ansicht nach nicht genug für diese Jahrgänge tut.
Liebe Freunde, das sollte uns zu denken geben!
(Ziel)
Wir müssen alles tun, um die jüngeren Mitglieder bei uns zu halten. Wir müssen danach trachten, gerade bei dieser Generation wieder mehr Anklang zu finden und neue Mitglieder zu gewinnen.
Nur so können wir einer drohenden Überalterung entgegenwirken.
(Weg)
Um dieses Ziel zu erreichen, sollten wir zunächst Aktivitäten entwickeln, die unsere jüngeren Mitbürger auch wirklich ansprechen.

Dazu gehören vor allem mehr gesellige Veranstaltungen wie ein Sommernachtsball, Disko-Abende, Radausflüge und mehr Diskussionen über Themen, die diesen Personenkreis vor allem interessieren.

Zu überlegen ist auch, ob wir unseren Vorstand nicht nach und nach verjüngen sollten. Wenn unser Nachwuchs mehr Verantwortung übernehmen kann, dann wird er sich auch stärker an den Verein gebunden fühlen.

Schließlich müssen wir unsere Mitgliederwerbung verstärken und dabei besonders daran denken, wie wir die Jugend mehr gewinnen können. Der Vorstand sollte sich schon auf seiner nächsten Sitzung mit diesem Thema ernstlich befassen und Vorschläge ausarbeiten.

2. Schluss...

B. Entwerfen Sie nach dem behandelten Schema in Stichworten Meinungsreden zu folgenden Themen:

1. Gesundheit durch Bewegung
2. Weiterbildung ist immer aktuell
3. Demokratie im Betrieb?

C. Gelegenheitsrede

1. Sie haben an einem Italienisch-Kurs teilgenommen. Nach Schluss des Kurses trifft man sich mit dem Kursleiter (einem Italiener) zu einem Abschiedstrunk in einem Lokal.

   Ihre Kurskollegen haben Sie dazu ausersehen, Ihrem Lehrer im Namen aller ein Dankeswort zu sagen. Entwerfen Sie eine kurze Gelegenheitsrede zu diesem Anlass.

# VI. Wie Sie ein Referat vorbereiten sollten

## 1. Das A und O einer guten Vorbereitung

Es ist in diesem Ratgeber schon auf die Unerlässlichkeit einer guten Vorbereitung von Redebeiträgen hingewiesen worden. Die Vorbereitung ist die halbe Rede, heißt es mit Recht. Was dabei besonders zu beachten ist, möchte ich hier Schritt für Schritt behandeln.

Wenn Sie vor einer solchen Aufgabe stehen, sollten Sie vor allem **rechtzeitig mit den Vorarbeiten beginnen.** Wie die Wochenzeitung »Die Zeit« berichtete, soll es der englische Politiker Winston Churchill gewesen sein, der auf die Frage, wie viel Vorbereitungszeit er üblicherweise für seine Reden brauche, in der für ihn typischen Zuspitzung, aber den Kern des Problems durchaus treffend, geantwortet hat: »Das kommt darauf an. Darf ich reden, so lange ich will, brauche ich überhaupt keine Vorbereitungszeit. Soll ich eine halbe Stunde sprechen, muss ich vorher die doppelte Zeit nachdenken. Für fünf Minuten aber brauche ich einen Tag.« Eine gute Rede muss gewissermaßen heranreifen können, das verträgt sich nicht mit Hektik. Hand aufs Herz: Gehen Sie an neue Aufgaben immer früh genug heran, oder gehören Sie zu den vielen, die sich gern einreden: »Es eilt ja nicht, das schaffe ich schon noch!« und die dann immer wieder in Zeitnot geraten mit allen unangenehmen Folgen für sich und ihre Arbeit? Ich rate Ihnen, dieser Neigung konsequent zu widerstehen und gerade Ungewohntes, wie vielleicht eine Rede, als positive Herausforderung anzusehen und es ohne Aufschub »an den Hörnern zu packen«.

Nehmen wir an, es fällt Ihnen die Aufgabe zu, bei der Jahreshauptversammlung eines bestimmten Vereins den Tätigkeitsbericht zu erstatten, also im Wesentlichen ein Sachreferat zu halten. Da sollten Sie nicht erst zwei Tage vorher mit der Vorbereitung beginnen, sondern vielleicht schon zwei Wochen. Denn Sie müssen ja zuerst einmal das Faktenmaterial **sammeln,** das Sie für Ihr Referat brauchen. In diesem Fall dürfte es sich primär um Protokolle, Briefwechsel, Aktennotizen über Besprechungen, Statistiken, Werbematerial, Zeitungsartikel über öffentliche Veranstaltungen u. Ä. handeln. Vielleicht sind Sie erstaunt, wie viel es da durchzusehen gibt – ist nur zu hoffen, dass Ihr Verein das Material auch gut aufbewahrt hat.

Wenn Sie sich einen Überblick verschafft haben, wird es darum gehen, das Ganze sinnvoll zu **ordnen**. Sie können für die einzelnen Teilbereiche zum Beispiel verschiedenfarbige Aktendeckel verwenden, in die dann nicht nur einschlägige Unterlagen gehören, sondern auch eigene Einfälle dazu, eventuell auch Zitate, Hinweise auf Literatur und andere Quellen.

Dann beginnen Sie, den Stoff im Sinne des Themas zu **gliedern**, und zwar im Hinblick auf die beiden Leitideen:

1. Was will ich erreichen?
2. Wie kann ich dahin kommen?

Selbstverständlich werden Sie diese Gesichtspunkte schon beim Sammeln und Ordnen im Hinterkopf gehabt haben. Jetzt aber gilt es, sie direkt in einen Referatsaufbau unter gleichzeitiger Berücksichtigung taktischer Momente umzusetzen.

Die Gliederung sollte sich zunächst auf den **Hauptteil** beschränken. Welche Möglichkeiten es dafür gibt, wurde auf Seite 57 f. dargestellt.

Bei dem hier angenommenen Tätigkeitsbereich anlässlich einer Vereinsversammlung werden Sie Ihr Referat wohl in erster Linie nach der Bedeutung der Ereignisse aufbauen und im Übrigen chronologisch vorgehen. Aber auch eine Gliederung nach Sach- oder Arbeitsbereichen (siehe Beispiel S. 58) kann in Frage kommen.

Dieses thematische Gerüst ist das Raster für die rhetorisch-argumentative Beschäftigung mit dem Referat. Jetzt gehen Sie an den **Rohentwurf** des Ganzen unter Einbeziehung von Einleitung und Schluss, der meist sowohl ausformulierte Gedanken, Übergänge und Faktenzusammenhänge enthält wie Stichpunkte, also ein Gemisch von Wortmanuskript und Stichwortzettel darstellt. Dabei sollten Sie nicht mit Papier sparen und alles übersichtlich anordnen, das heißt, die einzelnen Abschnitte deutlich kennzeichnen und Wesentliches besonders hervorheben.

Wenn diese erste Referatsfassung steht, sollten Sie, wenn möglich, eine Pause von ein paar Tagen einlegen, um dann an die nochmalige

**Durcharbeitung** des Konzeptes heranzugehen – nicht zuletzt auch im Hinblick auf Interessen, Erwartungen und Kenntnisstand des Publikums. Vielleicht können Sie in diesem Stadium das Ganze mit anderen diskutieren. Denn das Gespräch darüber führt oft zu neuen Ideen, bringt größere Klarheit ins eigene Denken und Wollen und verhilft vielleicht auch zu treffenderen Formulierungen.

Nun kann die **endgültige Fassung** zu Papier gebracht werden. Hier gibt es zwei Möglichkeiten: das Wortmanuskript und den Stichwortzettel.

## 2. Über den Wert eines Wortmanuskripts

Welche **Form** Sie wählen, hängt einmal vom Anlass beziehungsweise vom Veranstaltungsrahmen ab, zum anderen aber auch von Ihrer Geübtheit. Wenn Sie zum Beispiel eine längere Festrede zu halten haben, werden Sie am besten nach einem Wortmanuskript sprechen, weil dann die Rede auch stilistisch sorgfältig erarbeitet sein muss, damit sie in den feierlichen Rahmen passt. Bei Grundsatzreferaten, wo es oft auf jedes Wort ankommt und Missverständnisse weitreichende Folgen haben können, ist ebenfalls der Vortrag nach Manuskript zu empfehlen und auch allgemein üblich.

Ungeübte oder Unsichere lesen Reden meist deshalb wörtlich vom Blatt, weil sie dem Risiko des Formulierens aus dem Stegreif ausweichen und angstfreier sprechen wollen.

Das Wortmanuskript weist indessen auch eine Reihe von Nachteilen auf. Bei der Ausarbeitung werden Sie darauf zu achten haben, dass kein Aufsatz, keine »Schreibe« entsteht, sondern eine wirkliche Rede. Sie sollten beim Formulieren stets das **Publikum vor sich sehen** und von den bereits behandelten rhetorischen Wirkungsmöglichkeiten schon hier angemessen Gebrauch machen. Vor allem gilt es, immer wieder an hörerbezogene Ausdrucksformen zu denken, öfter Absätze zu machen und Wichtiges zu unterstreichen.

Beim Vortragen selbst liegt die Versuchung nahe, den Redetext einfach herunterzulesen, monoton, zu schnell, ohne Pausen und mit geringem Blickkontakt zum Publikum. Geübte Redner, man kann das oft beim Fernsehen beobachten, sprechen nach Manuskript so, als ob sie frei formulieren würden, als sei ihnen das, was sie sagen, eben erst eingefallen. Meist haben sie sich auch den Redetext so gut eingeprägt, dass sie ihn fast auswendig vortragen können. Mehrmaliges lautes Proben daheim, eventuell unter Zuhilfenahme eines Kassettenrecorders zur Selbstkontrolle (auch zur Zeitkontrolle!), kann reichlich Früchte tragen und verschafft Ihnen mehr Sicherheit. *Nicht* zu empfehlen ist, ein Manuskript *auswendig* zu lernen und die Rede dann völlig frei vorzutragen. Die Gefahren dieses Weges liegen auf der Hand: Zum einen entgehen Sie dabei kaum der Versuchung, den Text ohne innere Beteiligung einfach »aufzusagen«, zum anderen ist das Risiko des Steckenbleibens bekanntlich groß. Wer sich ganz auf die Funktionstüchtigkeit seines Gedächtnisses verlassen hat und dieses plötzlich ausfällt, ist in aller Regel nicht imstande, in Sekundenschnelle auf Sprechdenken umzuschalten und einen Gedanken nun frei weiterzuentwickeln. Als Folge stellt sich meist ein peinliches Stocken ein, das viel Nervenkraft kosten und die Kommunikation mit dem Publikum abreißen lassen kann. Sie finden den Faden am ehesten wieder, wenn Sie in einer solchen Situation Ruhe bewahren, tief durchatmen, das eben Gesagte kurz, eventuell unterstreichend wiederholen oder wenn Sie eine knappe Zusammenfassung des bisher Vorgetragenen geben. Zur Überbrückung der notwendigen »Umschaltpause« kann auch – soweit vorhanden – ein Schluck Wasser hilfreich sein. Doch vermeiden Sie solche Verlegenheiten lieber und richten Sie Ihren Leistungsehrgeiz besser auf Sinnvolleres als auf das Auswendiglernen von Redetexten.

## 3. Der Stichwortzettel als Stütze der lebendigen Rede

Dem Wortmanuskript grundsätzlich vorzuziehen ist der Stichwortzettel als Endprodukt der Vorbereitung einer Rede. Er stellt vor allem eine Gedächtnis- und Orientierungshilfe dar. Sie können nicht steckenbleiben und sind in der Lage, sich jederzeit durch einen Blick zu vergewissern, wo Sie sich innerhalb Ihres Gesamtkonzeptes befinden.

Zum anderen sind Sie gezwungen, »live« und situationsbezogen zu formulieren, was in aller Regel lebendiger ist, der Augenblicksstimmung besser Rechnung trägt, mehr Verbindung zum Publikum schafft und dadurch überzeugender wirkt. Es kommt gar nicht darauf an, dass Sie »druckreif« reden, das ist eine ganz falsche Idealvorstellung. Druckreif soll man sich zu schreiben bemühen, beim Reden gelten andere Maßstäbe. Da ist der Vortragende als ganzheitlicher Mensch präsent, verbal und körpersprachlich, also auch optisch. Da müssen hier und jetzt Absichten in Wirkungen umgesetzt werden, kommen affektive Elemente mit ins Spiel, klingt eventuell Mundart oder auch Umgangssprache durch, da darf ein Satz auch einmal nicht perfekt sein, ein Wort nicht auf Anhieb voll ins Schwarze treffen. Sie können sich ja korrigieren, können wiederholen und verstärken. Gerade der manchmal mühsame Prozess des »Entwickelns von Denken im Sprechen« kann für Zuhörer sehr spannend in einem durchaus positiven Sinne sein und überzeugender wirken als die geschliffene, scheinbar mühelose, »druckreife« Darstellung eines routinierten Schönredners.

Wenn Sie nach Stichworten reden, können Sie sich auch noch dadurch helfen, dass Sie auf einem Zettel neben Hauptwörtern und Verben zusätzlich »*Gelenkwörter*« wie »auch, sogar, dennoch« notieren und eventuell, wie vorgeschlagen, Einleitung und Schluss wörtlich niederlegen, sich aber besonders gut einprägen und dann möglichst frei gesprochen vortragen.

Wenn Sie Ihre Rede so präpariert und durchdacht haben, wie ich es hier vorgeschlagen habe, werden Sie im Übrigen ohnehin mit ihr so vertraut sein, dass jedes Stichwort sofort einen ganzen Gedanken- und Formulierungszusammenhang gleichsam abruft, so dass Sie in der Praxis kaum vor größere Sprechdenk-Probleme gestellt sein dürften.

Für den Stichwortzettel eignet sich wegen seiner Handlichkeit besonders das *Format* DIN A 5. Sie sollten aber *immer nur eine Seite beschreiben* und bei mehreren Blättern das Numerieren nicht vergessen. Übersichtliches Anordnen der Stichpunkte ist das A und O für eine rasche Orientierung. Hier wird jeder seine eigene Form finden müssen. Besonders zu empfehlen ist folgende Aufteilung:

**Thema**

| *Einleitung:* | Evtl. wörtlich | |
|---|---|---|
| *Hauptteil:* | Hauptstichpunkt | Nebenstichpunkt |
| | | Nebenstichpunkt |
| | | Nebenstichpunkt |
| | | Nebenstichpunkt |
| | Hauptstichpunkt | Nebenstichpunkt |
| | | Nebenstichpunkt |
| | | Nebenstichpunkt |
| | usw. | usw. |
| *Schluss:* | Evtl. wörtlich | |

 **Beispiel für einen Stichwortzettel:**
**Thema: Demagogen sind gefährlich**

| (Einleitung) | Erinnerung | Hitler, Mussolini[1] |
|---|---|---|
| (Hauptteil) | Demagogen auch heute am Werk | in Ost und West (Chile, Kuba, Iran...) bei uns? Wahlkämpfe! |
| | Wie sie vorgehen | Appell an Gefühle (»gesundes Volksempfinden«) Vorurteile angesprochen Feinde beschworen Verdächtigungen |
| | Rhetorische Methoden | kämpferische Reden: Blick, Gestik, Stimme Übertreibungen falsche Schlussfolgerungen Berufung auf Autoritäten (scheinheilig!) |

|  | Was sie bewirken | Angst- und Hassgefühle Kritikfähigkeit gelähmt (»Gläubigkeit«) Wünsche: Geborgenheit (Gemeinschaft) Sicherheit Ordnung |
|---|---|---|
|  | Wirksam bekämpfen | durchschauen: Absichten Methoden Hintergründe (Person)[2] Analyse der Reden |
|  | Immun werden durch | politische Bildung kritisches Denken (muss geschult werden) demokratische Wertvor- stellungen |
|  | Wichtig | Erkenntnisse weitergeben (Kleinarbeit) Zivilcourage[3] |
| (Schluss) | Gefährlichkeit ernst nehmen – aber: | durchschauter Demagoge lächerliche Figur! |

Wachsamkeit ist *auch im Innern* der Preis der Freiheit!

Für **Zitate** sollten Sie ein *eigenes Blatt* vorsehen mit Hinweisen (Fußnoten) bei den betreffenden Punkten auf dem Stichwortzettel, z.B. 1) 2) 3).

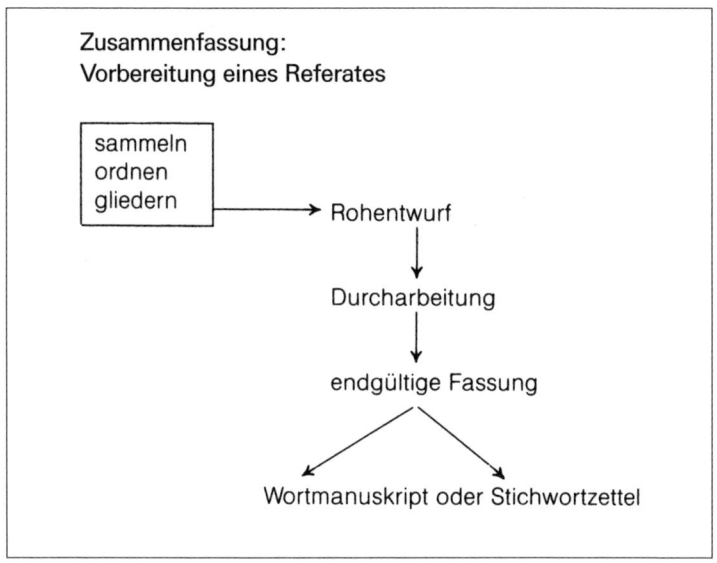

## 4. Verständnishilfen für Ihr Publikum

Ich empfehle Ihnen, sich bei einem Sachreferat immer auch zu überlegen, ob und gegebenenfalls wie Sie Ihre Darlegungen **visuell**, d.h. durch optische Mittel, noch fasslicher und einprägsamer gestalten können.

Dafür gibt es bekanntlich eine Reihe von Möglichkeiten. Falls eine *Tafel* zur Verfügung steht, könnten Sie wesentliche Details Ihres Referates darauf vorher festhalten und auf diese im Verlauf Ihrer Rede besonders hinweisen. Manchmal genügt es auch, während des Referates das eine oder andere auf der Tafel zu skizzieren, natürlich übersichtlich, gut lesbar und nicht zu viel!

Der *Tageslichtschreiber* ist ebenfalls ein gutes und inzwischen oft verwendetes Hilfsmittel beim Referieren. Sie können eine Übersicht beziehungsweise ein Schaubild auf einer Folie vorbereiten und an geeigneter Stelle der Rede zeigen, aber auch Einzelnes erst während des Vortrages niederschreiben oder aufzeichnen.

Auch *Dias oder Kurzfilme* können das Gesagte veranschaulichend begleiten, denken Sie nur an Berichte über Veranstaltungen wie Reisen oder Jubiläen, oder an Referate technischer Art, wo Visualisierungen, auch durch Modelle, meist unentbehrlich sind.

**Schriftliche Unterlagen** (so genannte Tischvorlagen) können ebenfalls für die Zuhörer von Nutzen sein. In vielen Vereinen hat es sich inzwischen eingebürgert, dass man zum Beispiel Kassenberichte nicht einfach verliest, sondern schriftlich vorlegt und dann erläutert. Damit entfällt für das Publikum der meist doch vergebliche Versuch, den würzlosen Zahlensalat sofort zu verdauen. Jeder kann das Gesagte in Ruhe mit der Unterlage vergleichen, da und dort zusätzliche Anmerkungen machen und gegebenenfalls in der anschließenden Diskussion leichter darauf Bezug nehmen.

Schließlich ist bei einem Sachreferat auch zu überlegen, ob **akustische Hilfen** sinnvoll einzusetzen sind. *Tonkassetten* mit gut ausgewählten Musikbeispielen oder Texten, die man zitierend heranziehen kann, informieren bzw. überzeugen oft mehr als viele eigene Worte.

## 5. Unterschiede zwischen Rede und »Schreibe«

Aus dem bisher Gesagten dürfte Ihnen deutlich geworden sein, dass genaugenommen ein vorgetragener Text noch keine Rede im eigentlichen Sinne des Wortes darstellen muss. Nicht selten hört man heute »Reden«, bei denen es sich lediglich um vorgelesene Aufsätze oder Leitartikel handelt; denn sie weisen die typischen Merkmale von »Schreiben« auf: Sie sind eher für Leser als für Zuhörer geeignet.

Welche grundlegenden Unterschiede es zwischen Schreib- und Redestil gibt, sei in folgender Übersicht stichwortartig gezeigt und anschließend an einem Beispiel konkretisiert.

## Übersicht: Unterschiede zwischen Schreibstil und Redestil

### Schreibstil

- Texte eher monologisch abgefasst, da Leser meist unbekannt;
- Kommunikation bestenfalls vorgestellt, nicht tatsächlich;
- Textaufnahme wiederholbar, unabhängig von Zeit und Ort;
- Verständnishilfen können herangezogen werden, z.B. ein Lexikon;
- grammatikalisch korrekte Ausdrucksformen werden angestrebt;
- Text meist straff gedanklich gegliedert und sprachlich »komponiert«;
- Standardsprache (Hochdeutsch) die Regel;
- oft relativ lange, komplizierte Satzgebilde;
- wohlüberlegte Wortwahl;
- besonders bei Behördendeutsch Tendenz zu hauptwörtlichen Begriffen (endend auf -ung, -heit, -keit, -nis).

### Redestil

- Rede gewöhnlich »live« vorgetragen, daher in Satzbau und Grammatik nicht immer perfekt;
- Mundarteinflüsse machen sich geltend;
- Wortwahl gewöhnlich nicht mit letzter Präzision;
- Rede meist mehr in die Breite angelegt (Redundanz);
- affektive Elemente (Lebendigkeit);
- Redner als ganzer Mensch gegenwärtig;
- Text wird durch Stimme, Gestik, Mimik und Körperhaltung »interpretiert«;
- Rede ist hörer- und situationsbezogen, deshalb oft kommentierende Bemerkungen wie: »Darauf möchte ich besonders aufmerksam machen«, oder: »Auch wenn Sie mir das nicht glauben werden« (siehe auch »Figuren der Hörerbezogenheit« Seite 39);
- Rede muss sofort verstanden werden und wirksam sein können.

**Beispiel: Unterschied zwischen beiden Stilen**
**Schreibstil**
»Es erscheint zweifelhaft, ob der Gastwirt als Störer für den Verkehrslärm verantwortlich gemacht werden kann, den seine Gäste durch ordnungsgemäßes An- und Abfahren mit ihren Kraftfahrzeugen notwendigerweise verursachen.« (Aus einem Urteil des Oberverwaltungsgerichts Berlin.)

**Redestil** (etwa als Information bei einer Versammlung)
Meine Damen und Herren,
wie Sie wissen, entsteht bei Gasthäusern immer ein gewisser Verkehrslärm, wenn Gäste dort ihre Autos parken und dann zu später Stunde wieder heimfahren. Auch wenn ein Kraftfahrer sehr rücksichtsvoll ist und keinen unnötigen Lärm macht, lassen sich dabei gewisse Geräusche nicht vermeiden. Schließlich muss der Autofahrer die Türen schließen, den Motor anlassen und Gas geben.
Das Oberverwaltungsgericht Berlin hat bereits vor etlichen Jahren erklärt, dass der Gastwirt für solche Störungen kaum verantwortlich gemacht werden kann.

**Übungen zu Kapitel VI**
(Lösungen s. S. 255 f)

Informieren Sie ein entsprechendes Publikum im Redestil über folgende Sachverhalte

1. *Mehr Gift in unseren Böden*
   Die Erzeugung von Nahrungsmitteln in der Bundesrepublik wird nach Auffassung von Wissenschaftlern in etwa 50 Jahren erheblich eingeschränkt oder gar untersagt werden müssen, weil die meisten landwirtschaftlichen Böden bis dahin durch Schwerme-

talle total vergiftet sind. Das teilte Nordrhein-Westfalens Landwirtschaftsminister Bäumer mit. (Münchner Merkur)

2. *Information zur Wahl*

Zur Wahl am 20. Mai ist bei Aufenthalt außerhalb des Stimm-
bezirkes oder bei Körperbehinderung die Beantragung eines
Stimmscheines bei der Gemeinde möglich. Derselbe kann bis
Samstag 12.00 Uhr, in Gemeinden mit mehr als 10 000 Ein-
wohnern in der Regel nur bis morgen 18.00 Uhr, gestellt werden.

Stimmscheininhaber sind berechtigt, in jedem Stimmbezirk ab-
zustimmen. Kranke oder körperbehinderte Personen können bei
der Ausstellung des Stimmscheines oder nachträglich innerhalb
der von der Gemeindebehörde bestimmten Frist schriftlich,
mündlich oder auch telefonisch beantragen, in der Zeit vom 17.
bis 20. Mai vor einem beweglichen Wahlvorstand abstimmen zu
dürfen.

## VII. Redeangst muss nicht sein

*»Zahlreicher sind die Dinge, die uns schrecken,*
*als die, welche uns drücken,*
*und öfter leiden wir in der Einbildung als in der Wirklichkeit.«*
Seneca, um 62 n. Chr.

Für eine Autorenlesung in der Stadtbücherei wurde der Bibliothekarin die Aufgabe übertragen, diese Veranstaltung zu organi-
sieren. Zu Gast ist ein relativ erfolgreicher Autor, er wird aus seinem
bisher letzten Roman lesen. Die Büchereileiterin müsste eigentlich
zu Veranstaltungsbeginn die Gäste mit ein paar passenden Worten begrüßen und den Autor vorstellen. Doch das belastet sie,
und deshalb mag sie sich gedanklich mit dieser Aufgabe nicht
recht befassen. Schon Tage vorher sagt sie sich: Bei diesem kleinen Zuhörerkreis ist das ja nicht nötig. Da kann der Autor sich
selbst kurz vorstellen, da muß ich mich nicht »produzieren«. Wer
will mich denn schon reden hören? Ich kann das ja doch nicht
richtig.

Inzwischen ist der Veranstaltungsbeginn herangekommen. Die Besucher haben erwartungsvoll Platz genommen, der Autor erscheint
und wird mit Beifall begrüßt. Noch auf dem Weg zum Podium
flüstert ihm die Bibliothekarin zu: »Sie werden sich doch sicher
selbst vorstellen?« Doch der Autor erwidert: »Ich soll mich selbst
vorstellen? Nein, das machen bitte Sie!« Nun gibt es kein Zurück
mehr. Die Dame muss sich vors Publikum stellen und reden.

»Meine Damen und Herren! Ich – wir – also ich glaube, wir freuen
uns, dass wir heute abend Herrn – äh – K., dass ich heute Herrn K.
hier begrüßen kann . . .«

Sie bringt mühsam ihre Sätze zu Ende und strebt dann eilends einem
freien Stuhl im Hintergrund zu, um sich dort mit einem Stoßseufzer
niederzulassen. Ein bisschen heiß ist ihr geworden. Einerseits spürt
sie jetzt Erleichterung, andererseits ist sie aber mit sich unzufrieden:
Sie weiß, das war keine Meisterleistung. »Vielleicht hätte ich doch
schweigen sollen – oder mich besser vorbereiten?« denkt sie und
hadert mit dem Schicksal.

Was tut man gegen Redeangst?

Schon längst werden Sie sich denken: Was nützt es, wenn ich weiß, wie ich ein Referat anlegen muss, aber im entscheidenden Moment so »unter Strom« stehe, dass ich dann doch alles falsch mache. Das ist in der Tat, wie am Beginn des Kapitels V »Sicher referieren« schon dargelegt, das zentrale Problem.

## 1. Zur Psychologie der Ängste

Ängste sind zunächst ganz natürliche Warnsignale. Sie lenken unsere Aufmerksamkeit auf Gefahren und können Kräfte in uns mobilisieren, um ihrer Herr zu werden. Insofern dienen sie unserem Schutz, ja der Selbsterhaltung. Jemand ist im Gebirge unterwegs, ein Gewitter zieht herauf, er kehrt rasch entschlossen und zielstrebig um und schafft die Rückkehr zur schützenden Hütte schneller, als er sich je zugetraut hätte.

Ängste können aber auch niederdrücken, das Denken trüben, unser Leistungsvermögen beträchtlich herabsetzen und uns geradezu wehrlos machen. Ein Prüfling beispielsweise bekommt eine ihn überraschende Frage gestellt. Statt ruhig zu überlegen, gerät er in Panik, verheddert sich gedanklich und sprachlich immer mehr und streckt schließlich resigniert die Waffen.

Ähnliches können wir beim öffentlichen Reden oft erleben. Während die einen in solchen Situationen »voll da« sind, ja vielleicht über sich selbst hinauswachsen, wie die treffende Metapher lautet, quälen sich andere mühsam voran, als wenn sie mit einer schweren Last zu kämpfen hätten.

Psychische Zustände wie Befangenheit und Lampenfieber sind uns wohlvertraute Alltagsphänomene. Der Sammelbegriff für all diese Erscheinungen im Zusammenhang mit unserem Thema heißt **Redeangst** (klinisch: Logophobie); man spricht auch schlicht von Sprechhemmungen oder Redebremsen. Woher diese Schwierigkeiten kommen, kann im Rahmen eines Rhetorikbuches nicht erschöpfend beantwortet werden; denn ihre Ursachen sind äußerst komplex, vielfältig und natürlich von Mensch zu Mensch verschieden.

Ich habe bei meinen Darlegungen allein die Redeangst als weit verbreitete Alltagserscheinung im Auge. Bei stärkeren Hemmungen, die oft mit Sprachfehlern wie zum Beispiel dem Stottern einhergehen, ist es ratsam, eine fachpsychologische oder gar psychiatrische Behandlung zu erwägen.

Redeangst, so heißt es gewöhnlich, gehe auf **mangelndes Selbstvertrauen** zurück. Mit dieser sicherlich aufs Erste einleuchtenden Erklärung ist indessen nicht viel gewonnen. Denn wir stellen uns natürlich sofort die Frage nach den Gründen eines nur schwach ausgeprägten Selbstvertrauens.

Ich möchte hier zunächst an die Eingangsbemerkung zu diesem Abschnitt erinnern, wonach auch Sprechhemmungen in gewissem Ausmaß ganz natürlich sein können – so natürlich, wie es andere Ängste im Alltag auch sind. Wer vor Zuhörern redet, muss eine Leistung erbringen und geht das Risiko ein, sein Publikum zu enttäuschen.

Öffentliches Reden ist eine Art Rollenspiel, und ungewohnte, neue Rollen lösen auch sonst Ängste oder Unsicherheiten aus, wie Sie vermutlich schon öfter selbst erlebt haben, etwa wenn sich die berufliche Position ändert. Wenn reden schließlich bedeutet, »dem, der zuhört, sein Gemüt eröffnen« (Giovanni della Casa), ist es immer auch ein Stück Selbstdarstellung oder gar Selbstentblößung, wenn sich jemand äußert. Auch Sätze wie »Sprich, damit ich dich sehe« (Sokrates) oder »Aus den Reden wird der Mensch erkannt« (Christoph Lehmann) weisen uns klar auf diesen Tatbestand hin.

Zwar kennzeichnet uns Menschen ein mehr oder weniger ausgeprägter Mitteilungsdrang, wie wir bei Kindern, aber auch bei lockeren Geselligkeiten von Erwachsenen oft genug erleben können. Andererseits ist uns aber auch – vielleicht als eine Art Schutzinstinkt – eine gewisse Scheu vor Selbstentblößung eigen, die Furcht vor der Preisgabe eigener Schwächen oder was wir jeweils dafür halten: Niemand will sich blamieren.

Wie stark diese Scheu ist, dürfte vor allem von der *Persönlichkeit* und der *Sensibilität* des Einzelnen abhängen. Der Schweizer Psychologe und Psychiater Carl Gustav Jung stellt in seiner Typenlehre den introvertierten Menschen dem extrovertierten gegenüber. Der Introvertierte, also Nachdenkliche und oft Kontaktarme, dessen Blick sich mehr nach innen richtet, der auch stärker zum Selbstzweifel neigt, wird von Haus aus mehr zu dieser Scheu tendieren als der Extrovertierte, der gesellige Typ, der sich eher an der Außenwelt orientiert, gern redet und oft geradezu Freude an der Selbstdarstellung zeigt.

**Kulturtradition und Erziehung** tun das ihre, um diese Redescheu – vielleicht sogar in entscheidender Weise – zu verstärken. Wenn ein Kind daheim und später in der Schule wenig persönliche Zuwendung findet und durch entsprechende Verbote gewissermaßen lernt, dass spontane, freie Äußerungen nur Nachteile bringen, ja vielleicht sogar Strafen nach sich ziehen, verbinden sich solche Äußerungen bald mit Angst. Die Eltern sind sozusagen unser erstes Publikum. Wenn sie das Kind ständig korrigieren und damit entmutigen, wird auch der Erwachsene sein Publikum eher negativ erleben und zu Versagensängsten neigen.

Auch das **Vorbild** der Eltern spielt eine große Rolle, nach neueren Erkenntnissen besonders das der Mutter. Sprechfreudige und gesellige Eltern werden es dem Kind erleichtern, sich in gleicher Weise zu entwickeln. Frauen haben nach neueren wissenschaftlichen Forschungen ein deutlich größeres Sprachzentrum im Gehirn als Männer. Dies wirkt sich natürlich auch positiv auf ihre Fähigkeit zur Kommunikation aus.

Nicht zuletzt unter dem Einfluss der Erziehung entsteht in jedem Menschen nach und nach ein so genanntes **Selbstkonzept,** zu dem vor allem bestimmte Bewertungsmaßstäbe und Leistungsansprüche gehören. Oft sind diese Ansprüche überhöht, man überfordert sich, lebt in ständiger Unzufriedenheit mit seinem Leistungsvermögen und nimmt Misserfolge vorweg, bevor sie eintreten. Vor allem dann, wenn bereits entsprechende negative Erfahrungen vorausgegangen sind. Auf diese Weise entsteht ein Teufelskreis, aus dem man oft nur noch mit Hilfe anderer auszubrechen vermag.

Sprechhemmungen werden oft durch ganz handfeste **aktuelle Ursachen** verstärkt, zum Beispiel, wenn man sich nicht genügend vorbereitet hat, gesundheitlich indisponiert ist (Stichwort »Tages-

form«), wenn Unruhe im Publikum herrscht oder sich im Zuhörerkreis Autoritäten, etwa Vorgesetzte, befinden, die Angst einflößen
beziehungsweise unsicher machen.

Wie schwierig es indessen ist, Licht in die Ursachen dieser Hemmungen zu bringen, zeigt schließlich der Umstand, dass es auch
Ängste ohne erkennbaren Hintergrund gibt. Man spricht hier von
existentieller Angst, die überall und immer gegenwärtig sein kann,
also auch in der Redesituation. »Viele Menschen leben in einer
dunklen, unentrinnbaren Angst, die immer wieder ohne sichtbaren
äußeren Anlass einfach da ist. Sie haben Angst auch dann, wenn sie
ihre Pflicht erfüllt haben, alles getan haben, was in ihren Kräften
stand, und wenn sie von keinerlei äußerer Autorität bedroht sind.«
(Sören Kierkegaard, 1813–1855)

## 2. Die unangenehmen Folgen

Wie sich Redeangst auswirkt, muss ich Ihnen wohl kaum in allen
Einzelheiten schildern. Da kann es sein, dass man schon Tage vorher
schlecht schläft, unter Depressionen leidet und zunehmend nervöser
wird, je näher der Zeitpunkt des Redeauftritts heranrückt.

Beim Reden selbst reichen die Auswirkungen vom Erröten über
Muskelverkrampfungen bis zu weichen Knien und Schweißaus-
brüchen, von Atemnot bis zum »Stein im Magen«, von zitternden
Händen und fahrigen Bewegungen bis zum »black out«, das heißt
zur Blutleere im Gehirn, so dass der »Faden abreißt« und man
keinen klaren Gedanken mehr fassen kann. Möglicherweise ist man
nicht einmal mehr in der Lage, von seinem Stichwortzettel Gebrauch zu machen: Man sieht einfach nichts mehr!

Auch die Sprechweise ist dann meist beeinträchtigt. Besonders häufig wird unter solchen Belastungen zu leise, undeutlich und monoton gesprochen, der Redefluss stockt und man stolpert über Wörter,
die sonst ganz leicht über die Lippen gehen. Oft vermittelt der
Sprecher den Eindruck, als wolle er seine Aufgabe möglichst rasch
und unauffällig hinter sich bringen.

Angesichts solcher zum Teil äußerst unangenehmer Erscheinungen ist es verständlich, dass viele Menschen öffentliche Redeauftritte zu vermeiden suchen, wo immer es geht. Sie drücken sich und überlassen es anderen, das Notwendige oder von ihnen Erwartete zu sagen, etwa in Gesprächsrunden, bei gesellschaftlichen Anlässen oder bei Begräbnissen. Ein schlechtes Gewissen und Selbstvorwürfe sind dann allerdings oft die Folgen; denn die »geglückte Flucht« ist ja nur eine Scheinlösung. Längerfristig werden dadurch die Hemmungen nicht etwa beseitigt, sondern nur verstärkt. Die Flucht erweist sich als ein Davonrennen im Kreis.

## 3. Was Sie dagegen tun können

Aus dem eben Gesagten ergibt sich, dass man sich der Angst stellen muss, wenn man ihrer Herr werden will. Dazu ist wichtig, auf die Entstehung und die Äußerungsformen der eigenen Hemmungen zu achten, sie sich bewusst zu machen, statt sie zu verdrängen. Der Ansatzpunkt für die Überwindung lautet demnach:

*Warum und wann stellen sich bei mir solche Hemmungen ein und wie treten sie zutage?*

Fragen Sie sich zum Beispiel:
- Mache ich es mir bei der Vorbereitung zu leicht?
- Verlange ich zu viel von mir – warum?
- Welche Vorbilder habe ich – sind es die richtigen?
- Warum machen mich Vorgesetzte unsicher – bin ich zu autoritätsgläubig? Sind Einflüsse in der Kindheit die Ursache dafür?
- Was irritiert mich, wenn ich vor Freunden, Familienangehörigen oder Kollegen spreche?
- Habe ich einen Misserfolg noch nicht ganz verdaut? Wie entstand er?
- Wie steht es mit meiner Konzentration beim Reden?
- Welche stimmlichen Auswirkungen zeigen sich bei mir?
- Wie reagiert mein Körper in solchen Situationen? usw.

Freilich sind diese Einsichten nicht immer leicht zu gewinnen. Besonders die Ursachen sind oft dem bewussten Denken nicht oder nicht mehr zugänglich, vor allem, wenn es sich dabei um weit zurückliegende Kindheitserfahrungen handelt. Man braucht meist viel Geduld und Vorstellungskraft und manchmal auch die Hilfe anderer, um seine eigene Situation zu erhellen. Aber erst auf der Grundlage dieser Erkenntnisse können Sie daran gehen, Ihre spezifischen Schwierigkeiten beim Reden wenn nicht zu überwinden, so doch wenigstens in einer Weise in den Griff zu bekommen, dass Sie damit leben können.

Wenn Sie einen Redeauftritt vor sich haben, sollten Sie sich nicht nur thematisch und rhetorisch, sondern auch **psychologisch** darauf **vorbereiten**. Dazu gehören vor allem drei Punkte:

### 1. Eine realistische Einschätzung der Situation

Besonders unsere Redeängste sind in Wahrheit meist Angstphantasien, auch Erwartungsängste genannt. Wir stellen uns vor, was alles passieren kann, wie skeptisch oder uninteressiert das Publikum sein wird, welche Zwischenfälle es möglicherweise gibt und wie wir nicht in der Lage sein werden, damit zurechtzukommen und das Vorbereitete an den Mann oder die Frau zu bringen.

Fritz Perls, der Begründer der Gestalt-Therapie, bezeichnet die Befangenheit als »die leichteste und am weitesten verbreitete Form des Verfolgungswahns« (das Publikum als Bedrohung) und fordert in diesem Zusammenhang dazu auf, »aus der Trance der Katastrophenerwartungen« zu erwachen und stattdessen die Realität zu sehen. Ihr Realitätssinn kann Ihnen etwa sagen:

- Du bist gut vorbereitet und auch in der Lage, das zu sagen, was du dir vorgenommen hast.
- Deine Zuhörer wollen sich von dir informieren lassen bzw. deinen Standpunkt kennenlernen. Es sind aufgeschlossene und interessierte Leute.
- Niemand erwartet Perfektion. Auch andere haben Fehler, Schwächen und Ängste. Auch erfahrene Politiker bzw. Politikerinnen

haben hier manchmal Probleme. So antwortete Heide Simonis, die Ministerpräsidentin von Schleswig-Holstein, in einem Interview auf die Frage, was sie ängstlich mache: »Wenn ich eine Situation nicht einschätzen kann.«

## 2. Motivation

Diese besteht vor allem in der Überzeugung, dass man Wichtiges und Interessantes zu sagen hat. Sie sollten voll hinter dem stehen, was Sie vorbereitet haben, und einen inneren Drang dazu verspüren, es anderen mitzuteilen. Die Psychologie nennt diese Einstellung **positive Selbstmotivation.** Während die negative Selbstmotivation nur auf den möglichen Misserfolg fixiert ist und ihn zu vermeiden sucht, richtet sich die positive Selbstmotivation auf den Erfolg. Sie ist in aller Regel stärker und dauerhafter als die negative.

Wie stark ein solcher Antrieb Ängste klein werden lässt und überwinden hilft, sei an einem authentischen Beispiel dargelegt: Nach dem weltweit beachteten Reaktorunfall in Harrisburg/USA (1979) bildeten sich dort Bürgerinitiativen, teils unter der Leitung von Frauen, die nie zuvor öffentlich aufgetreten waren. Eine von ihnen antwortete in einem Interview für die Zeitschrift »Psychologie heute« auf die Frage, wie sie das denn bewältige:

»Du brauchst nicht unbedingt einen Haufen Selbstbewusstsein, um öffentlich aufzutreten. Hier geht es um mehr: Dein Leben wird bedroht und das deiner Kinder, und das der Kinder deiner Kinder, und das ist stärker als deine Ängstlichkeit. Als ich in der Schule Rhetorik hatte, bin ich fast gestorben, wenn ich nur zwei Minuten vor der Klasse stehen musste. Heute stehe ich einfach auf und rede. Das ist auch nicht die Gewöhnung, das war von Anfang an so. Ich habe dann auch nicht immer das Richtige zur richtigen Zeit gesagt, das war mir aber egal.«

Überflüssig zu sagen, dass sich auch in unserem Alltag ähnliche Beispiele von hoher positiver Selbstmotivation, auch nach weniger dramatischen Ereignissen, leicht finden lassen, etwa bei Bürgerversammlungen, wenn es um hautnahe Fragen geht und sich die

Teilnehmer engagiert und deshalb relativ angstfrei äußern. In schwierigen Momenten hat sich übrigens mancher schon damit geholfen, dass er sich innerlich einen Stoß gegeben hat, etwa mit der *Selbstaufforderung* »Ruhig bleiben!« oder »Jetzt voll einsteigen!« Wissenschaftliche Untersuchungen haben bestätigt, dass diese Einstellung, besonders im Sport *mentales Training* genannt, auch das eigene Leistungsvermögen verstärkt. Wenn z.B. Sportler optimistisch in einen Wettkampf gehen, sind ihre Erfolgsaussichten deutlich größer als bei Selbstzweiflern, die ständig an sich herumnörgeln.

## 3. Entspannung

Ängste sind buchstäblich Engpässe in unserem Innern (lateinisch: angustia = Engpass). Bei Erregung braucht der Körper mehr Sauerstoff. Da aber die Angst zu Verkrampfungen auch der Atemwege führt, rast das Herz, um ihn herbeizuschaffen.

Ein wirksames Gegenmittel zur Beseitigung dieses Zustandes ist die Entspannung, kombiniert mit ruhigem **Atmen**, wobei es besonders auf das Ausatmen ankommt, damit die verbrauchte Luft mit dem erhöhten Gehalt an Kohlensäure den Körper verlässt. Das Einatmen soll dann ohne Anstrengung erfolgen und, wie oben erwähnt (siehe S. 30), in einer Kombination von Brust- und Zwerchfellatmung bestehen.

Der **Zeitfaktor** spielt bei jeder Entspannung eine entscheidende Rolle. Wenn Sie am Abend reden müssen und dies als Belastung empfinden, sollten Sie sich nach Möglichkeit die Zeit so einteilen, daß Sie schon daheim, vielleicht Stunden vorher, einige *Übungen* machen können, zum Beispiel die Folgende:

Atmen Sie, flach auf dem Rücken liegend, langsam durch die Nase ein, füllen Sie auch die unteren Lungenpartien mit Luft, bis sich Bauch und Flanken nach außen dehnen. Wenn die Lunge prall gefüllt ist, atmen Sie nach einer kurzen Staupause langsam durch den leicht geöffneten Mund (etwa auf den Laut F) aus. Tun Sie das mehrmals – sich Zeit zu lassen, ist wichtig! –, seien Sie dabei *völlig locker* und konzentrieren Sie sich ganz auf diese Körpervorgänge. Das Ausatmen können Sie mit einem Wort verbinden, zum Beispiel »*In der Ruhe liegt die Kraft*«. Schauspieler entspannen sich vor Auftritten oft, indem sie gleichsam auf ihrem Atemstrom den Namen eines spätmittelalterlichen Bußpredigers schwimmen lassen: »*Abraham a Santa Clara*«.

Bekanntlich gibt es zahlreiche besondere **Entspannungstechniken** wie z.B. Autogenes Training, Yoga und die Methode der progressiven Muskelentspannung, bei der große Muskelgruppen im Wechsel stufenweise angespannt und wieder entspannt werden. Auch *Lachen* kann hier sehr helfen. Die Wissenschaft hat herausgefunden, dass eine Minute Lachen dem Körper und Geist so gut tut wie 45 Minuten tiefe Entspannung. Wir sagen ja mit Recht: Lachen befreit.

Sie sollten auch **rechtzeitig am Veranstaltungsort sein,** nicht erst wenige Minuten zuvor oder gar mit Verspätung ins Lokal hetzen und dort gleich in Ihre »Rolle« als Redner springen müssen.

**Ein paar Tipps für die Zeit davor:**

- Wenn sich Redeangst bei Ihnen vor allem in starkem *Bewegungsdrang* äußert, kann es gut für Sie sein, vor dem Auftritt noch ein wenig zu laufen. Sie werden dann ruhiger stehen oder sitzen und beim Reden weniger nervös formulieren und gestikulieren.
- Haben Sie *Schwierigkeiten, Ihre Gedanken zu ordnen*, empfiehlt es sich, etwas Schönes, zum Beispiel in der Natur, ganz versenkt zu betrachten. Der Blick ins Grüne wird Sie entspannen und Ihre Gedanken entwirren helfen. Auch das bewusste Genießen von schöner, wohltuender Musik kann hier empfohlen werden.
- Wenn Sie *stimmlich leicht verkrampfen,* wird es Ihnen nützen, wenn Sie irgendwo ungestört einige Sätze laut und gut artikuliert aufsagen, sich sozusagen einsprechen, wie sich Sänger vor ihrem Auftritt einsingen. Auch an *das äußere Erscheinungsbild* lohnt es sich zu denken. Wer sich passend gekleidet weiß und sich in seinem »Outfit« wohl fühlt, der wird in aller Regel auch innerlich sicherer sein.
- Sie sollten vor wichtigen Auftritten auch an *das richtige Essen*

denken. Allzu belastende Mahlzeiten können die Tagesform bekanntlich negativ beeinflussen.

- Vom *Alkoholgenuss* (»sich Mut antrinken«) ist generell ebenso abzuraten wie von der Einnahme von Medikamenten zur Bekämpfung der Sprechhemmungen.
- Falls Ihr besonderes *Problem* darin besteht, die *Kommunikation zum Publikum* herzustellen, sollten Sie vor Veranstaltungsbeginn mit einigen Leuten Gesprächskontakt aufnehmen. Die Unterhaltung wird Sie innerlich lockern und Sie werden dann auch Ihre Zuhörer nicht mehr als anonyme Ansammlung von übelwollenden Individuen ansehen.

Dies sind nur einige Möglichkeiten, wie Sie Ihren ganz persönlichen Schwierigkeiten Rechnung tragen können. Sie müssen allerdings selbst herausfinden, welche Methode für Sie die Richtige ist. Übrigens sollten Sie, wenn Sie bereits auf Ihrem Platz sitzen, noch einige Momente der Sammlung oder Entspannung widmen und dabei Zeit und Umstände vergessen, also kurz »abschalten«.

Ein bisschen Lampenfieber, ein gewisses Maß an innerer Erregung gehören nun einmal dazu, um alle Kräfte zu mobilisieren und um voll effektiv zu sein. Hier unterscheidet sich das Reden im Grunde nicht von anderen öffentlichen Aktivitäten, wie zum Beispiel von sportlichen Wettkämpfen, wo man vom »Vorstartfieber« spricht.

Entscheidend ist dabei immer, dass es Ihnen gelingt, diese Anspannung konstruktiv, das heißt als Motor und nicht als Hemmnis zu erleben. Stellen Sie sich lebhaft vor, wie Sie locker vor dem Publikum stehen, sich stimmlich steigern, wie Ihre Zuhörer Interesse erkennen lassen und schließlich auf Ihrer Seite sind. »*Verliebt sein ins Gelingen*« hat dies der Philosoph Ernst Bloch einmal genannt.

Sie sehen, der so genannte Stress muss nicht negativ empfunden werden, ja er kann sogar beflügeln. Dafür gibt es seit einiger Zeit auch einen entsprechenden Ausdruck, das Wort »*Eustress*« (»eu« heißt im Griechischen »gut«). Wenn Sie z.B. gespannt sind, was die Leute wohl sagen werden, wenn Sie das und das äußern, dann ergibt dies Eustress, die Anspannung tut gut und weckt die Kräfte. Wir können und sollten diese Thematik aber auch längerfristig angehen, um uns auf Dauer eine solide Basis zu schaffen.

## 4. Ein längerfristiges Lernprogramm

### • Richtige Selbst- und Fremdeinschätzung

Lernen müssen wir zunächst die richtige Selbst- und Fremdeinschätzung und den Umgang mit unseren Gefühlen und Strebungen.
Es gilt, ein gewisses Maß an Gelassenheit zu entwickeln, sich selbst
zu akzeptieren und das unselige, nicht selten neurotisierende Er-
folgs- und Konkurrenzdenken abzubauen, das sehr eng mit dem
schon erwähnten Perfektionismus einhergeht. Wir müssen einsehen
lernen, dass niemand zu jeder Zeit Höchstleistungen bringen kann
und dass deshalb perfektionistische Maßstäbe geradezu zwangsläufig zu Enttäuschungen führen, in der Folge Versagensängste
produzieren und das Leistungsvermögen beeinträchtigen.

Wie oft kommt es vor, dass sich jemand schon dadurch aus dem
Gleichgewicht bringen lässt, dass ein Zuhörer *Skepsis* – oder was
der Redner dafür auch immer hält – signalisiert.

*Übereifer* ist ebenso nachteilig. Bei Diskussionen kann man oft
beobachten, dass Teilnehmer zu sehr darauf bedacht sind, nur ja
nicht den Kürzeren zu ziehen. Das macht sie nervös. Die Befürchtung, unterbrochen zu werden, spielt dabei eine große Rolle. In der
Hektik aber passieren ihnen Fehler oder vergessen sie, Wichtiges zu
sagen, wodurch sie dann eher das Gegenteil dessen bewirken, was
sie angestrebt haben.

Vielleicht lassen sie sich auch zum *Opfer gezielter Provokationen*
machen, ohne es zu bemerken, weil sie in ihrem Ehrgeiz ganz darauf
fixiert sind, besser als die »Konkurrenten« sein zu wollen.

### • Selbstkontrolle

Wirksam reden ist auch eine Frage der Selbstkontrolle. Manchmal
passiert es uns, dass wir uns unbeherrscht äußern und dies danach
bereuen. Wir haben einem plötzlichen Einfall oder einem Impuls,
vielleicht aus Ärger, nachgegeben und dadurch möglicherweise Por-
zellan zum eigenen Nachteil zerschlagen. Wenn wir aber den Fehler
bemerken, ist es schon zu spät. Denn ein gesprochenes Wort lässt
sich nicht mehr zurückholen. Auch Angstgefühle lassen sich durch
gute Selbstkontrolle mindestens besser beherrschbar machen.

● **Einschätzung der eigenen Leistung**

An der rechten Einschätzung der eigenen Leistung und Wirkung auf andere fehlt es ebenso häufig. So wird von Rednern ein Versprecher oder das Stocken des Redeflusses, wenn das passende Wort nicht gleich zur Hand ist, nicht selten übertrieben negativ registriert. Indessen nimmt das Publikum derartige vereinzelte Unebenheiten meist gar nicht wahr oder es ordnet sie als ganz natürliche Begleiterscheinungen beim Sprechdenken ein und sieht in der Beschäftigung mit dem Inhalt des Vorgetragenen rasch darüber hinweg. Nicht zuletzt gilt das auch für Konzentrationspausen, die der Redende oft als quälend lang erlebt, während sie in der Wahrnehmung der Zuhörer durchaus angemessen sind. Das erfahren Übende immer wieder zu ihrer Überraschung und Erleichterung, wenn sie sich die Wiedergabe von Videoaufnahmen ihrer Versuche anschauen.

● **Schweigen können**

Auch schweigen können zur rechten Zeit gehört zu diesem Lernprogramm. In manchen Dialogsituationen braucht man viel innere Sicherheit und Souveränität, um nichts zu sagen und vielleicht gerade dadurch mehr auszudrücken und mehr Wirkung zu erzielen als durch erregt ausgestoßene Worte.

Selbstverständlich soll mit dieser Bemerkung in keiner Weise einer wie immer gearteten resignativen Haltung das Wort geredet werden. Wer der Überzeugung ist, dass in einer bestimmten Situation ein kräftiges, couragiertes Wort gesagt werden muss, sollte es sich zum Grundsatz machen, das dann auch zu tun, ohne allzu ängstlich darauf zu achten, ob dies auch rhetorisch optimal gelingt. (Siehe Harrisburg-Zitat Seite 101)

● **Arbeit an der eigenen Ausdrucksfähigkeit**

Ohne Frage gehört zu einem längerfristigen Lernprogramm auch die bewusste Arbeit an der eigenen Ausdrucksfähigkeit. Konkret handelt es sich hierbei um die Erweiterung des aktiven Wortschatzes, von dem eingangs schon die Rede war. Wer über einen guten Fundus an differenzierenden Begriffen, Wendungen und so genannten Satzbauplänen verfügt, wird als Redner mehr Selbstvertrauen besitzen, innerlich stabiler sein und eher Erfolge haben. Dass ein großer aktiver Wortschatz auch mehr Denkmöglichkeiten und einen weiteren »geistigen Horizont« schafft, ist bereits beim Stichwort »Sprechdenken« erwähnt worden.

• **Konzentration**
Zugleich ist hier auch auf die Bedeutung der Konzentration zu verweisen. Sich konzentrieren heißt, seine Aufmerksamkeit auf einen Punkt lenken, z.B. auf einen Gedanken, den man möglichst präzise in Worte fassen will.
Es gehört mitunter viel Kraft dazu, einen Zusammenhang mit der nötigen Klarheit und Konsequenz darzulegen, wenn etwa Zuhörer unruhig sind (hier gegebenenfalls eine Sprechpause einlegen!), wenn im Saal mit Geschirr geklappert wird oder von nebenan Musik hereindringt. Noch stärker können innere Faktoren die Konzentration beeinträchtigen. Wenn Sie kurze Zeit vorher Streit mit dem Nachbarn, familiären oder beruflichen Ärger hatten, wird es Ihnen unter Umständen sehr schwerfallen, sich auf Ihr Referat zu konzentrieren. Die wichtigste Voraussetzung für gute Konzentration ist, dass man selber ausgeruht, geistig wach und voll motiviert ist.
Auch die Konzentrationsfähigkeit kann man verbessern, wenn man ständig an sich arbeitet. Es gibt im Übrigen hierfür schriftliche Trainingsprogramme und vielerorts auch die Möglichkeit von Kurs- oder Seminarbesuchen zu dieser besonderen Thematik.

• **Übung und stufenweise Bewährung**
Die Übung, die Bewährung in der Redepraxis, ist natürlich ein entscheidender Punkt, wenn man sicher reden lernen will. Von dem amerikanischen Philosophen Ralph Waldo Emerson stammt der vielzitierte Satz: »Tu, was du fürchtest, und die Furcht stirbt einen sicheren Tod.«
Die Redeangst gehört zu den sozialen Ängsten, folglich kann sie auch nur *im Wege des sozialen Lernens* wirksam angegangen werden, also vor und mit anderen, nicht im stillen Kämmerlein, oder z.B. vor dem Spiegel. Dabei sollten Sie beachten, dass es besonders am Anfang eines solchen längerfristigen Lernprogramms auf *Er-*

*folgserlebnisse* ankommt. Nichts ist erfolgreicher als der Erfolg! Erfolge beflügeln und machen Mut zur weiteren Erprobung, während Misserfolge zurückwerfen und Versagensängste verstärken können. *Gehen Sie deshalb abgestuft vor* und wagen Sie sich nicht gleich an Redeaufgaben, die Sie, falls Sie noch wenig Erfahrung besitzen, vielleicht überfordern. Sie sollten sich in diesem Fall vornehmen, mit einer gewissen Regelmäßigkeit öffentliche Veranstaltungen zu besuchen, wo erwartet werden kann, dass fair diskutiert wird.

Dort stellen Sie in der Diskussion vielleicht zuerst einmal eine reine *Informationsfrage* an den Referenten, etwa: »Was verdient ein Abgeordneter?« Dabei kann kaum etwas schiefgehen. Schon etwas schwieriger ist es im Allgemeinen, eine *Meinungsfrage* anzubringen, die als Hintergrund eine eigene Beurteilung oder einen vermuteten Standpunkt beim anderen hat. Beispiel: »Sind die Diäten unserer Abgeordneten nicht schon hoch genug?« Hier spielt in der Regel Emotionelles mit hinein; denn es ist mit Widerspruch zu rechnen, vielleicht mit Gegnerschaft. Das kann Sie unsicher machen. Sie könnten sich eine solche Frage auch notieren, sollten sie sich aber gut einprägen und möglichst frei vorbringen.

Die nächste Schwierigkeitsstufe ist der *Diskussionsbeitrag* als direkte Stellungnahme zu einem angeschnittenen Problem, bis Sie schließlich Gelegenheit nehmen, einmal ein kleines, später vielleicht auch ein größeres *Referat* zu halten, zum Beispiel in einem Verein. Wer das sichere Reden systematisch erlernen will, sollte ohnehin öffentliche Aufgaben übernehmen, die auch rednerische Auftritte einschließen, etwa Rechenschaftsberichte. Beim abgestuften Vorgehen sollten Sie auch bedenken, dass zunächst Versuche im kleineren, vertrauten Kreis, erst danach vor größerem und überwiegend fremdem Publikum gemacht werden sollten. Auch ist Reden im Stehen – womöglich ohne »schützendes« Pult – im Allgemeinen schwieriger als im Sitzen, vor allem, wenn man sich hinter einem Tisch verschanzen kann.

Zu diesem Komplex ein Nachtrag: Bei Äußerungen vor größerem Publikum machen weniger Geübte und Redescheue häufig vor allem *zwei Fehler*: sie formulieren zu unklar und sie sprechen zu leise.

Hier gilt besonders:

* Bilden Sie einfache, kurze, zielgerichtete Sätze ohne schmücken-
  des Beiwerk und auch ohne weitschweifig eingeschobene Recht-
  fertigungen, warum Sie etwas sagen wollen.
* Sprechen Sie lauter und deutlicher, als Sie es vielleicht von Ihren
  alltäglichen Gesprächskontakten her gewohnt sind. Erschrecken
  Sie nicht vor Ihrer eigenen Stimme, sondern erleben Sie Ihre
  Stimmkraft positiv, als gute Möglichkeit, andere zu erreichen und
  zu beeinflussen.

Es kann auch sehr hilfreich sein, wenn Sie sich einen guten Freund
zu der Veranstaltung mitnehmen, ihm sagen, was Sie vorhaben, und
ihn nachher um seine aufrichtige Meinung bitten, wie es gewesen
sei. Dabei sollten Sie aber möglichst präzise Fragen stellen (siehe
dazu Seite 46 »Gesichtspunkte«). Das setzt bei Ihnen allerdings auch
die Bereitschaft voraus, sich rückhaltlos kritisieren zu lassen, auch
wenn es manchmal weh tut. Aber ohne **Kritik** sind solide Ler-
nerfolge nicht zu haben. Um noch einmal Fritz Perls zu zitieren:
»Kritik sollte man weder zurückweisen noch hinunterschlucken,
man sollte sie sorgfältig zerkauen und ihr in jedem Fall Beachtung
schenken.«

In meinen Seminaren erlebe ich übrigens immer wieder, dass Teilnehmer Probleme haben, **Lob und Beifall** der Zuhörer zu akzeptieren. Sie werden rot, weil sie es einfach nicht glauben, dass sie gut
waren und »angekommen« sind. Sie halten das Lob für zumindest
übertrieben und den Beifall der anderen für eine bloße Höflichkeits-
geste. Kritik erscheint ihnen dagegen viel glaubwürdiger. Offenbar
liegt hier eine betont negative Selbsteinschätzung vor. Ihre Wurzeln
reichen oft bis in die Kindheit zurück, deren Bedeutung bereits
erwähnt wurde. Dazu mein Rat: Nehmen Sie Kritik ernst, aber
sperren Sie sich auch nicht gegen Lob. Freuen Sie sich, wenn Ihre
Äußerungen Beifall und Anerkennung finden! Sie sind besser, als Sie
glauben!

* **Besuch von qualifizierten Lehrveranstaltungen**

Dass zu diesem Lernprogramm nicht zuletzt auch der Besuch von
qualifizierten Lehrveranstaltungen, besonders von Rhetoriksemina-

ren oder -kursen, gehören sollte, versteht sich fast von selbst. Gerade im Bereich der sozialen Ängste kann die Arbeit und das offene, hilfreiche Wort in einer Gruppe, verbunden mit der Möglichkeit der Selbstkontrolle durch Ton- und Videoaufnahmen, von entscheidender Bedeutung dafür sein, dass Sie Ihrer Schwierigkeiten auch auf Dauer Herr werden. Bei dem reichen Angebot an solchen Veranstaltungen seitens der unterschiedlichsten Institutionen ist allerdings eine gewisse Vorsicht am Platze. Offerten wie »Sicher reden in zwei Tagen« müssen als unseriös eingestuft werden. In anderen Fällen werden die Teilnehmer mit Theorie überhäuft oder erfahren nur, wie gewandt und farbig sich der Rhetoriklehrer selbst ausdrücken kann, ohne die Lernenden behutsam an abgestufte Übungen heranzuführen und ihnen Erfolgserlebnisse zu vermitteln. Es empfiehlt sich deshalb, vor dem Besuch eines Rhetorikseminars oder -kurses genauere Erkundigungen über das Angebot bei dem jeweiligen Veranstalter oder auch bei früheren Teilnehmern einzuholen.

• **Lernen durch das Beispiel anderer?**
Kann man etwa auch durch das Beispiel anderer dazulernen? Das ist sicher nur in engen Grenzen möglich, denn die geduldige Selbsterprobung läßt sich durch nichts ersetzen. Nichtsdestoweniger sollte jeder, der sich rhetorisch verbessern will, auch Auftritte anderer kritisch betrachten und sich die gewonnenen Erkenntnisse nutzbar machen, um das als positiv Erkannte bei Gelegenheit anzuwenden, und die wahrgenommenen Fehler bewusst zu vermeiden. Manchmal wird man erst durch die Fehler anderer auf eigene gebracht!
Abzuraten ist natürlich von der bloßen Nachahmung bewunderter, womöglich allgemein bekannter Vorbilder in ihrem rednerischen Verhalten, was sich zuweilen beim Nachwuchs der politischen Parteien beobachten lässt. Das kann die Wirkung eines Redebeitrages sehr beeinträchtigen. Dann nämlich, wenn das Publikum das Vorbild erkennt und – meist wenig schmeichelhafte – Vergleiche anstellt. Selbstverständlich wird dann auch die Aussage kaum mehr ernst genommen.
Was Sie indessen von besseren Rednern übernehmen sollten, sind bestimmte Fertigkeiten, wie z. B. gute Artikulation, richtiges Sprech-

tempo, treffende Ausdrucksweise sowie Redeaufbau, Argumentationstechnik, Verhandlungsgeschick und diszipliniertes Auftreten. Zum Abschluss dieses Kapitels finden Sie eine Lesefrucht aus der »Süddeutschen Zeitung«, die uns auf unterhaltsame Weise daran erinnert, wie sympathisch gerade Hemmungen beim Reden auf uns wirken können, weil sie eben menschlich sind – ganz im Unterschied zum gestelzten Geschwätz mancher »Zeitgenossen«, die nicht mehr in der Lage sind, Einfaches auch einfach zu sagen.

## Sympathie für Redner mit Hemmungen

Haben Sie schon einmal irgendwo das Wort ergriffen? Und dem Publikum klargemacht, dass der Vortragende zwar einerseits..., dass er aber andererseits Ihrer Meinung nach das angesprochene Problem mehr von der psychologischen Seite her hätte betrachten müssen? Gewissermaßen. Und dass Sie jetzt, wenn der Vortragende erlaubt, ganz kurz erklären möchten, wie Sie sich das Ganze so gedacht hätten?
Es gibt ja Mitmenschen, die können das. Die stellen sich einfach frech in die Mitte des Saales und schnabeln drauflos, so als ob sie daheim in ihren vertrauten vier Wänden säßen. Beneidenswert! Denn die meisten tun sich da doch narrisch schwer. Schon allein dieses dämliche Gefühl, wenn man sich von seinem Stuhl erhebt. Alles glotzt, die Leute, die vorn sitzen, drehen sich ruckartig um und starren einem ins Gesicht. Und dann erst der Gang zum Mikrophon! Als ob das letzte Stündlein geschlagen hätte, quält man sich die Schritte zum Schafott. »Ja, öh, also...« Schrecklich! Und tausend Augenpaare tasten dich ab, wie Röntgenaugen in der Dunkelheit.
Dabei gebührt doch eigentlich alle Sympathie denjenigen, die etwas aus sich herausquetschen wollen. Und sei es nur ein einziger Satz. Mir sind die Zeitgenossen sowieso verdächtig, die in jeder Situation Gelacktes und Wohlklingendes von sich geben. So wie viele Politiker, die gar nicht mehr ganz schlicht sagen können: »Der Himmel über München ist weißblau.« Sondern:

»Zunächst einmal möchte ich mich bei meinen Wählern für das mir entgegengebrachte Vertrauen... es wird mir immer Verpflichtung sein... und was das Firmament über der Landeshauptstadt München, in die ich immer wieder gerne zurückkehre, so möchte ich meinen, dass sich dieselbe und das haben wir in unserer Partei schon immer gesagt...« Na ja!

Alles Wohlwollen also den Nervösen, den Aufgeregten, die dennoch allen Mut zusammenpacken. In der Elternbeiratssitzung. Oder bei der Dichterlesung des gefeierten Literaten. Ich hab da neulich eine miterlebt, in der Aula unserer Schule draußen am Stadtrand. Und es war mir, als ob da eine ganz neue Generation von Diskussionsteilnehmern heranwüchse (das hat mit dem Alter gar nichts zu tun). Oft sind es Frauen, die ungeniert zugeben, dass ihnen das Herz bis zum Hals hinauf klopft. »Also jetzt muss ich erst amal tief Luft holen«, hat da eine gesagt. Und schon hatte sie den ganzen Saal auf ihrer Seite. Eine andere meinte: »Mei, bin i aufgregt! I woaß gar net, was i eigentlich sagn wollt!« (Sie wußte es dann aber doch.) Am besten hat mir die alte Dame gefallen, die rüstig und couragiert zum Podium schritt, das Publikum fixierte, den Mund öffnete, ihn wieder zuklappen ließ und dann verkündete: »Jetzt hab ich's vergessen!«

Zum Glück ist auch ihr dann wieder eingefallen, was sie zur Diskussion beizusteuern hatte. Zwar erst gute zehn Minuten später, aber immerhin. Eins habe ich nämlich herausgefunden: Es ist durchaus hochinteressant, was diejenigen zu sagen haben, die sich eigentlich gar nicht trauen. Und die deshalb eben doch sagen, was sie sagen wollen. Oder so...

Walther Hohenester

(Süddeutsche Zeitung)

## 5. Wie Sie sich vor Zuhörern verhalten sollten

● **Sicher stehen**
Als Ausgangsstellung Füße gleichmäßig belasten, bewusst »Boden fassen«, Muskulatur entspannen, Knie nicht durchdrücken, Arme zunächst locker hängen lassen.

● **Ruhig atmen**
Einige bewusste Tiefatemzüge (Bauchatmung) tragen zur inneren Sicherheit bei; ausatmen (aber nicht hörbar!)

● **Ins Publikum schauen**
Blickkontakt ist Brückenschlag; vor allem freundliche, interessierte Gesichter bewusst zur Kenntnis nehmen. Aktiv schauen, statt sich angeschaut fühlen! Erst zu sprechen anfangen, wenn das Publikum aufnahmebereit ist.

● **Langsam beginnen**
Sich voll auf die Aufgabe konzentrieren, nicht »neben sich selber stehen«, stimmliche Mittel dosiert einsetzen, dabei Akustik beachten, sich allmählich steigern; auch an kurze Sprechpausen denken.

● **Den Körper mitreden lassen**
Das Gesagte mit Gestik, Mimik und durch Körperhaltung unterstützen, dabei aber jede Theatralik vermeiden.

● **Hörerbezogen sprechen**
Positive Grundeinstellung zum Publikum, vermutete oder tatsächliche Zuhörererfahrungen einbeziehen, besondere Erwartungen möglichst berücksichtigen; Reaktionen (Feedback) beachten, sich stimulieren lassen; alle Vereinbarungen einhalten (z.B. Redezeit, Pausen).

● **Leicht fasslich reden**
Bildungs- und Anspruchsniveau der Zuhörer realistisch einschätzen, Rede strukturieren (Überblick geben, Zwischenzusammenfassungen, Schlussbilanz), Informations- und Lernschritte deutlich ma-

chen; sich Zeit lassen bei schwierigen Darlegungen, aber roten
Faden nie aus dem Auge verlieren.

- **Aufmerksamkeit der Zuhörer stützen**
Um dynamische, nicht monotone Sprechweise bemüht sein; durch
persönliche Erlebnisse auflockern, interessante Zitate, Vergleiche
und Beispiele bringen. Rede evtl. auch durch humorvolle Bemerkungen beleben; Möglichkeiten der Veranschaulichung nutzen:
Modelle, Schaubilder, Tafelnotizen, Zeichnungen, Projektionen (Tageslichtschreiber), Tonaufnahmen, Filme, Videoaufnahmen u. a.

Zusammenfassung von Kapitel VIII:
Überwindung der Redeangst

Grundsatz: Schwierigkeiten nicht verdrängen, sondern
sich bewusstmachen!

**aktuell**    − gründliche Vorbereitung ⟨ thematisch / rhetorisch

− realistische Situations-
einschätzung ⟨ eigenes Können / Publikums-
einstellung

− positive Selbstmotivation

− Entspannung

**längerfristig** − richtige Selbst- und Fremdeinschätzung
− mehr Selbstkontrolle
− Verbesserung der Ausdrucksfähigkeit
− Stärkung der Konzentration
− Übung und stufenweise Bewährung
− Offenheit gegenüber Kritik
− Besuch von einschlägigen Lehrveranstal-
tungen
− Lernen vom guten Beispiel anderer

## 6. Übungen zu Kapitel VII
(Lösungen s. S. 256 ff)

Wie verhalten Sie sich, wenn ... (Notieren Sie Stichpunkte dazu.)

1. ... Sie aus dem Stand, also ohne jede Vorbereitungsmöglichkeit, ein paar passende Worte sagen sollen?
2. ... Sie erst an Ort und Stelle feststellen, dass Sie sich kürzer als geplant fassen müssen, weil wider Erwarten auch andere reden wollen oder weil die Zeit schon zu sehr vorgeschritten ist?
3. ... Sie gestresst und gerade noch rechtzeitig am Veranstaltungsort eintreffen und gleich reden müssen?
4. ... Sie sich von der anwesenden Prominenz eingeschüchtert fühlen?
5. ... das Publikum durch etwas abgelenkt wird, z.B. durch Zuspätkommende?
6. ... Sie keine Ablagemöglichkeit für Ihre Redeunterlagen haben?
7. ... Leute vorzeitig weggehen?
8. ... Sie im Saal eine Reihe von Meinungsgegnern entdecken, von denen Widerspruch zu erwarten ist?
9. ... Sie sich (etwa bei einer Grabrede) emotional nicht mehr in der Hand haben?
10. ... Sie beim Reden den Faden verlieren?

# VIII. Überzeugend diskutieren und debattieren

Wenn sich früher Menschen gesellig begegneten, vor allem in den adligen und bürgerlichen Salons vergangener Jahrhunderte, dann machten sie »Konversation«. Das gepflegte Gespräch, wie man dafür auch sagen kann, war damals mehr als nur eine flüchtige Zeitmode, es war eine disziplinierte Form des sozialen Kontakts mit ästhetischem beziehungsweise moralisierendem Einschlag, wofür es strenge Vorschriften gab. Selbst Philosophen wie Montaigne oder Kierkegaard, Politiker wie George Washington und Dichter wie Fielding, Klopstock und Goethe bewiesen – einer Tradition der Antike folgend – ihre hohe Einschätzung der »Gesprächskunst«, indem sie diese zuweilen in den Mittelpunkt tiefsinniger Betrachtungen stellten und Ratschläge für die rechte Konversation gaben.

## 1. Wo Diskussion und Debatte vorkommen

Die Konversation lebt heute fast nur noch als »zwangloses Gespräch« fort. Die typische Gesprächsform der demokratischen Gesellschaft ist indessen die *Diskussion*, ja es heißt sogar »Demokratie *ist* Diskussion«. Wir begegnen ihr in der Tat auf Schritt und Tritt im Alltag, öffentlich, beruflich, privat und nicht zuletzt in den elektronischen Medien. Hörfunk und Fernsehen strahlen täglich Diskussionssendungen aus.

Eine besondere Spielart der Diskussion ist die *Debatte*. Man bevorzugt diese Bezeichnung dann, wenn in einem Gespräch weniger miteinander als gegeneinander diskutiert, also gestritten wird. Deshalb heißt Debatte auch Streitgespräch. Zu denken ist hier vor allem an die Parlamentsdebatte, charakterisiert durch das Gegeneinander von Regierungsmehrheit und Opposition.

Diskussion und Debatte gibt es in den verschiedensten **Formen**, welche allerdings begrifflich nicht immer scharf voneinander zu trennen sind.

Ich möchte vor allem nennen:

| | |
|---|---|
| 1. *Zwiegespräch* | auch Dialog, mit besonderer Betonung der persönlichen Zuwendung. Spezialform: das Interview, die Befragung zu einem Vorgang oder Problem. |
| 2. *Rundgespräch* | offener Meinungsaustausch, oft mit Wahl des Diskussionsleiters durch die Teilnehmer. |
| 3. *Aussprache* | meist im Anschluss an Referate, aber auch im engeren Kreis bei besonderen Problemen. |
| 4. *Besprechung* | vorwiegend im beruflichen Rahmen, zur Klärung von Sachverhalten und Vorgehensweisen. |
| 5. *Podiumsdiskussion* | zwischen mehreren Partnern vor einem Publikum; jede Fernsehdiskussion (meist »Talkshow«) gehört dazu, denn sie findet vor dem Publikum am Bildschirm statt. |
| 6. *Verhandlung* | Etwas wird »ausgehandelt« oder vereinbart, was für beide Seiten verbindlich ist. |
| 7. *Symposium* | wissenschaftliche Fachgespräche im Wechsel mit Referaten, im Hochschulbereich auch Kolloquium genannt. |
| 8. *Hearing* | Expertenbefragung durch Nichtfachleute (z.B. durch Parlamentarier), die sich sachkundig machen wollen. |
| 9. *Konferenz/Sitzung* | Sachpunkte im Rahmen einer Tagesordnung werden diskutiert, danach erfolgt gewöhnlich Beschlussfassung. |
| 10. *Tagung* | meist unter einem bestimmten Einzelthema, welches in Referaten und Gesprächen vielseitig beleuchtet wird. |

Wie schon aus den Erläuterungen hervorgeht, handelt es sich bei den letzten vier Formen um Veranstaltungen, bei denen die Diskussion zwar ein wesentlicher, aber nicht der alleinige Bestandteil ist. Allen diesen Formen gemeinsam sind besonders die Gleichberechtigung der Gesprächspartner und die Ausrichtung auf ein Ziel, die Gebundenheit an einen Zweck, den man dabei im Auge hat. Auch insofern – wir leben bekanntlich im »Zeitalter der Zwecke« – ist die Diskussion ein typisches Kind unserer Zeit.

## 2. So verhalten Sie sich richtig als Diskussionsteilnehmer

Hierzu zunächst ein Beispiel:
In einer Vereinsversammlung wird die Frage erörtert, ob in diesem Jahr eine **Weihnachtsfeier** veranstaltet werden soll. Die Diskussion nimmt folgenden Verlauf:

*Vorsitzender:* Was haltet ihr davon, wenn wir diesmal eine vereinsinterne Weihnachtsfeier veranstalten? Dieser Wunsch ist von verschiedenen Mitgliedern geäußert worden.

*Heinz Bär:* Wer soll denn das bezahlen? Wir haben das ganze Jahr hindurch genug Ausgaben; davon kann ich als Kassenwart ein Liedchen singen. Und außerdem...

*Anita Amberg:* Ich finde die Idee ganz prima. Das machen wir auch jedes Jahr in unserem Betrieb. Da geht es immer ganz stimmungsvoll zu, mit Kerzen, Weihnachtsliedern und so.

*Heinz Bär:* Und außerdem...

*Fritz Kalte:* Stimmungsvoll! Wenn ich das schon höre! Das haben wir doch zu Hause. Weihnachten sollte in der Familie gefeiert werden und nirgendwo sonst!

*Heinz Bär:* Kann ich...

*Anni Sager:* Ich verstehe überhaupt nicht, wie man da dagegen sein kann. So etwas ist doch gut für den Zusammenhalt im Verein!

*Karl Wedel:* Also ich meine...

*Vorsitzender:* Ihr habt Heinz Bär unterbrochen; nun lasst ihn doch erst mal zu Ende reden.

*Heinz Bär:* Danke. Ich wollte noch sagen, dass jedes Jahr schon

|                 |                                                                                                                                                                                                                                                                                                                                                                                         |
|-----------------|-----------------------------------------------------------------------------------------------------------------------------------------------------------------------------------------------------------------------------------------------------------------------------------------------------------------------------------------------------------------------------------------|
|                 | genug Weihnachtsfeiern von Vereinen abgehalten werden. Das ist schon eine wahre Inflation. Dem sollten wir uns nicht auch noch anschließen.                                                                                                                                                                                                                                               |
| *Karl Wedel:*   | Wenn ich endlich auch mal reden darf. Also ich kann dem Heinz nur Recht geben. In den Tagen vor Weihnachten hat doch jeder privat genug zu erledigen, da hat man den Kopf voll mit eigenen Festvorbereitungen.                                                                                                                                                                             |
| *Vorsitzender:* | Heinz Bär hat vorhin die finanzielle Frage angesprochen. Das dürfen wir nicht unter den Tisch fallen lassen. Wie stellen Sie sich denn die Finanzierung einer solchen Veranstaltung vor, Frau Amberg?                                                                                                                                                                                     |
| *Anita Amberg:* | Darin sehe ich überhaupt kein Problem. Jeder bezahlt natürlich seine Rechnung selber. Das bisschen Adventsschmuck können wir von zu Hause mitbringen, Kerzen kosten auch nicht die Welt. Und außerdem – das macht auch der Kegelklub so – bringt jedes Mitglied ein kleines Geschenk für sagen wir mal 10 bis 15 Mark mit. Jedes dieser Päckchen wird nummeriert und dann ...             |
| *Fritz Kalte:*  | Na, ich weiß nicht! Du hast immer so verrückte Ideen, Anita. Wer bringt denn da schon was mit, schließlich ...                                                                                                                                                                                                                                                                           |
| *Vorsitzender:* | Wollen wir doch sachlich bleiben! Also in die Einzelheiten, wie z.B. Geschenke, sollten wir jetzt noch nicht gehen. Zunächst geht es doch ums Grundsätzliche.                                                                                                                                                                                                                             |
| *Karl Wedel:*   | Die Einzelheiten sind aber gerade das Problem!                                                                                                                                                                                                                                                                                                                                           |
| *Vorsitzender:* | Halten wir fest: Finanziell wäre das wohl zu machen, wie Frau Amberg das vorschlägt. Da sehe ich auch keine Schwierigkeiten.                                                                                                                                                                                                                                                              |
| *Fritz Kalte:*  | Ich bleibe dabei: Weihnachten gehört in die Familie und nicht in den Verein. Machen wir doch lieber einen schönen Ausflug im Frühjahr! Also ich kann euch sagen! Wir waren letztes Jahr mit der Feuerwehr am Wendelstein – Klasse! Wir sind mit zwei                                                                                                                                       |

|  |  |
|---|---|
|  | Bussen gefahren und hatten natürlich auch unsere Ehehälften dabei. Abfahrt war... |
| *Anni Sager:* | Jetzt reicht's mir allmählich. Das gehört doch nicht hierher, wo du letztes Jahr mit der Feuerwehr gewesen bist! |
| *Fritz Kalte:* | So ein Ausflug wäre aber besser! |
| *Anni Sager:* | Darüber können wir ja ein anderes Mal reden. Jetzt steht die Weihnachtsfeier zur Debatte. Und ich bin da nach wie vor der Meinung... |
| *Karl Wedel:* | Ja, ja, du bist dafür! Aber da kommt doch keiner, ein paar Tage vor Weihnachten! |
| *Hubert Wuttke:* | Zur Geschäftsordnung! So könnten wir noch stundenlang weiterreden, ohne uns einig zu werden. Ich glaube, es ist zum Grundsätzlichen alles gesagt. Deshalb beantrage ich, dass wir jetzt darüber abstimmen, ob überhaupt eine Weihnachtsfeier stattfinden soll. Über die Einzelheiten reden wir dann anschließend. |
| *Vorsitzender:* | Ihr habt den Antrag alle verstanden. Will jemand gegen diesen Antrag sprechen? |
| *Anita Amberg:* | Da kann man doch nur dafür sein! |
| *Vorsitzender:* | Ich sehe keine Wortmeldung. Damit steht der Antrag und wir stimmen ab, ob wir eine Weihnachtsfeier veranstalten. |
| *Heinz Bär:* | Eine Kampfabstimmung hat doch da gar keinen Sinn! Da muss doch jeder mitmachen! |
| *Vorsitzender:* | Bitte keine Diskussionsbeiträge mehr! Wer ist nun also dafür, dass wir eine Weihnachtsfeier durchführen? – Das sind zwanzig Stimmen. Wer ist dagegen? – Fünf Stimmen dagegen. Gibt es Stimmenthaltungen? – Keine. Damit ist beschlossen, die Feier abzuhalten. Kommen wir jetzt zu den Einzelheiten... |

Wie Sie am Ablauf dieser Diskussion und auch sonst immer wieder erleben können, sind solche Gespräche keineswegs nur thematisch bestimmt. Eine entscheidende Rolle kommt dem Verhalten der jeweiligen Teilnehmer zu, also dem, was sich auf der schon erwähnten Beziehungsebene abspielt.

Jede Diskussion ist ein komplexes Gebilde, und es erscheint unmöglich, alle Faktoren zu nennen, die eine Gesprächsrunde im Allgemeinen und den einzelnen Teilnehmer im Besonderen beeinflussen. Vor allem ist der Verlauf einer solchen Diskussion abhängig von gruppendynamischen Momenten, also vom Verhältnis der Gesprächsteilnehmer zueinander, von deren Offenheit, Gesprächs- und Problemlösungsbereitschaft und Fairness.

Das Verhalten des einzelnen Teilnehmers ist auf der **rationalen Ebene** bestimmt von seinem Kenntnis- und Einsichtsstand, seinem Denkvermögen und auch von seiner Ausdrucksfähigkeit.

**Emotional** hingegen werden besonders seine Selbsteinschätzung, seine persönliche Einstellung zum Thema, seine Vorerfahrungen und Vorurteile, möglicherweise sein Konkurrenzverhältnis zu anderen und damit verbunden seine Befürchtungen, Erwartungen und Hoffnungen von Bedeutung sein.

Oft fühlen sich Diskussionsteilnehmer auch durch Fremderwartungen stark belastet, wenn sie also in einer bestimmten Rollenfunktion reden, im Auftrag anderer oder als Repräsentanten einer Organisation. Bei einer Podiumsdiskussion über brisante Umweltfragen in einer Gemeinde vertritt zum Beispiel ein leitender Angestellter sein Unternehmen. Im Saal sitzen etliche Betriebsangehörige, die von ihm ein bestimmtes Verhalten erwarten. Auch das Verhältnis zum Diskussionsleiter kann von Bedeutung sein. Es ist z.B. ein Unterschied, ob ein Freund oder ein Gegner (»Intimfeind«) diese Position innehat, ob eine starke Autorität die Diskussion leitet oder ein unsicherer Anfänger.

Schließlich sind auf der emotionalen Seite auch das eigene Engagement, die so genannte Tagesform und die persönliche Gestimmtheit (»Laune«) zu nennen. Da kommen Einflüsse mit ins Spiel, die möglicherweise mit der Diskussion selbst in keinerlei Verbindung stehen.

Im Wesentlichen sollten für die Teilnehmer an Diskussionen folgende **Leitlinien** gelten:

- Wer sich an Diskussionen jedweder Art zu beteiligen gedenkt, sollte sich nach Möglichkeit darauf *vorbereiten*. Meist ist ja vorher bekannt, worüber eine Aussprache stattfindet. Handelt es sich beispielsweise um eine Sitzung, kennt normalerweise jeder Teilnehmer die Beratungspunkte. Schauen Sie sich diese rechtzeitig vor der Veranstaltung an, ziehen Sie gegebenenfalls Unterlagen zu Rate und machen Sie sich zu den einzelnen Themen Notizen. Manchmal ist auch von Nutzen, wenn man über besondere Probleme mit anderen redet und deren Meinung einholt.

- Bei der Diskussion sollten Sie *keine Scheu haben*, Ihren Standpunkt selbstbewusst und mit dem gebotenen Nachdruck zu vertreten. Wie Sie mit Hemmungen besser zurechtkommen können, habe ich bereits in Kapitel VII »Redeangst muss nicht sein« dar gelegt. Leider kann man es immer wieder erleben, dass Teilnehmer an Diskussionen es den anderen überlassen, durch ihre Beiträge die Meinungsbildung zu beeinflussen, selbst aber stumm bleiben. Nach Schluss der Sitzung hingegen, etwa auf dem gemeinsamen Heimweg, werden sie oft nicht müde, die verschiedenen Argumente zu kommentieren und den vielleicht für sie ungünstigen Ablauf zu beklagen. Fragt man sie erstaunt: »Warum hast du das denn nicht in der Diskussion vorgebracht?«, dann kann man Antworten hören wie: »Das ging mir alles zu schnell«, »Die wissen doch alles besser«, »Es hat ja doch keinen Zweck«, »Wer hört denn schon auf mich?«, »Ihr könnt halt besser formulieren.« Oder, in seltenen Fällen: »Ich habe mich, ehrlich gesagt, nicht getraut.«

- Sie sollten in einer Diskussion auch *stets klar zur Sache sprechen und konsequent beim Thema bleiben*. Sicher werden Sie es auch schon oft erlebt haben, dass Diskussionsredner vom Hundertsten ins Tausendste kommen, persönliche Erfahrungen weitschweifig einflechten und schließlich, wenn überhaupt, nur mit großer Mühe wieder zum Ausgangspunkt zurückfinden. Deshalb: Üben Sie Selbstdisziplin in solchen Situationen und denken Sie daran, dass andere auch zu Wort kommen möchten!

- Diskussionen sind immer ein Geben und Nehmen. Im Vordergrund sollte die Meinungsbildung beziehungsweise die Klärung eines Problems stehen. Das ist in aller Regel nur dann möglich, wenn die Teilnehmer *aufeinander hören*, das heißt zur Kenntnis nehmen, was andere zu einer Frage zu sagen haben. Dazu gehört

Toleranz. Kurt Tucholsky schrieb einmal: »Toleranz ist der Verdacht, dass der andere Recht haben könnte.« Schön gesagt, aber schwer zu befolgen, werden Sie jetzt denken. Aber bei so mancher Sitzung würde mehr herauskommen, wenn weniger Monologe gehalten würden und die Meinungsgegner nicht ausschließlich darauf bedacht wären, nur ja am Ende Recht zu behalten, statt auch einmal aus ihren Schützengräben herauszukommen (davon wird in Kapitel XIV »Erfolgreich verhandeln« noch die Rede sein).

• Ein Diskussionsteilnehmer sollte immer *um konstruktive Beiträge bemüht sein.* Darunter sind solche Beiträge zu verstehen, die weiterhelfen, neue Wege aufzeigen oder Irrtümer beseitigen und andere zum Mitdenken und Mitmachen ermuntern können. Fast jede Gesprächsrunde kennt auch die »Bremser«, von denen man kaum positive Anstöße hört, statt dessen aber Bemerkungen wie: »Schade um die Zeit«, ... »haben wir alles eh schon versucht« oder: »kommt Zeit, kommt Rat«.

Solche Beiträge können eine resignative Stimmung erzeugen. Sie sollten Ihnen entgegentreten mit konstruktiven Vorschlägen zur Sache, statt sich davon anstecken zu lassen. Manchmal hilft es auch, wenn man den »Bremser« durch eine entsprechende Frage zur Offenlegung seiner Gründe für solche destruktiven Bemerkungen veranlasst: »Warum bist du in diesem Punkt so pessimistisch?« Vielleicht kann dadurch ein Missverständnis oder eine vorangegangene Verstimmung beseitigt werden. Oder es wird ein Vorurteil zutage gefördert und aus der Welt geschafft.

• Eigentlich sollte es eine Selbstverständlichkeit sein, dass Teilnehmer an Diskussionen *sich gegenseitig respektieren*, sich freundlich und taktvoll behandeln – und zwar auch dann, wenn sie, im Unterschied zu Verhandlungen, nicht von der Kompromissbereitschaft des oder der anderen abhängig sind: wenn sie z.B. die Mehrheit haben und ohnehin beschließen können, was sie wollen.

Was im privaten Gespräch gang und gäbe ist, ist bei kontroversen Auseinandersetzungen, womöglich im öffentlichen Rahmen, leider nicht immer und überall Praxis. Da werden zum Beispiel bei Podiumsdiskussionen, in politischen Gremien oder auf Bürgerversammlungen Andersdenkende regelrecht abgekanzelt und so genannte einfache Bürger von Amtsinhabern als Trottel hingestellt – vielleicht nur deshalb, weil sie sich nicht gewandt genug ausdrücken können.

Auch wenn Sie etwas besser zu wissen glauben: Vermeiden Sie jeden Anflug von Arroganz, geben Sie dem anderen immer das Gefühl, ihn als Menschen ernst zu nehmen, und versuchen Sie auch dann freundlich zu bleiben, wenn Ihnen eine Bemerkung gar nicht »in den Kram passt«. Wir sprechen im Deutschen von einem »gewinnenden Lächeln« – gewinnen Sie durch Lächeln! Das gilt nicht zuletzt gerade dann, wenn der Widerpart sich vielleicht selber nicht eben freundlich geäußert hat. Der Grundsatz »Wie du mir, so ich dir« ist meist ein schlechter Wegweiser.

- Schließlich sollte sich ein Diskussionsteilnehmer auch *immer an die allgemeinen Spielregeln halten*. Auch wenn es Sie noch so sehr drängt, einer Bemerkung zu widersprechen: Warten Sie damit, bis Ihnen das Wort erteilt wird. Sie möchten ja auch nicht von anderen unterbrochen werden.

Halten Sie sich auch an die Weisungen oder Vorschläge des Diskussionsleiters, z.B. wenn er darum bittet, sich wegen der vorgeschrittenen Zeit kurz zu fassen. Befolgen Sie die Beschlüsse der Diskussionsrunde auch dann, wenn Sie dagegen gestimmt haben. Es gehört zu den demokratischen Spielregeln, dass Mehrheitsentscheidungen für alle verbindlich sind.

Es kann durchaus passieren, dass bei einer Sitzung ein Punkt zur Besprechung und Beschlussfassung ansteht, zu dem Sie schon vorher wissen, dass Ihre wohlfundierte Meinung von niemandem geteilt wird und für Sie auch keine Aussicht besteht, andere zu überzeugen. Im Gegenteil, Sie müssen sogar mit massiven persönlichen Angriffen rechnen. Sie wissen zudem – vielleicht fehlt Ihnen noch die Sitzungsroutine –, dass Sie sich dann furchtbar aufregen und Unbedachtes sagen, was Sie hinterher bereuen.

In diesem besonderen Fall sollten Sie erwägen, ob Sie nicht besser einfach zu Hause bleiben; das könnte hier das kleinere Übel sein. Vielleicht hilft Ihnen aber schon der Gedanke: »Ich *muss* ja nicht hingehen«, um Sie innerlich freier zu machen und die Sitzung gut zu überstehen. Am Ende stellt sich möglicherweise heraus, dass alles halb so schlimm gewesen ist, ja, dass Sie sogar mit Ihren Argumenten einiges bewegen konnten.

Betrachten wir noch einmal die *Diskussion über die Weihnachtsfeier* und fragen uns, was am Verhalten einzelner Gesprächspartner zu beanstanden ist. Die Kritik läßt sich im Wesentlichen in acht Punkte zusammenfassen:

1. Man läßt Herrn Bär nicht ausreden.
2. Herrn Kaltes Bemerkung: »Wenn ich das schon höre!« ist kein konstruktiver Beitrag und lässt auf ein Vorurteil schließen.
3. Herr Kalte greift Frau Amberg persönlich an (»Du hast immer so verrückte Ideen, Anita.«).
4. Herr Kalte weicht vom Thema ab (Wendelstein-Ausflug mit Einzelheiten).
5. Frau Sager hätte weniger emotional reagieren sollen (»Jetzt reicht's mir aber allmählich!«).
6. Herr Wedel fällt Frau Sager ungeduldig ins Wort (»Ja, ja, du bist dafür...«).
7. Verstöße gegen formelle Spielregeln:
   Die Bemerkungen von Frau Amberg (»Da kann man doch nur dafür sein!«) und von Herrn Bär (»Eine Kampfabstimmung hat doch gar keinen Sinn...«) nach dem Ende der Diskussion, als man bereits im Abstimmungsverfahren ist.
8. Von 25 Teilnehmern haben sich nur sieben an der Diskussion aktiv beteiligt, die Übrigen blieben stumm.

## 3. Tipps für den guten Diskussionsleiter

Es liegt in der Natur einer Diskussion, dass sie oft lebhaft verläuft. Der Austausch der Meinungen, das Bemühen um Klärung eines Problems und um den richtigen Weg zu einem anvisierten Ziel bringen fast zwangsläufig Wettbewerbscharakter in diese Gesprächsform. Jeder möchte normalerweise mit seinen Argumenten obsiegen und die anderen für seinen Standpunkt mehrheitlich gewinnen. Deshalb werden je nach persönlichem Naturell Diskussionsbeiträge auch oft mehr oder weniger engagiert vorgebracht und erhitzen sich zuweilen die Gemüter so stark, dass es Einzelnen schwerfällt, sich an die allgemein verbindlichen Spielregeln zu halten. Kurzum: Diskussionen werden häufig sehr schnell zu Debatten.

Wenn die Wogen hochschlagen, kann es für den Diskussionsleiter schwierig werden, die Auseinandersetzung in der Hand zu behalten und sie erfolgreich zu Ende zu führen. Im Zweifelsfall wird erfahrungsgemäß ihm gern die Schuld zugeschoben, wenn ein solches kontrovers verlaufendes Gespräch missglückt.

Der Diskussionsleiter hat vor allem eine **Vermittlerfunktion.** Er muss das Gespräch in Gang bringen und sowohl thematisch als auch kommunikativ »auf Kurs« halten. Deshalb sollte er als wichtigste Eigenschaft das besitzen, was man **Sozialkompetenz** nennt. Neuerdings ist auch immer mehr von **Teamfähigkeit** die Rede, eine Eigenschaft, deren Wert zu Recht besonders in der Wirtschaft immer mehr geschätzt wird. Dazu gehört ein Gespür für gruppendynamische Vorgänge. Der Diskussionsleiter sollte eine »Antenne« für die personalen Beziehungen in der Gruppe haben, zum Beispiel auftretende Spannungen rechtzeitig erkennen und gegebenenfalls auf Einschüchterer wie auf Frustrierte mit Fingerspitzengefühl Einfluss nehmen können. Kontaktfähigkeit und Fairness sind weitere Komponenten dieser Sozialkompetenz.

Vom Diskussionsleiter wird auch **Souveränität** gefordert, das heißt, Übersicht auch in schwierigen Phasen einer Diskussion bzw. Debatte. So kann es notwendig sein, dass der Diskussionsleiter auch von seiner Amtsautorität Gebrauch macht und im Interesse eines geordneten Diskussionsverlaufes maßregelnd in das Gespräch eingreift, was mitunter Mut und gute Nerven verlangt. Je lebhafter und kontroverser eine Diskussion, desto mehr kommt es darauf an, dass er Beherrschung zeigt und Ruhe ausstrahlt, sozusagen als Turm in der Brandung, an dem sich die anderen orientieren können.

Aber der Diskussionsleiter sollte auch thematisch immer im Bilde sein. Ohne ein Minimum an **Sachkompetenz** lässt sich eine Diskussion kaum erfolgreich leiten. Deshalb ist es erforderlich, dass sich ein

Diskussionsleiter auch gründlich inhaltlich vorbereitet. Er sollte die wesentlichen Zusammenhänge kennen, die Problempunkte stets im Auge haben und auch über Hintergrundinformationen zum Thema verfügen, um Anspielungen richtig einordnen und gegebenenfalls gesprächsbelebend in die Runde weitergeben zu können. Keinesfalls sollte er jedoch versuchen, mit seinen Kenntnissen zu dominieren und als Besserwisser in Erscheinung zu treten.

Das schließt **thematisches Engagement** natürlich nicht aus. Der Diskussionsleiter muss mehr als alle anderen daran interessiert sein, dass die Diskussion die nötige Information und Problemklärung bringt. Dazu wird er aber weniger durch eigene Meinungsäußerungen beitragen als durch Anstöße oder indem er immer wieder Fragen aufwirft, auf Abweichungen oder Widersprüche hinweist und das Problem damit neu beleuchtet. Er sollte aber nicht gleichsam nach Drehbuch vorgehen und die Diskussionsteilnehmer in starrer Folge abfragen. Als Faustregel kann gelten: Je weniger er selber sagen muss, desto besser verläuft eine Diskussion. Beim Fußball heißt es, ein Schiedsrichter ist dann gut, wenn er nicht auffällt. Das gilt grundsätzlich auch für den Leiter einer Diskussion, auch wenn beide Rollen nicht unbedingt vergleichbar sind.

Schließlich sollte der Diskussionsleiter auch stets auf **überraschende Gesprächswendungen eingestellt sein** und nicht unbedingt sein vorgefasstes Konzept bis ins Kleinste durchboxen wollen. Mitunter wird eine Diskussion gerade dadurch ergiebig, dass die Gesprächsteilnehmer gleichsam an langer Leine geführt und geradezu ermutigt werden, sich auch als Person einzubringen und nicht nur als »Rollenträger« des öffentlichen Lebens zu agieren, die jedes Wort behutsam abwägen. Diese großzügige Diskussionsführung beschwört freilich manchmal riskante Situationen herauf, bringt aber andererseits mehr Spannung und Farbe in Gespräche.

Der Diskussionsleiter sollte sich auch durch eine **gute Auffassungsgabe** auszeichnen und nicht womöglich die »längste Leitung« von allen haben, das heißt, der Letzte sein, der den Sinn einer Äußerung versteht. Sonst kann es geschehen, dass die Diskussion an ihm vorbeiläuft oder durch Missverständnisse behindert wird. Wenn der Diskussionsleiter etwas nicht verstanden hat, sollte er in jedem Fall sofort rückfragen und um Erläuterung bitten; denn dann ist anzunehmen, dass auch andere Gesprächspartner oder – bei Podiumsdiskussionen – das Publikum nicht mitgekommen sind.

Es kann auch passieren, dass ein Diskussionsbeitrag unpräzise und weitschweifig ausfällt, so dass der Diskussionsleiter verdeutlichen muss. Das setzt **sprachliche Gewandtheit** bei ihm voraus, die er im Übrigen auch für Zusammenfassungen und Denkanstöße immer wieder braucht.

Nicht zuletzt sollte ein Diskussionsleiter auch **gründliche formale Kenntnisse** für die Leitung einer Diskussion besitzen. Dazu gehört vor allem das Wissen um die demokratischen Spielregeln bei Diskussionen, so zum Beispiel, wie eine Tagesordnung »technisch« abzuwickeln ist, wie man Wortmeldungen behandelt und mit Anträgen umgeht. Alles, was nur mit dem Ablauf beziehungsweise der Handhabung zu tun hat und nicht mit dem Inhaltlichen einer Diskussion oder Sitzung, fällt unter den Begriff *Geschäftsordnung*. Politische Gremien wie Parlamente, Kreistage oder Stadträte haben demokratisch beschlossene und schriftlich fixierte Geschäftsordnungen, die mitunter sehr detailliert Verhaltens- und Ablaufsvorschriften geben bis hin zu sprachlichen Ausdrucksformen, etwa, wie der Vorsitzende anzureden ist. Vor allem behandeln sie natürlich Fragen der Beschlussfassung und die Durchführung von Wahlen; denn hier liegt erfahrungsgemäß der meiste Konfliktstoff.

Übrigens kann auch kein Verein ohne solche Regelungen auskommen. Deshalb enthält nahezu jede Vereinssatzung Geschäftsordnungspunkte, auch wenn sie meist nicht als solche eigens gekennzeichnet sind.

## IX. Wie Sie einen Diskussionsbeitrag aufbauen können

### 1. Regeln, die Sie beachten sollten

Dass Referate jeder Art eine bestimmte Gliederung brauchen und richtig aufgebaut sein sollten, gilt als Selbstverständlichkeit. Nicht so weit verbreitet ist die Einsicht, dass auch ein Diskussionsbeitrag vorher überlegt sein will und einen geordneten Aufbau haben sollte.

In der Praxis erleben wir immer wieder, dass in Diskussionen spontan drauflos geredet wird, mit der Folge, dass der Betreffende nicht oder nur ungenau den Kern der Sache trifft, vom Hundertsten ins Tausendste gerät, sich ständig wiederholt und keinen rechten Abschluss findet, so dass sich die Zuhörer schließlich fragen, was mit diesem Diskussionsbeitrag eigentlich gemeint war.

Deshalb gilt als **erste Regel**:

Wenn Sie sich in einer Diskussion zu Wort melden, sollten Sie vor allem wissen, worauf Sie hinauswollen, was das *Ziel* Ihres Redebeitrages ist.

Vom Ziel her erhält der Diskussionsbeitrag seine gesamte Ausrichtung. Im Hinblick auf die rhetorisch-sprachliche Gestalt spricht man hier vom **Zwecksatz**. Es handelt sich meistens um abschließende *Deshalb-Sätze*, z.B.

- »...Deshalb sollten noch mehr Kollegen Gewerkschaftsmitglieder werden.«
- »...Deshalb schlage ich vor, dass wir ein Sommerfest veranstalten.«
- »...Deshalb bin ich dagegen, dass wir eine Pause einlegen.«

> **!  Wichtig:**
> *Der Zwecksatz stellt das Ende eines Diskussionsbeitrages dar.* Er ist die logische, im Idealfall zwingende Schlussfolgerung aus den dargelegten Fakten, Bewertungen und Begrün-

dungen, leitet sich also unmittelbar aus diesen ab, was ja durch die Formulierung »deshalb...« oder auch »aus diesen Gründen«, »aufgrund dieser Tatsachen« deutlich zum Ausdruck kommt.

Freilich ist entscheidend für die Durchschlagskraft des abschließenden Zwecksatzes, wie überzeugend er vorbereitet wurde. Deshalb lautet die **zweite Regel**:

Überlegen Sie sich genau, wie Sie den **Weg** zu Ihrem Redeziel ebnen, mit welchen Hinweisen und Überlegungen Sie Ihre Zuhörer für Ihren Standpunkt zu gewinnen versuchen. Hier geht es also um die wirksame Argumentation, die später noch im Einzelnen behandelt wird.

Erst zuletzt sollten Sie an den Beginn des Diskussionsbeitrages denken und die **dritte Regel** beachten:

Als Anfang eines solchen Beitrages eignet sich am besten ein **situativer Einstieg**. Sie sollten ohne Umschweife gleich zur Sache vorstoßen, nachdem Sie kurz eingeleitet haben. Vom situativen Einstieg war bereits beim Referieren die Rede. So zu beginnen, heißt hier etwa

- vorher Gesagtes in Erinnerung rufen
  (»Sie haben erwähnt, dass...«),
- eine geäußerte Meinung bewerten
  (»Ihre Äußerung über... kann ich voll unterstreichen«),
- eine Behauptung bezweifeln
  (»Was Sie über... sagen, scheint mir den Tatsachen nicht zu entsprechen«),
- einen Hinweis interessant finden
  (»Ich habe mit Interesse gehört, dass...«),
- auf einen besonderen Umstand aufmerksam machen
  (»In diesem Zusammenhang möchte ich besonders darauf hinweisen, dass...«),
- sich für einen wichtigen Beitrag bedanken
  (»Sie haben mit dankenswerter Klarheit festgestellt, dass...«),
- die Wortmeldung kurz begründen
  (»Ich muss zu dem angesprochenen Komplex deshalb noch eine Bemerkung machen, weil...«),

- ein Gefühl artikulieren
  (»Mir ist nicht ganz wohl dabei, wenn ich von Ihnen höre . . .«),
- eine bestimmte Wahrnehmung äußern
  (»Ich hoffe, Sie haben auch bemerkt, dass . . .«),
- kurze Bilanz ziehen
  (»Wenn ich Ihre Beiträge richtig verstanden habe, dann . . .«).

Nach diesen Vorüberlegungen, deren Ergebnis Sie am besten in Stichpunkten notieren, damit Sie nichts Wichtiges vergessen, sollte der Diskussionsbeitrag grundsätzlich in freier, spontaner Formulierung erfolgen, lebendig, engagiert und kommunikativ. Denn es gilt ja, seine Zuhörer hier und jetzt zu erreichen und vor allem durch Kraft und Schlüssigkeit der Argumente auf den weiteren Verlauf der Diskussion beziehungsweise auf die anschließende Beschlussfassung Einfluss zu nehmen.

Der **Ablauf eines Diskussionsbeitrages** sieht demnach so aus:
1. Einstieg,
2. Argumente,
3. Zwecksatz.

Hierzu ein *Beispiel*:
1. *(Einstieg)* Meine Damen und Herren, es hat eben 23 Uhr geschlagen und ich sehe schon einige müde Gesichter.
2. *(Argumente)* Das ist auch nicht verwunderlich; denn wir sitzen jetzt schon drei Stunden hier beisammen, haben konzentriert beraten und auch einiges vorangebracht. Ich meine, die restlichen drei Tagesordnungspunkte sind weniger dringend. Wir können sie auch noch bei unserer nächsten Zusammenkunft behandeln.
3. *(Zwecksatz)* Deshalb schlage ich vor, dass wir die heutige Sitzung beenden.

Drei Hinweise erscheinen aufgrund praktischer Erfahrungen hier noch angebracht:
- Zum einen sollte dieser Aufbau strikt eingehalten werden, so dass der Zwecksatz tatsächlich den Abschluss des Diskussionsbeitrages bildet. Wer danach noch irgendwelche zusätzliche Bemerkungen

macht, der verwässert meist das Ganze und bringt sich um die Wirkung des vorher Gesagten.

Grundsätzlich kann man natürlich auch den Antrag oder den Vorschlag an die Spitze stellen und erst danach die Begründung bringen. Dies hat vor allem einen psychologisch-taktischen Nachteil. Wenn man gleich die Katze aus dem Sack lässt, dann wird erfahrungsgemäß mancher Zuhörer, dem das Vorgebrachte nicht gefällt, gar nicht mehr auf die Argumente danach hören, sondern sofort abschalten. Das gilt besonders dann, wenn Sie mit stärkeren emotionalen Widerständen rechnen müssen.

Ein *Beispiel* dazu: Sie wollen im Zusammenhang mit einer größeren Veranstaltung (etwa einem Betriebsjubiläum) einen, vielleicht jüngeren, Mitarbeiter mit ausgeprägter Publikums- und Redescheu dazu bringen, sich daran exponiert zu beteiligen.

Wenn Sie das Gespräch darüber mit den Worten beginnen: »Also, Herr Kollege, Sie übernehmen die Führung durch den Betrieb!«, dann fällt diesem möglicherweise das Herz so nachhaltig in die Hose, dass er mit tausend Ausflüchten versuchen wird, sich aus der Affäre zu ziehen. Leichter werden Sie sich hingegen tun, wenn Sie beispielsweise so vorgehen:

»Herr Kollege, wir haben jetzt innerhalb des Managements in etwa alle Aufgaben hinsichtlich der Gästebetreuung verteilt. Es erscheint mir wichtig, dass möglichst jeder der leitenden Angestellten einen Part übernimmt. Ich selbst begrüße zu Beginn und halte auch die Tischrede, Frau Huber hat das Einführungsreferat übernommen und Herr Müller kümmert sich um das leibliche Wohl der Gäste. Natürlich sollten auch Sie entsprechend Ihrer Stellung in unserem Betrieb zum Zuge kommen, damit Sie nicht im Schatten der anderen bleiben. Deshalb schlage ich Ihnen vor, dass Sie die Führung durch den Betrieb übernehmen.«

Auch rhetorisch ist es übrigens oft von Nachteil, wenn man seinen Beitrag mit dem Anliegen, also dem Zwecksatz, beginnt. Das Manko liegt darin, dass dann der Argumentation der folgerichtige und damit wirksame Schluss fehlt. Um den Beitrag abzurunden, wird meist der Zwecksatz wiederholt, nicht selten, weil man die wörtliche Wiederholung vermeiden will, in anderer, weniger präziser Formulierung. Das verstärkt aber kaum die Durchschlagskraft des Diskussionsbeitrages, sondern wirkt eher wie eine Verlegenheitslösung – und ist es wohl auch in der Regel.

• Zum anderen sollten Sie sich bei den Argumenten auf einige besonders stichhaltige beschränken und alle weglassen, die widerlegbar sein könnten bzw. unerwünschte Emotionen aufkommen lassen. Es kommt nicht auf die Zahl der Argumente an, sondern auf ihr Gewicht und ihre Bündigkeit im gedanklichen Zusammenhang des Diskussionsbeitrages. Also nicht durch falsch verstandenen Perfektionismus dem Meinungsgegner unnötig Angriffsflächen bieten!

• Schließlich sei noch vor der Versuchung gewarnt, mehrere, womöglich gar alle Argumente in einen einzigen verschlungenen Satz zu packen. Die zwangsläufige Folge davon ist, dass diese kaum die gebührende Aufmerksamkeit der Zuhörer finden, geschweige denn sie überzeugen können. Unsere Auffassungskraft ist begrenzt. Deshalb empfehle ich als Faustregel: *Neues Argument – neuer Satz.*

Der sogenannte **Fünfsatz** kann eine wertvolle Hilfe beim zielorientierten Diskussionsbeitrag sein. Hier sind zwischen Einstiegs- und Zwecksatz jeweils drei Argumentationssätze folgerichtig eingebunden, wie etwa das oben angeführte Beispiel (Seite 132) zeigt. Natürlich sollten Sie sich nicht starr an die Zahl Drei im Mittelteil eines Diskussionsbeitrages klammern. Wesentlich ist letzten Endes die Ausrichtung auf den Zwecksatz als Spitze (Pointe!) einer Argumentation.

Eine Variante des Fünfsatzes ist übrigens die aus der amerikanischen Werbepsychologie stammende **AIDA-Taktik**. Auch hier handelt es sich darum, den oder die Gesprächspartner zu einem bestimmten Ziel als Problemlösung hinzuführen und schließlich den Anstoß zu einer entsprechenden Entscheidung zu geben.

Die vier Buchstaben bedeuten:

A  = Attention (Aufmerksamkeit wachrufen)
I   = Interest (Interesse wecken)
D  = Desire (Wunsch entstehen lassen oder verstärken)
A  = Action (Handlung bzw. Entscheidung auslösen)

Möchte z.B. ein Handelsvertreter eine Alarmanlage verkaufen, könnte er im Gespräch mit dem Kunden so vorgehen:

A  – Hinweis auf einen aktuellen Vorfall (»Vorige Woche Einbruch in der Nähe ...«)

I  – Kein Einzelfall (evtl. Zahlen dazu); wir alle sind bedroht!

D  – Dagegen lässt sich etwas tun, damit wir uns alle sicherer fühlen können.

A  – Die Funktionsweise und die Vorteile der Alarmvorrichtung werden dargelegt, das Mittel wird sozusagen schmackhaft gemacht.

## 2. Übungen zu Kapitel IX. Abschnitt 1
(Lösungen s. S. 259 f)

### Aufbau eines Diskussionsbeitrages

Entwerfen Sie im Telegrammstil Diskussionsbeiträge, die möglichst schlüssig zu folgenden *Zwecksätzen* hinführen:

1. Deshalb bin ich der Meinung, dass Schulklassen nicht mehr als 20 Kinder haben sollten.
2. Aus diesen Gründen schlage ich vor, dass der Vereinsbeitrag auf 20 Mark im Jahr erhöht werden sollte.
3. Daher beantrage ich, einen hauptamtlichen Trainer einzustellen.
4. Ich glaube deshalb, dass wir einen Vergnügungsausschuss schaffen sollten.
5. Deshalb stelle ich den Antrag auf Schluss der Debatte (Wortmeldung »zur Geschäftsordnung«).

## 3. Wer fragt, der führt ... (Fragetechniken)

Diskussionen sind fast immer zu weiten Teilen »Frage-und-Antwort-Spiele«. Die Frage ist das wichtigste Mittel, Gespräche jeglicher Art in Gang zu bringen und zielgerichtet fortzuführen. Es gibt bekanntlich zahlreiche Möglichkeiten, Fragen zu stellen. Je nach Betonung, Satzbau und Wortwahl kann die Frage sehr nuancenreich und wirkungsvoll eingesetzt werden. Dabei kommt es entscheidend auf die spezifische Sprechsituation, auf die Eigenart der Gesprächspartner und auf ihre Beziehung zueinander an. Im Übrigen kann die Frage auch manches über den Fragesteller selbst verraten; zum Beispiel über sein Vorwissen, seine Einstellung, Stimmung und worauf er hinaus will.

Im Bereich der rhetorischen Kommunikation sprechen wir von **Fragehandlungen.** Damit ist gemeint, dass es bei einer Frage nicht primär auf die grammatikalischen Merkmale (Fragesatz) ankommt, sondern auf die *Absicht* des Sprechers.

Der Satz »Es ist Ihnen doch bekannt, dass Sie hier nicht parken dürfen«, ist kein Fragesatz, aber eine Fragehandlung; denn er fordert eine Antwort heraus, zum Beispiel: »Ich habe nur kurz angehalten.« Andererseits ist beispielsweise der Fragesatz »Können Sie nicht besser aufpassen?« keine Fragehandlung, sondern eine Zurechtweisung (»Sie sollten besser aufpassen!«).

»Hast du gehört?« kann – je nach Tonfall – eine echte Frage sein oder eine Unmutsäußerung (»Du solltest endlich tun, was ich sage!«).

Die grammatikalische Frage dient im Wesentlichen folgenden kommunikativen *Funktionen*:

### 1. Information

Der Sprecher will etwas erfahren, was er nicht weiß: »Wie spät ist es?« – »Was kostet dieses Hemd?«

In bestimmten Situationen wird manchmal versucht, indirekt an eine Information heranzukommen, und zwar mittels der **Fangfrage.** Hier wird gleichsam um die Ecke gefragt; denn die eigentliche Frageabsicht soll verborgen bleiben: Ein Mann will wissen, ob seine neue Bekannte verheiratet ist, und erkundigt sich nicht direkt danach, sondern fragt vielleicht: »Raucht Ihr Mann auch?«

Vorsicht mit Fangfragen, besonders im gesellschaftlichen Umgang – der Trick kann auch zum Eigentor werden! Wenn die Frau die Masche durchschaut und etwa verstimmt erwidert: »Sie wollen also wissen, ob ich verheiratet bin ...« wird sich der Mann ertappt fühlen und das vielleicht peinlich finden.

## 2. Überprüfung von Kenntnissen zwecks Bewertung
Abfragen in der Schule, Testfragen, Quiz und anderes.

## 3. Kontaktaufnahme
»Wie geht's?« – »Was macht die Arbeit?«

## 4. Äußern von Gefühlen
- »Was bilden Sie sich denn ein?« – »Na und?« (Ärger)
- »So? Tatsächlich? Das wissen Sie nicht?« (Erstaunen, Ungläubigkeit, Überraschung)
- Frau zum Mann: »Gehst du heut abend wieder weg?« (Vorwurf)

## 5. Artikulation von Urteilen oder Vorurteilen
Mutter zur Tochter:  »Wo hast du dich wieder rumgetrieben? – Hältst du dein Verhalten für korrekt?«
Gemeint ist:  »Ich bin dagegen, dass du dich immer rumtreibst. – Ich halte dein Verhalten nicht für korrekt.«

## 6. Bestätigung einer Meinung
- Suggestivfrage:»Meinen Sie nicht auch, dass ...«; »Sollten Sie sich da nicht heraushalten?«
  Es wird jeweils die Antwort »ja« erwartet.
- Gleiches gilt für die verschiedenen Fragezusätze wie » ...nicht wahr?« » ...gell?« » ...oder?« (oft auch bloße Angewohnheit; siehe »Füllwörter« S. 20).

 **Beispiele: Wirkung von Suggestivfragen**
Dass von Fragen je nach ihrer Formulierung sehr *subtile suggestive Wirkungen* – die nicht beabsichtigt sein müssen – ausgehen können, zeigen nicht zuletzt die *Umfrageergebnisse der Meinungsforschungsinstitute*.

1. Anläßlich der Kürzung bzw. Streichung der Ausbildungs-
hilfe für Schüler und Studenten (Bafög) befragten zwei In-
stitute eine repräsentative Auswahl von Bundesbürgern. Die
deutlich voneinander abweichenden Ergebnisse lassen sich
angesichts der wissenschaftlich abgesicherten Methode der
Befragung allein durch die unterschiedlich suggestiv wir-
kende Fragestellung erklären.

Allensbach fragte:»Finden Sie es *richtig*, dass die Bundesre-
gierung in der gegenwärtigen *schwierigen Finanzlage* das
*Schülerbafög* stark kürzt, oder finden Sie das nicht richtig?«
Ergebnis: 42%»Finde ich richtig.«
           38%»Finde ich nicht richtig.«
           20%»Weiß ich nicht.«

Die Mannheimer »Forschungsgruppe Wahlen« hingegen
fragte: »*Im Rahmen der Sparmaßnahmen* soll die *Ausbil-
dungshilfe* für Schüler (Schülerbafög) *gestrichen* werden.
Finden Sie das *gut* oder finden Sie das nicht gut?«
Ergebnis hier: 39,2%»Finde ich gut.«
              59,7%»Finde ich nicht gut.«(!)
              1,1%»Weiß nicht.«(!)

2. Im Jahre 1995 fand im Irak ein Volksentscheid über den
dortigen Präsidenten statt. Die Frage lautete: »*Sind Sie auch
der Ansicht, dass Saddam Hussein Präsident der Republik
Irak sein sollte?*«
Angesichts dieser Suggestivfrage war das Ergebnis keine
Überraschung: 99,96% der Stimmen erhielt der irakische
Diktator. (Quelle:»Die Zeit« v. 26. 10. 95)

## 7. Einengung der Antwort-Möglichkeiten

- »In die Zange nehmen«, Lügen aufdecken, in Widersprüche verwickeln durch einengendes, detailliertes Fragen, meist in einem
streng sachlogischen Zusammenhang mittels der **geschlossenen
Frage**, z.B. »Wann war das?« – »Wer hat Sie dabei gesehen?« –
»Wo fand die Begegnung statt?« Dazu gehören auch alle Fragen,
die »ja« oder »nein« als Antwort verlangen.

- Im Unterschied zur geschlossenen lässt die **offene Frage** mehr

Spielraum: »Was halten Sie von einem Tempolimit?« – »Wie war es im Urlaub?« – »Aus welchen Gründen sind Sie diesmal daheim geblieben?«

- Auch die **sokratische Frageweise** engt ein. Der griechische Philosoph Sokrates pflegte Mitbürger durch logische Frageketten zu bestimmten Erkenntnissen zu bringen. Ein – ganz unphilosophisches – Beispiel dafür:

Ein Vater redet mit seinem Sohn, der mehr Taschengeld haben möchte:

»Habe ich dir dein Taschengeld nicht erst vor einigen Monaten erhöht?«

»Ja.«

»Sagtest du damals nicht, dass du damit sehr zufrieden bist, weil du jetzt ebensoviel bekommst wie dein Freund Martin?«

»Ja, das stimmt.«

»Bekommt Martin inzwischen mehr?«

»Nein.«

»Dann müsste dir das jetzige Taschengeld auch noch reichen.«

Freilich ist diese Fragemethode nicht immer ganz schlüssig, sie erweckt den Eindruck einer Manipulation, die Karl Rahner treffend als »gestohlene Bejahung« bezeichnet hat.

- Schließlich gehört auch die **Alternativ-Frage** zu den einengenden Frageweisen. Ein Abteilungsleiter fragt seine Sekretärin zum Beispiel nicht:

»Können Sie mir das Protokoll bald vorlegen?«,

sondern er setzt das allgemeine »Ja« voraus und fragt:

»Können Sie mir das Protokoll noch in dieser Woche vorlegen, oder ist es Ihnen bis kommenden Dienstag lieber?«

Wenn der Ober im Lokal seine Gäste fragt:

»Möchten Sie vorher einen Aperitif oder eine Suppe?«,

dann kann er erwiesenermaßen eher eine Bestellung erwarten als nach der allgemeinen Frage: »Möchten Sie vorher noch etwas?«

## 8. Ermutigung

»Solltest du das nicht auch einmal versuchen?«

»Kannst du das nicht viel besser als dein Freund?«

## 9. Anstoß zum Denken oder Handeln

»Sollte dieser Vorfall nicht zu denken geben?«
»Musst du dir das eigentlich gefallen lassen?«
»Hast du dagegen nichts unternommen?«
»Wie wär's denn, wenn du es selber mal versuchst?«
Auch höfliche Aufforderung: »Würden Sie bitte ... ?«

## 10. Bloßstellung oder Beschuldigung

- »Was haben Sie eigentlich gegen die jungen Leute?« (Unterstellung)
- »Haben Sie endlich begriffen?« (Intelligenz wird angezweifelt)
- »Kann man sich mit Ihnen eigentlich noch öffentlich sehen lassen?« (Ansehen wird bezweifelt)
- »Wissen Sie nicht, wo mein Fahrrad hingekommen ist?« (Möglicherweise indirekte Beschuldigung, es gestohlen zu haben).

## 11. Ausweichen durch Gegenfrage

- Meist *Definitions- oder Erläuterungsfrage*:
  »Was verstehen Sie unter ... ?« – »Was meinen Sie damit?« – »Können Sie Ihre Frage näher erläutern?«
- Oft zielt die Gegenfrage *in die Hintergründe* der Frage (Metakommunikation):
  »Warum fragen Sie mich das?« – »Wer behauptet so etwas?« – »Sollten wir nicht offen zueinander sein?«

## 12. Hervorhebung oder Strukturierung durch rhetorische Frage

- Die Antwort soll sich von selbst verstehen oder wird vom Redner gegeben:
  »Muss man so etwas hinnehmen?« (Natürlich nicht!)
  »Wie ist das nun zu verstehen?«
  »Welche Folgerungen sind daraus zu ziehen?«
- Als *Überleitung* zu einem neuen Gesichtspunkt strukturiert die rhetorische Frage einen Redebeitrag.
  Es heißt: *Wer fragt, der führt,*
  　　　　　*Wer antwortet, der folgt.*

!  **Wichtig:**

Sicher kann man mit wohlüberlegten Fragen Gespräche gut steuern und in der Hand behalten. Aber es empfehlen sich eine gewisse *Vorsicht* und *Sensibilität* bei der Handhabung dieses Instruments. Eine einseitige Frage-Antwort-Konversation, besonders unter ausschließlicher Verwendung der erwähnten geschlossenen Fragen (Seite 138), ist keine echte Kommunikation im Sinne eines symmetrischen Gesprächs. Zu direktes oder gar hartnäckiges Fragen kann selbst bei Verhören zum Scheitern führen. Es gibt auch hier ein »Zunahetreten«!

Sie sollten bei der Führung eines Gespräches Ihre *Fragetechnik stets am Gegenüber orientieren und flexibel reagieren,* Geduld zeigen, dem anderen Zeit lassen, gegebenenfalls nicht zu direkt fragen und vor allem den Gesprächspartner grundsätzlich ernst nehmen.

### 4. Verhalten gegenüber einem Dauer-Fragesteller

In einer Situation hartnäckigen Befragens durch den Gesprächspartner empfiehlt sich
- Konzentration auf Wortwahl, Stimme und körpersprachliche Zeichen, um die Motive des Fragers zu erkennen,
- sich Zeit lassen mit den Antworten,
- das eigentlich mit der Frage Gemeinte eventuell direkt ansprechen. Dazu ein Beispiel:
  *A* fragt: »Kannst du morgen wieder nicht dabeisein?« (Vorwurf, Ärger in der Stimme)
  *B* reagiert: »Braucht ihr mich denn?«
Die Gegenfrage (siehe auch Ziffer 11, Seite 140) zielt auf ein offenes Gespräch darüber, was den Fragesteller wirklich beunruhigt, und kann zu einer dauerhaften Konfliktlösung führen. *Bei offenen oder verdeckten Streitgesprächen* kann übrigens ein derartiges Reagieren, d. h. ein Ansprechen der Hintergründe, dem Reagierenden *taktische*

*Vorteile* bringen. Der Fragesteller fühlt sich durchschaut, wird aus dem Konzept gebracht und gerät durch Unsicherheit ins Hintertreffen. Auch dazu ein Beispiel:

A (missgünstiger und/oder ironischer Unterton):
»Haben Sie sich mit diesem Job nicht zu viel zugemutet, Herr B.?«

B (betont sachlich):
»Ich weiß zufällig, dass Sie sich auch darum beworben hatten und verstehe es, dass Sie sich für geeigneter halten. Aber auch ich halte mich nicht für überfordert. Aber nun zur Sache selbst...«

Mit dieser Wendung übernimmt der Antwortende die Führung des Gesprächs. Er lenkt kurz auf die Sache zurück. Der Partner bzw. Gegner fühlt sich ertappt und gerät in die Defensive.

## 5. Mit Augenmaß widersprechen

Zur rhetorischen Kommunikation jeder Art gehört die Unterschiedlichkeit der Meinungen und Standpunkte und damit auch der Widerspruch. In welcher Form dieser jedoch erfolgt, kann entscheidend sein für den weiteren Fortgang des Gesprächs, der Debatte oder der Verhandlung. Natürlich wird es auch für Sie immer wieder Situationen geben, wo es gerechtfertigt, ja notwendig ist, in aller Entschiedenheit und Härte zu entgegnen und keine Schwäche zu zeigen, weil grundsätzliche Positionen berührt sind oder sich gar Gewissensfragen stellen.

Weit häufiger aber, besonders in Verhandlungen, ist es geboten, flexibler zu reagieren und so zu widersprechen, dass der Partner nicht verstimmt ist und seinerseits gereizt antwortet, so dass der Erfolg des Gespräches gefährdet wird. Es gibt eine Reihe von Möglichkeiten, Widerspruch gleichsam in Watte zu packen. So kann man ihn in **Frageform** kleiden, etwa: »Meinen Sie nicht, dass Sie sich in diesem Punkte irren?« Wirksam können auch **höfliche Einleitungen** sein, wie: »Es tut mir leid, Ihnen hier widersprechen zu müssen.« – »Ich möchte darauf hinweisen, dass...« – »Ohne Ihnen zu nahe treten zu wollen, will ich doch...«

Schließlich ist auch an **Einräumungen** verschiedener Art zu denken, z.B.: »Sie haben auf diesem Gebiet sicher viel Erfahrung, aber...« – »Ich schätze Ihr Urteil in diesen Dingen hoch ein, doch...« – »Ich kann Ihnen in manchem von dem zustimmen, was Sie ausgeführt haben, jedoch...« – »Ohne Ihre Kenntnisse in dieser Frage in Zweifel ziehen zu wollen, möchte ich doch anmerken, dass...« – »Was Sie soeben vorgebracht haben, hat vieles für sich, doch...«

Wenn Sie so oder ähnlich vorgehen, nehmen Sie Ihren Gesprächspartner zunächst für sich ein. Denn wer hört nicht gern Lob oder Anerkennung hinsichtlich seiner Erfahrungen, Fähigkeiten oder Kenntnisse? Der nachfolgende Widerspruch wird dann in aller Regel eher auf fruchtbaren Boden fallen und den anderen positiv stimmen, so dass dieser aufgeschlossener für Ihren Einwand ist.

Eine Variante zu dieser Methode ist die **selbstkritische Einleitung,** wie z.B.:

»Ich habe hier (vielleicht) nicht den nötigen Einblick, aber...«

»Es kann sein, dass ich irre, jedoch meine ich, dass...«

»Ich bin auf diesem Gebiet zwar nur Laie, aber...«

Bescheidenheit dieser Art sollte jedoch ehrlich klingen und nicht Lob provozieren wollen. In kontroversen Gesprächen können solche entschärfende Wendungen vom Meinungsgegner auch gegen Sie ausgelegt werden (»Sie sagen ja selber, dass Sie sich da nicht auskennen!«).

Schließlich gibt es auch noch den **indirekten Widerspruch.** Man macht zu einem Sachverhalt eine provokatorische Bemerkung, um seinem Gesprächspartner weitere, und zwar präzisere, Informationen zu entlocken; die andere Seite gerät in Rechtfertigungszwang.

Sie reden mit einem Anbieter über den Kauf eines Wohnhauses und haben Zweifel, ob die Wohngegend wirklich ruhig genug für Sie ist. Wenn Sie direkt fragen: »Ist das denn eine ruhige Gegend?« wird Ihnen der Verkäufer vielleicht nur mit einem kurzen, allgemeinen »Ja« antworten.

Sagen Sie aber beispielsweise:

»Die Wohnlage hier wird mir wohl zu schaffen machen. Ich muss viel zu Hause am Schreibtisch sitzen, da kann ich Lärm nicht vertragen«; so können Sie eher mit einer differenzierten Antwort rechnen.

Jetzt sagt der Hausverkäufer vielleicht:

»Im Allgemeinen ist es hier recht ruhig. Es gibt fast nur Anlieger-verkehr tagsüber, der Kinderspielplatz ist auch weit genug weg, da hören Sie kaum etwas. Manchmal sind abends die jungen Leute, die das Pub an der Ecke besuchen, ein bisschen laut mit ihren Autos, aber das ist in letzter Zeit schon viel besser geworden.«

# X. Richtig argumentieren

>*»Nicht Sieg sollte der Zweck der Diskussion sein,*
>*sondern Gewinn.«*
>*Joseph Joubert*

Beim Aufbau eines Diskussionsbeitrages hatten wir es beim Mittelteil bereits mit praktischen Beispielen für Argumentation zu tun. Diesem Thema wollen wir uns jetzt eingehender widmen.

Wenn wir in einem Referat oder beim Diskutieren eine Meinung vertreten, dann möchten wir natürlich auch, dass die anderen diese Meinung teilen. Deshalb sind wir bestrebt, unseren Standpunkt möglichst schlüssig darzulegen und mit guten Argumenten solide zu untermauern.

Ganz allgemein gesprochen versteht man unter Argumentation das Bemühen, andere zu bestimmten Einsichten und Bewertungen zu bringen und zu entsprechenden Aktivitäten zu motivieren. Deshalb ist es das Ziel einer jeden Argumentation, zu erreichen, dass die Zuhörer dem zustimmen, was wir ihnen unterbreitet haben. Kurz gesagt: *Wer argumentiert, will überzeugen.* Wie geht das am besten vor sich?

## 1. Drei Schritte zum Ziel: das Grundkonzept

In einer Jugendgruppe wurde das Thema »Gefahren des Alkohols« diskutiert. Dazu sagte Max, ein Teilnehmer, in seinem Beitrag Folgendes:

»Schauen wir uns doch einmal die Realität an: Der Alkohol ist heute eine gesellschaftlich allgemein akzeptierte Droge. Bekannte Leute geben da leider ein schlechtes Beispiel. Politiker lassen sich gern in fröhlicher Runde mit erhobenem Maßkrug fotografieren, die kommen sich dann auch noch ungeheuer populär vor! Und überall stoßen wir auf Werbung für Alkohol, in den Medien wie auf Plakatwänden.

Kein Wunder, wenn besonders Jüngere, also Leute in unserem Alter, sich dazu verleiten lassen. Sie wollen vielleicht auch zeigen, dass sie schon erwachsen sind. Wir wissen alle: Viele bleiben daran hängen. Die täglichen Gläser Bier oder auch härtere Sachen werden bald zur Gewohnheit – und eines Tages können sie es gar nicht mehr lassen, sie sind alkoholsüchtig geworden.

Der Alkoholismus muss besonders bei Jugendlichen rechtzeitig, konsequent und wirksam bekämpft werden. Wir können doch auch Spaß haben und kontaktfreudig sein, ohne zum Aufputschmittel Alkohol zu greifen! Und wir sollten uns unsere Gesundheit nicht schon in jungen Jahren gedankenlos ruinieren.

Zur Eindämmung des Alkoholismus kann man eine Menge tun. Ich meine, es sollte vor allem die Werbung für Alkohol drastisch eingeschränkt werden. Deshalb fordere ich ein Werbeverbot überall da, wo junge Leute zusammenkommen: in Sportstätten, wo es noch immer die Bandenwerbung für Alkohol gibt, aber auch in Jugend- und Kulturzentren. Das wäre sicher eine wirksame Maßnahme zur Verbesserung der Situation.«

Wie hat Max versucht, seine Zuhörer zu überzeugen?

Er hat zunächst die **Situation** beschrieben, wie er sie sieht, und eine Reihe von Fakten genannt, die man kaum bestreiten kann: Alkohol eine allgemein akzeptierte Droge, schlechte Beispiele der Prominenz, Werbung allerorten, die Folgen, besonders für junge Leute.

Dann hat er eine **Zielvorstellung** entwickelt und gesagt, was eigentlich sein sollte oder nicht sein sollte: Lebensfreude ohne das Aufputschmittel Alkohol, Gesundheit soll nicht ruiniert werden.

Schließlich hat er einen **Weg dahin** skizziert und eine Forderung aufgestellt: Werbeverbot für Alkohol überall da, wo sich Jugendliche treffen.

Die Argumentation lässt deutlich **drei Schritte** erkennen, denen wir schon bei der Behandlung der Meinungsrede (siehe Seite 60 f) begegnet sind:

1. Eine bestimmte *Ausgangslage oder -these* wird dargestellt.
   (Zweck: Die »Fakten« sollen grundsätzlich akzeptiert werden)
2. Ein *wünschbarer Zustand* wird als erstrebenswert vor Augen geführt.
   (Zweck: Identifikation mit bestimmten Wertvorstellungen und Zielen beim Zuhörer)

3. Ein *Weg dahin* wird als optimale bzw. einzig mögliche Lösung des Problems aufgezeigt.
(Zweck: Die Maßnahme soll als folgerichtig bzw. zwingend erscheinen)

Dieser dreiteilige Weg kann als das Grundkonzept einer Argumentation bezeichnet werden. Sie sollten es immer vor Augen haben, wenn Sie argumentieren. Wesentlich ist dabei vor allem, dass es Ihnen zunächst gelingt, Zustimmung für die Ausgangslage oder -these zu finden. Denn wer diese schon nicht akzeptiert, der wird auch die darauf folgenden argumentativen Schritte nicht mitgehen, abweichende Zielvorstellungen haben und entsprechend andere Möglichkeiten der Problemlösung sehen.

## 2. Welche Mittel der Argumentation gibt es?

Das hier skizzierte Grundkonzept ist sozusagen die große Linie der Argumentation. Im Einzelnen geht es dabei vor allem immer wieder um einen logisch geordneten Begründungszusammenhang, wobei neben Feststellungen und Behauptungen auch Wunsch- und Wertvorstellungen eine erhebliche Rolle spielen. Sie sehen: auch hier handelt es sich nicht um ein rein rationales Geschehen.
»Wer argumentiert, wendet sich nicht an einzelne Fähigkeiten wie die Vernunft, die Gefühle oder den Willen. *Der Redner wendet sich an den ganzen Menschen*, doch wird die Argumentation je nach der gegebenen Sachlage verschiedene Wirkungen zu erreichen suchen und je nach dem Gegenstand der Rede und der Art der Zuhörerschaft, auf die man einwirken will, jeweils angemessene Methoden einsetzen.« (Chaim Perelman)
Diese jeweils angemessene Methode des Argumentierens zu finden, erfordert in der konkreten Situation neben klaren Zielvorstellungen und Faktenwissen viel Geschick und Fingerspitzengefühl, aber auch Selbstdisziplin und Verantwortungsbewusstsein. Die wichtigsten Mittel einer Argumentation sollen im Folgenden näher untersucht werden.

Lassen wir zunächst wieder die Praxis sprechen. Verschiedene Bürger wurden z. B. befragt, warum sie bei der letzten Wahl die Partei X gewählt haben. Ihre Antworten fielen erwartungsgemäß recht unterschiedlich aus:

- »Wer diese Partei wählt, der kann sicher sein, dass auch in Zukunft soziale Gerechtigkeit bei uns herrscht.«
- »Diese Partei hat immer eine klare Linie gezeigt. Sie hat sich zum Beispiel bei der letzten Steuerdebatte im Parlament deutlich auf die Seite der kleinen Leute gestellt und sich überzeugend für Steuersenkungen ausgesprochen.«
- »Meine Eltern, die sich in der Politik gut auskennen, haben schon diese Partei gewählt. Das ist bei uns sozusagen Tradition.«
- »Ich lebe ja jetzt schon eine ganze Weile und ich habe wie viele andere die Erfahrung gemacht, dass man dieser Partei am ehesten vertrauen kann.«
- »In den anderen Parteien gibt es doch nur Schwätzer und Scharfmacher. Die sind für mich ein echtes Sicherheitsrisiko für unser Land.«

Wie haben die Befragten im Einzelnen argumentiert und damit ihre Entscheidung begründet? Sie haben logische Folgerungen gezogen, mit Beispielen operiert, Autoritäten angeführt, auf langjährige Erfahrungen hingewiesen oder emotional-polemisch reagiert.

In diesen Äußerungen sind bereits alle wesentlichen Argumentationsweisen enthalten. Dazu gehören

- Logik
- Beispiele und Vergleiche
- Hinweise auf Autoritäten
- Anknüpfung an allgemeine Erfahrungen
- Emotionalisierung.

## 1. Logik

Im Geflecht des Argumentierens auf Inhalts- und Beziehungsebene stellt die Logik gleichsam das Grundmuster dar, sie ordnet, verbindet, wägt ab und folgert. In erster Linie handelt es sich dabei um das **Wenn-dann-Denkschema**, das heißt, aus einer angenommenen oder gegebenen Tatsache werden Schlüsse gezogen, es wird auf eine Konsequenz beziehungsweise auf Zwangsläufigkeiten hingewiesen, welche dann zu erwarten oder nicht zu erwarten sind, wenn in bestimmter Weise gehandelt oder nicht gehandelt wird. Dabei muss es sich sprachlich nicht immer um die Wenn-dann-Konstruktion handeln. Entscheidend ist die Herstellung eines logischen Zusammenhanges.

Beispiele: »*Wenn* wir uns zu wenig bewegen, *dann* dürfen wir uns über gesundheitliche Schäden nicht wundern.«

»*Was* gut ist, *das* kostet auch etwas.«

»*Bei* defensiver Fahrweise lassen sich Unfälle leichter vermeiden.«

»*Wer* sich nicht informiert, *der* ist auch nicht urteilsfähig.«

Gern wird dieses Schema auch mit griffigen Vergleichen kombiniert: »Wer Sehnsucht nach Harmonie hat, muss in einen Gesangsverein gehen, nicht in die Politik.« (Norbert Blüm)

Wichtig im Bereich der logischen Argumentation ist auch die **Dialektik**, das Denken in Gegensätzen oder Alternativen (einerseits – andererseits) nach dem Schema: **These – Antithese – Synthese**. Hier werden kontroverse Standpunkte, das Für und Wider, einander gegenübergestellt und dann einer abschließenden Bewertung unterzogen.

Beispiel:

Sind unsichere Menschen schwierigere oder leichtere Geschäftspartner als sichere?

*These* (Ausgangsposition):

»Oft wird die Ansicht vertreten, dass unsichere Menschen schwierigere Geschäftspartner seien, weil sie mehr fürchten, übervorteilt zu werden. Diese Furcht macht sie vorsichtig, misstrauisch und entschlussschwach. Nicht selten kompensieren sie ihre Unsicherheit durch besonders hartnäckiges Auftreten.«

*Antithese* (Gegenposition):

»Dem steht die Auffassung entgegen, unsichere Menschen seien leichtere Geschäftspartner, weil ihnen meist klare Vorstellungen und

Zielsetzungen fehlen und weil sie psychisch labil sind. Dadurch lassen sie sich eher etwas vormachen und zum Kaufentschluss überreden.«

*Synthese* (abschließende Bewertung):

»Ich meine, beides kann richtig und falsch sein. Was jeweils stimmt, hängt entscheidend von psychologischen und taktischen Faktoren ab, vor allem davon, woher die Unsicherheit kommt und ob es dem anderen gelingt, seine Vertrauenswürdigkeit glaubhaft zu machen.«

Zu den logischen Argumentationsmustern gehört ferner das **Folgern vom Allgemeinen zum Besondern** (deduktiver Weg) und umgekehrt **vom Besonderen auf das Allgemeine** (induktiver Weg). Das Allgemeine bedeutet hier das Grundsätzliche, allgemein Gültige; unter dem Besonderen verstehen wir hier das konkrete Einzelne, wie es auch im Beispiel zutage tritt.

*Deduktive Argumentation:*

- »Unsere Demokratie lebt vom Engagement und vom Verantwortungsbewusstsein der Bürger.«
  (allgemeiner Grundsatz)
- »Daher muss allen Möglichkeiten der politischen Bildung unser verstärktes Augenmerk gelten, wobei besonders an den Schulunterricht zu denken ist.«
  (Folgerung auf Konkretes, Einzelnes)

*Induktive Argumentation:*

- Täglich erreichen uns Alarmmeldungen über schwere Waldschäden infolge chemischer Schadstoffe. Im Land Baden-Württemberg sind bereits fast alle Tannen krank. In anderen Gebieten Deutschlands sieht es kaum besser aus...«
  (Konkretes, Einzelnes)
- »Was wir brauchen, ist ein umfassendes Sofortprogramm zur Erhaltung unserer Wälder.«
  (Folgerung auf Grundsätzliches, Allgemeines)

Auf den im Abschnitt »Diskutieren« schon angesprochenen *Fünf-satz-Aufbau* eines Diskussionsbeitrages (vgl. Seite 134) übertragen, könnte eine logische Argumentation etwa folgende Wege gehen:

---

Übersicht:
**Verschiedene Wege einer logischen Argumentation**

*I. Wenn-dann-Schema:*
1. (Einstieg) Ich finde Ihren Beitrag beachtenswert ...
2. (Arg. 1) Wenn wir ..., dann ...
3. (Arg. 2) Das bedeutet auch, dass ...
4. (Arg. 3) Damit können wir zugleich ...
5. (Zwecksatz) Deshalb fordere auch ich, dass ...

*II. Dialektik:*
1. (Einstieg) Das Problem muss man von verschiedenen Seiten betrachten ...
2. (Arg. 1) Einerseits muss man bedenken, dass ...
3. (Arg. 2) Zum anderen jedoch ...
4. (Arg. 3) Wägt man beides gegeneinander ab, dann ...
5. (Zwecksatz) Aus diesem Grunde schlage ich vor ...

*III. Deduktion:*
1. (Einstieg) Ich kann Ihrer Meinung nicht zustimmen ...
2. (Arg. 1) Grundsätzlich muss doch weiter gelten, dass ...
3. (Arg. 2) Infolgedessen sollten wir hier ...
4. (Arg. 3) Das hat auch noch den Vorteil, dass ...
5. (Zwecksatz) Daher empfehle ich ...

*IV. Induktion:*
1. (Einstieg) Es wird behauptet, dass ...
2. (Arg. 1) Ich meine, dies geht an den Tatsachen vorbei; denn zum Beispiel ...
3. (Arg. 2) Wir haben auch die Erfahrung gemacht, dass ...
4. (Arg. 3) Unsere Richtlinie sollte nach wie vor sein ...
5. (Zwecksatz) Infolgedessen beantrage ich ...

---

**Kontermöglichkeiten** bei logischer Argumentation sind vor allem in zwei Punkten zu sehen: Zum einen ist kritisch zu prüfen, ob die jeweiligen Voraussetzungen beziehungsweise Behauptungen stimmen, von denen ausgegangen wurde. Zum anderen gilt es zu untersuchen, ob die Schlussfolgerungen zwingend sind, die gezogen wurden.

Beim Satz: »Weil die Presse lügt, sollte man keine Zeitungen mehr lesen«, stimmt beides nicht, weder die Voraussetzung (»die Presse« lügt nicht), noch die Folgerung. Selbst wenn die Behauptung stimmen würde, wäre der Schluss nicht zwingend. Denn es wäre dann eher an kritisches Lesen, Vergleichen und fundiertes Stellungnehmen zu denken, etwa in Form von Leserbriefen, als an den totalen Boykott aller Zeitungen.

In einer Diskussion über die Zukunft der Olympischen Spiele angesichts ihrer zunehmenden Politisierung in Ost und West (Stichwort: Olympiaboykott) argumentierte ein Teilnehmer folgendermaßen: »Wenn wir die Olympischen Spiele abschaffen, dann haben wir wieder den kalten Krieg.«

Ein Meinungsgegner konterte mit den Worten: »Das überzeugt mich überhaupt nicht. Ein erneuter kalter Krieg hätte ganz andere Hintergründe als den Wegfall einer solchen Sportveranstaltung. Und schließlich gibt es außer den Olympischen Spielen auch noch viele andere Begegnungsmöglichkeiten auf sportlichem Gebiet. Man denke zum Beispiel an Ländervergleichskämpfe zwischen Ost und West, an Europa- und Weltmeisterschaften – von Begegnungen auf kulturellem Gebiet ganz zu schweigen.«

## 2. Beispiele und Vergleiche

Mit der obigen Äußerung haben wir uns schon in den jetzt zu behandelnden Argumentationsbereich »Beispiele und Vergleiche« begeben. Wie schon in anderem Zusammenhang erwähnt wurde, dienen diese dazu, einen Standpunkt zu verdeutlichen oder eine These zu untermauern.

So drückte ein Mediziner seine Überzeugung, dass man sich durch

Küssen kaum Aids holen kann, in folgendem Vergleich aus: »Die Wahrscheinlichkeit, beim Küssen Aids zu bekommen, ist so groß wie gleichzeitig vom Blitz und von einem Meteoriten erschlagen zu werden.«

Es wird auch oft auf Erfolge oder Misserfolge in ähnlichen Situationen hingewiesen und dann dazu aufgefordert, in gleicher Weise oder anders zu verfahren, zum Beispiel in folgendem Redebeitrag: »In zahlreichen Städten wurde im letzten Winter der Einsatz von Streusalz auf ein Minimum reduziert. So hat man in Schmalbach nur die Hauptverkehrsstraßen gestreut; in Heimgarten wurde sogar gänzlich auf das umweltschädliche Salz verzichtet. Und stellt euch vor: Es gab trotzdem nicht mehr Unfälle! Die Autofahrer haben ihr Verkehrsverhalten darauf eingestellt. Ich meine, wir sollten jetzt auch einen solchen Versuch unternehmen.«

Für die Überzeugungskraft von Beispiel und Vergleich ist es wichtig, dass diese auch zur aktuellen Problemlage passen und vom Publikum verstanden werden. Vermeiden Sie deshalb Beispiele, die zu weit hergeholt sind und die man nicht ohne weiteres auf die gegenwärtige Situation übertragen kann, und Vergleiche, die, wie der Volksmund sagt, hinken.

Ein häufiger Fehler beim Argumentieren mit Beispiel und Vergleich ist auch, dass dabei zu skizzenhaft vorgegangen wird, oft nur in Andeutungen, so dass die Wirkung auf die Phantasie der Zuhörer zu schwach ist.

Manchmal wird gar nur gesagt: »Ich kenne da zahlreiche Beispiele, die das belegen«, ohne indessen auch nur eines anzuführen.

Weit verbreitet ist auch das *Argumentieren mit hypothetischen Beispielen und Vergleichen* nach dem Schema: »Was wäre, wenn ...«

So berichtete vor einiger Zeit die Presse, dass einer bei einem kirchlichen Sozialwerk auf Probe angestellten Krankengymnastin gekündigt wurde, weil sie aus der betreffenden Glaubensgemeinschaft ausgetreten war. In einem öffentlichen Diskussionsbeitrag wurde unter anderem zu dieser Problematik wie folgt argumentiert:

»Was würde wohl eine Gewerkschaft tun, wenn der neu angestellte Gewerkschaftssekretär oder Bildungsreferent noch vor Arbeitsantritt aus der Gewerkschaft austräte? Was der Bund Naturschutz oder

der Deutsche Alpenverein oder welche Institution auch immer, wenn ein neuer Mitarbeiter auf eine so drastische Weise seine Missachtung eben dieser Institution ausdrücken wollte?«

In politischen Diskussionen kann man manchmal den Vergleich hören: »Eine Firma, die so geführt würde wie diese Regierung (dieser Verband etc.), wäre längst pleite.«

Als am Himmelfahrtstag 1987 der 19jährige Deutsche Mathias Rust auf dem Roten Platz in Moskau mit einem Sportflugzeug gelandet war und dieses Ereignis in Ost und West lebhaft diskutiert wurde, bemerkte ein sowjetischer Kommentator, man solle sich einmal vorstellen, ein Sportflugzeug mit sowjetischem Kennzeichen sei auf dem Rasen des Weißen Hauses in Washington gelandet.

Auch der beliebte Hinweis: »Wenn das jeder täte...« gehört in den Zusammenhang des hypothetischen Beispiels oder Vergleichs, wobei hier besonders die Nähe zur logischen Argumentation deutlich wird. Denn der so Argumentierende pflegt dann bekanntlich auf (oft drastisch übertriebene) Folgen aufmerksam zu machen, die ein bestimmtes Verhalten nach sich ziehen würde, etwa mir der Floskel: »Die Folgen wären nicht auszudenken.«

Zusammenfassend kann gesagt werden, dass geschickt gewählte und plastisch vorgebrachte Beispiele und Vergleiche meist mehr bewegen können als abstrakte Ableitungen. Geschickt gewählt ist ein Beispiel besonders dann, wenn es unbestreitbar für viele steht, also nicht als seltene Ausnahme abgetan werden kann. Stets sollten Sie aber versuchen, Ihre Beispiele in rationale Zusammenhänge einzubinden, das heißt vor allem, Folgerungen daraus zu ziehen: »Dieses Beispiel zeigt, dass man sehr wohl etwas gegen diesen Missstand tun kann.« In der Regel werden solche Folgerungen überzeugender ausfallen, wenn sie sich nicht nur auf ein einziges Beispiel oder einen einzigen Vergleich stützen, sondern auf mehrere.

Die **Kontermöglichkeit** bei dieser Argumentationsweise besteht natürlich darin, dass Sie das angeführte Beispiel und seine Beweiskraft in Frage stellen.

Versuchen Sie nachzuweisen, dass es zur gegebenen Lage gar nicht passt, dass es völlig untypisch ist und deshalb nicht verallgemeinert werden kann, beziehungsweise die dargelegten Folgerungen nicht gezogen werden können. Vielleicht steht Ihnen gar ein gutes Gegenbeispiel zu Verfügung!

Vergleiche können Sie aus den Angeln heben, wenn Ihnen der Nachweis glückt, dass Nichtvergleichbares auf eine Stufe gestellt worden ist, dass sozusagen Kühe mit Pferden verglichen oder Äpfel und Birnen durcheinander gebracht worden sind.

Untersuchen Sie daraufhin die obige Argumentation zur Kündigung der Krankengymnastin. Was ist hier vergleichbar, was nicht?

## 3. Hinweise auf Autoritäten

Wir erinnern uns an die zitierten Äußerungen verschiedener Bürger, warum sie die Partei X gewählt haben. Da sagte ein Befragter, seine Eltern, die sich in der Politik gut auskennen, hätten schon diese Partei gewählt.

Die Eltern werden hier als Argument benutzt, um einen Standpunkt zu untermauern. »Sie kennen sich aus, sie sind deshalb glaubwürdig, man kann sich auf ihr Urteil stützen – und das müsste auch andere überzeugen«, ist etwa die Überlegung, die hinter dieser Argumentation steht. Die Eltern sind hier Autoritäten.

Unter diesem Begriff versteht man allgemein Personen, aber auch Institutionen oder Wertvorstellungen, denen wir Glauben schenken bzw. die wir für wichtig halten. Wir sind ihnen innerlich verbunden oder messen ihnen eine besondere Bedeutung auch in der allgemeinen Einschätzung zu.

Zu den personalen Autoritäten gehören z.B. kirchliche Würdenträger, Repräsentanten des politischen Lebens, Vorgesetzte, Wissenschaftler und andere Experten, Künstler oder Lehrer. Sachautoritäten können etwa bestimmte Veröffentlichungen, wissenschaftliche Erkenntnisse, statistische Ergebnisse (Mehrheitsmeinungen!), ethische Werte und Traditionen sein, auch die Familientradition im oben angeführten Beispiel.

Wer mit Autoritäten argumentiert, bedient sich ihrer als Schützenhilfe, oft in der Form des wörtlichen oder sinngemäßen Zitats, nicht selten aber auch, indem er ganz allgemein auf sie hinweist, zum Beispiel:

»Die Wissenschaft hat erkannt ...«
»Es ist bei uns Brauch, dass ...«
»Der gesunde Menschenverstand sagt uns, dass ...«
»Die Fachleute stimmen darin überein, dass ...«
»Man hat statistisch erhoben, dass ...«
»Die Mehrheit der Bevölkerung lehnt dies ab, ist beunruhigt ...«
»Der Wählerauftrag lautet doch ...«

Übrigens können Sie sich auch selber als Autorität argumentativ einbringen, und das mit viel Erfolg. Dafür bietet der Alltag zahlreiche Beispiele:

- Eine Mutter von fünf kleinen Kindern beklagt auf einer Bürgerversammlung das Fehlen von genügend Spielmöglichkeiten für Kinder in ihrem Stadtteil. Sie sagt dazu unter anderem: »Ich habe selbst fünf noch minderjährige Kinder und weiß also, wovon ich rede.«
- Ein Arbeiter argumentiert gegen die anstrengende Schichtarbeit im Betrieb und beginnt mit der Bemerkung: »Ich bin seit fünfzehn Jahren Schichtarbeiter und kann ein Lied davon singen.«
- Ein Stadtrat beantragt in einer Sitzung die Beseitigung einer gefährlichen Straßenkreuzung und hebt hervor: »Ich muss seit vielen Jahren auf meinem Weg zur Arbeit täglich mehrmals diese Kreuzung überqueren und kenne mich hier deshalb genau aus.«

Wollen Sie auf Autoritäten hinweisen, um damit Ihre Zuhörer zu überzeugen, so werden Sie vor allem zu überlegen haben, ob die jeweilige Autorität auch vom Publikum als eine solche akzeptiert wird. Auf Atheisten wird beispielsweise ein Papstzitat kaum Eindruck machen, und der Hinweis auf eine bestimmte Tradition dürfte vor entschieden progressiv eingestellten Zuhörern nicht gerade offene Ohren finden – es sei denn, man verwendet beides ironisch oder in kritischer Absicht. So gehört es, besonders in der politischen Diskussion, zur weitverbreiteten – und manchmal sehr wirksamen –

Praxis, den Gegner sozusagen mit dessen eigenen Waffen zu schlagen. Man nennt das auch **Retourkutsche.**
Dazu zwei Beispiele:

- In der Bundestagsdebatte »Zur Lage der Nation« im September 1982, also noch vor dem Regierungswechsel in Bonn, forderte der Sprecher der SPD-Fraktion die FDP auf, um der außenpolitischen Reputation der Bundesrepublik willen Zweifel an der Handlungsfähigkeit der Regierung auszuräumen, worauf der FDP-Sprecher darauf hinwies, dass dieser Vorwurf auf die SPD selbst zurückfalle. Denn das sozialdemokratische Blatt »Vorwärts« vom gleichen Tage habe über Außenminister Genscher geschrieben, dieser sei weder ein guter noch ein schlechter Außenminister, er sei ein »Nicht-Außenminister«.

- Im Oktober 1982 wehrte sich die Union gegen Warnungen vor einem »totalen CDU-Staat«, die von gewerkschaftlicher Seite erhoben worden waren. Daraufhin erklärte ein Repräsentant der SPD, wenn sich die Union darüber errege, müsse man daran erinnern, wie lange die CDU vom »totalen Gewerkschaftsstaat« gesprochen habe.

Die Methode, den Gegner mit dessen eigenen Waffen (sprich Autoritäten) zu schlagen, stellt eine wirksame **Kontermöglichkeit** dar. Der Ansatzpunkt der Kritik wird im Übrigen immer wieder der sein, dass man die Verbindlichkeit einer Aussage bezweifelt. Vielleicht kann man von der gleichen Person oder Quelle sogar Entgegengesetztes anführen, das heißt, auf Widersprüche hinweisen.
Schließlich lässt sich oft auch die Autorität, auf die sich jemand bezieht, grundsätzlich in Frage stellen; bei Personen, indem man zum Beispiel auf frühere Irrtümer, Fehlentscheidungen oder Interessenkonflikte hinweist; bei Sachautoritäten, wenn sich etwa falsche Fragestellungen, veraltetes Material oder Fehler im Detail nachweisen lassen.

## 4. Anknüpfung an allgemeine Erfahrungen

»Ja, so ist das eben: Die Kleinen hängt man, die Großen lässt man laufen«, sagte mir neulich jemand, nachdem wieder einmal ein Prominentenprozess recht glimpflich für die Angeklagten ausgegangen war.

»Ja, so ist das eben« – eine allgemeine Erfahrung, eine feststehende, unumstößliche Tatsache, eine Wahrheit, gegen die sich nichts einwenden lässt?

Wer so argumentiert, findet oft Zustimmung. Denn was jedermann erlebt hat oder erleben kann, was gar zum Erfahrungsschatz der gesamten Menschheit gehört, muss folglich auch jeder akzeptieren. Das etwa ist die Überlegung, die hinter dieser Argumentation steht. Konkret wird hier so vorgegangen, dass der eigene Standpunkt mit Sprichwörtern, Gemeinplätzen und Wendungen wie:

»Wie man weiß...«

»Wie jedermann schon erfahren hat...«

»Wir haben es doch erlebt...«

abgestützt wird.

Charakteristisch ist dabei die Unterstellung, dass diese Erfahrungen für jeden, überall und für alle Zeiten verbindlich seien. Wer also beispielsweise das Sprichwort »Viele Köche verderben den Brei« anführt, um damit gegen die Arbeit im Team zu argumentieren, gibt den bekannten Satz als allgemein gültige Weisheit aus, vielleicht sogar mit dem Zusatz: »Das wird wohl niemand bezweifeln.«

Zugegeben: Diese Art des Argumentierens hat manchmal etwas Bestechendes. Denn es gibt ja in der Tat einen umfangreichen gemeinsamen Erfahrungsschatz. Und wer hier geschickt anknüpfen kann, darf in ungezählten Fällen mit Beifall rechnen. Doch ist auch hier Vorsicht am Platze. Wenn die Verallgemeinerung zum Prinzip ernannt wird, dann kann eine solche Argumentation eben auch leicht aus den Angeln gehoben werden.

Der Appell an unsere Lebenserfahrung geht oft deshalb ins Leere, weil der Zuhörer aufgrund eigener abweichender Erfahrungen und Einsichten zu anderen Schlussfolgerungen gelangt ist, also die Verbindlichkeit eines solchen Satzes in Abrede stellt. Daraus ergibt sich auch als **Kontermöglichkeit**: Halten Sie gegenteilige Erfahrungen entgegen!

Manchmal werden auch »die Großen gehängt«, Lügen haben keineswegs immer kurze Beine; ob Morgenstund Gold im Mund hat, hängt vom individuellen Biorhythmus ab; und unrecht Gut gedeiht mitunter gar nicht schlecht.

Dem Gemeinplatz »Viele Köche verderben den Brei« etwa kann man Goethes Ausspruch entgegenhalten: »Wie fruchtbar ist der kleinste Kreis, wenn man ihn wohl zu pflegen weiß.«

Bei Volksweisheiten und Sprichwörtern lassen sich oft auch solche finden, die genau das Gegenteil ausdrücken, womit die Allgemeingültigkeit klar widerlegt werden kann, z.B.: »Gegensätze ziehen sich an« und »Gleich und gleich gesellt sich gern«. Oder: »Kommt Zeit, kommt Rat«, jedoch »Was du heute kannst besorgen, das verschiebe nicht auf morgen.«

## 5. Emotionalisierung

In einer Vereinsversammlung wird eine Meinungsverschiedenheit ausgetragen. Sie hält sich zwar verbal im Rahmen, ist aber doch mit dem Harmoniebedürfnis einiger Mitglieder nicht vereinbar. Schließlich meldet sich jemand zu Wort und sagt:

»Liebe Freunde, hört doch endlich auf mit dieser masochistischen Lust an der Selbstzerfleischung. Dieser Dschungelkrieg führt den Verein garantiert in den Abgrund. Wir müssen wie ein Mann hinter unserem ersten Vorsitzenden stehen, nur dann können wir zu neuen, sonnigen Ufern aufbrechen!«

Wie wird hier argumentiert? Es ist der Versuch, durch bestimmte Ausdrücke und Wendungen die Zuhörer vor allem emotional zu beeinflussen. Man spricht hier auch von **Triebappell**.

Wie bereits dargelegt, wendet sich, wer argumentiert, immer an den ganzen Menschen. Schon Schlussfolgerungen, Beispiele, Vergleiche sowie der Hinweis auf Autoritäten und die Anknüpfung an Lebenserfahrungen mobilisieren auf unterschiedliche Weise, je nach Wortwahl und Argumentationszusammenhang, auch Gefühl und Phantasie.

Beim Triebappell jedoch steht die Absicht der Emotionalisierung ganz im Vordergrund, ist sie das bestimmende Element, in dessen Dienst auch die Logik gestellt wird – wodurch sie oft zur Scheinlogik absinkt.

Hier werden mitunter Vorurteile wachgerufen, uneingestandene Wünsche angesprochen, Unterstellungen in zugespitzter Form vorgebracht – und als Wahrheiten »verkauft«.

Ein typisches Beispiel dafür ist der folgende Satz aus einer Wahlkampfrede der späten siebziger Jahre: »Die Terroristen werden geschont, und die Rentner werden geschröpft.«

Das nennt man bekanntlich **Polemik**, von griechisch »polemos«: Krieg. Man versteht heute landläufig darunter die Herabsetzung des Gegners in der Absicht, ihn persönlich oder die zugehörige soziale Gruppe an den Pranger zu stellen und zu verletzen oder gar lächerlich zu machen.

Als Mittel dazu dient nicht zuletzt das **Reizwort**, im Beispiel oben »Terrorist«, damals hochaktuell.

Reizwörter sind emotionsgeladene, griffige Ausdrucksformen, mit denen Sachverhalte oder Handlungsweisen pointiert, meist polemisch bewertet werden. Sie sollen treffen, das heißt vor allem, unter die Haut gehen und Stimmungen erzeugen, aus denen sich Vorteile ziehen lassen.

Im Unterschied zum nah verwandten Schlagwort, das man mit einer abgegriffenen Münze vergleichen kann und welches sozusagen das Wechselgeld in der öffentlichen Diskussion darstellt, hat das Reizwort noch Brisanz, freilich oft nur auf Zeit. Denn viele Reizwörter kommen und gehen mit den Stimmungen oder Vorkommnissen, die sie erzeugt haben oder denen sie entwachsen sind. Die Aktualität ist ein charakteristisches Merkmal des Reizwortes.

So war das Wort »Spalterflagge« für die Fahne der DDR – die Älteren werden sich erinnern – in den fünfziger Jahren ein Reizwort in der öffentlichen Deutschlanddiskussion. Heute wird es kaum noch verwendet.

Später tauchten »Konsumterror« und »Staatsbankrott« als Reizwörter auf und in der Gesamtschuldiskussion fiel unter anderem der Ausdruck »Billigabitur«. Besonders in Wahlkämpfen sprießen sie wie Pilze aus dem Boden. Im Bundestagswahlkampf 1987 war vom »rot-grünen Chaos« die Rede, oder vom »Abbau des Sozialstaates«. Jede Kampagne hat »ihre« Reizwörter, um die sich dann meist die Auseinandersetzung kristalliert.

Ein anderes Beispiel zeigt, dass Reizwörter auch gebündelt, sozusagen als »geballte Ladung«, verwendet werden. So wurden die Grünen z.B. als »öko-marxistische Radikal-Opposition« bezeichnet. Man kann vermuten, dass dem betreffenden Politiker diese Prägung nicht spontan eingefallen ist. Sie verrät Kalkül. Denn jeder Einzelausdruck ist hier negativ besetzt. Dementsprechend fiel auch die Gegenreaktion im politischen Schlagabtausch aus. Es gibt übrigens auch positive Reizwörter wie Chancengleichheit, nationale Identität, Arbeitsfrieden oder die im Wahlkampf des Jahres 1983 vielzitierte »Wende« der Konservativen. Die Nähe zum Schlagwort wird hier besonders deutlich.

Beim Triebappell stellt sich natürlich die Frage nach der Grenze des Erlaubten. Hierzu muss bemerkt werden, dass man oft nur unter Berücksichtigung aller Umstände sagen kann, was noch vertretbar ist und wo die Grenze der Fairness überschritten wurde. Vom Argumentieren zum Agitieren und Manipulieren bis hin zur Demagogie, wie wir sie besonders krass aus dem »Dritten Reich« kennen, wie sie aber auch heute in vielen und keineswegs immer subtileren Formen auftritt, gibt es fließende Übergänge.

Ein Grund für alle Demokraten zu besonderer Wachsamkeit. Dessen ungeachtet stellen natürlich Schwarz-Weiß-Malerei, Übertreiben, Verharmlosen und Verallgemeinern nicht schon von Haus aus unerlaubte Mittel der Auseinandersetzung mit Meinungsgegnern dar. Der irische Dichter George Bernard Shaw, der sich bekanntlich auch als politischer Redner betätigt hat, meint: »Einen Standpunkt mit verblüffender Übertreibung vorzutragen, ist immer notwendig, damit die Leute die Köpfe recken und zuhören, und damit sie so erschrecken, dass sie handeln.« Demagogie?

Zu fragen ist schließlich auch, für welchen Zweck diese Methoden eingesetzt werden. Auch wenn man dem Grundsatz »Der Zweck heiligt die Mittel« nicht zustimmen kann, wird man einräumen müssen, dass doch ein erheblicher Unterschied besteht, ob beispielsweise ein Redner einmal in berechtigter Empörung über die Stränge schlägt, oder ob Joseph Goebbels, Hitlers Chefagitator, mit eiskalt berechneter Demagogie die Massen für den »totalen Krieg« mobilisiert (damals ein positives Reizwort!).

Die Art, wie und wofür jemand argumentiert, enthüllt auch seinen Charakter – aber eben nur dem, der sich nicht emotionalisieren lässt, seine Sinne wach hält und das Manöver durchschaut.

Aus dieser Einsicht ergeben sich zugleich die wichtigsten **Kontermöglichkeiten**, wenn mittels Triebappell argumentiert wird.

Sie sollten vor allem versuchen, die Methode zu entlarven, entschieden und kraftvoll dagegen auftreten. Wenn die Glaubwürdigkeit des Gegners erschüttert ist, sollten Sie mit Sachargumenten erwidern, womit Sie Ihre eigene Redlichkeit besonders unter Beweis stellen. Dazu gehören oft Mut und Selbstbeherrschung. Mut, weil Stimmungsmache einschüchtern oder zur Resignation, zum Aufgeben verleiten kann; Selbstbeherrschung deshalb, weil man, wenn von anderen allzu emotional argumentiert wird, leicht auch selber in dieses Fahrwasser gerät und glaubt, mit gleicher Münze heimzahlen zu müssen. In diesem Clinch sagt man dann möglicherweise Unbedachtes und schwächt so die eigene Position.

Dass indessen auch diese Methode, von einem Routinier »cool« angewandt, recht wirksam sein kann, zeigt das folgende Beispiel (entnommen der Zeitschrift »Sozialdemokrat Magazin« 1/85): »Wolfgang Clement, 44, Sprecher des SPD-Parteivorstands, bescheinigte dem CDU-Generalsekretär Heiner Geißler die ›Fähigkeit zur bildkräftigen politischen Analyse‹. Als neuesten Beleg betrachtet Clement den Geißler-Ausspruch: ›Alle 14 Tage treiben die Grünen eine andere Sau durchs Dorf, und die SPD hockt sich drauf‹. Bei der Union allerdings, merkte der SPD-Sprecher an, ›da jagt der Generalsekretär alle 14 Tage selbst durchs Dorf‹.« Hier wurde, wie der Volksmund sagt, »auf einen Schelm anderthalbe« gesetzt.

Übrigens ist manchmal auch Schweigen die richtige Reaktion. Dazu Arthur Schopenhauer: »Gewissen Menschen gegenüber kann man seine Intelligenz nur auf eine Art beweisen, nämlich indem man nicht mit ihnen redet.«

Schlagen erst einmal die Wogen der Erregung und der dummdreisten Polemik übereinander, dann kann auch jedes noch so besonnene Wort in den Wind gesprochen sein. Oft lohnt sich die hier aufzubringende Geduld, und es entsteht rasch wieder eine Stimmungslage, bei der es wieder Sinn hat, mit rhetorischen Mitteln und vernünftigen Argumenten in die Arena der Auseinandersetzung zu treten.

---

**Zusammenfassung:**
**Mittel der Argumentation**

Wer argumentiert, will überzeugen.

| *Grundkonzept:* | 1. Ausgangslage |
| | 2. wünschbarer Zustand |
| | 3. Weg dahin |

| *Mittel:* | Logik |
| | Beispiele, Vergleiche |
| | Autoritäten |
| | allgemeine Erfahrungen |
| | Emotionalisierung |

---

### 3. Ein »Spiegel«-Gespräch als Beispiel

Textauszüge aus einem »Spiegel«-Gespräch mit dem Verkehrsrichter Hans Kindermann über die Anschnallpflicht (35/82):

*K: Ab 1. November soll jeder Autofahrer*      Kernproblem
*20 Mark Bußgeld bezahlen, wenn er sich*
*nicht angeschnallt hat ...*

S:   ... und ausgerechnet der langjährige Ver-          Autorität
     kehrsrichter Kindermann zieht mit starken          (Paradoxie)
     Worten in einem Leserbrief dagegen vom
     Leder...

K:   ... Dass der Gurt in breiter Form positive         Einräumung
     Auswirkungen hat, ist unbestritten. Ich habe       Richtigstellung
     nie gesagt, der Gurt taugt nichts. Ich habe
     immer betont, daß ich mich nur gegen die           Erläuterung der
     Anschnallpflicht wende. Mir geht es um die         Problemfrage
     Frage: Darf es der Gesetzgeber verantwor-
     ten – in Kenntnis darüber,
     daß es Unfallabläufe gibt, wo sich der Gurt
     verhängnisvoll auswirkt –, den Leuten eine
     Verpflichtung aufzuerlegen, die auch zu ih-
     rem Schaden führen kann.
     ... Da sind zum Beispiel diese Seitenun-
     fälle. Erst kürzlich hatte ich einen vor mei-        Beispiele
     ner Strafkammer. Ein junger Mann war zu
     Tode gekommen, weil ihm der ganze Un-
     terkörper zerquetscht worden ist... Jetzt           Reizwort
     nach dieser Kampagne gegen mich kriege              (»Triebappell«)
     ich bündelweise Post – übrigens zu 95%              Autorität
     Zustimmung... (Es folgen Zitate aus die-            (Zahlenverhältnis)
     sen Briefen mit Unfallbeispielen.)

S:   Der ADAC hat Ihnen jetzt die Gegenrech-
     nung aufgemacht: Wenn 1981 etwa 85%                 Autorität
     der Autofahrer angeschnallt gewesen wären,          (Statistik)
     hätte es im letzten Jahr 2800 Tote weniger
     gegeben. Sie sagen, es sei pure Demagogie,          Reizwort
     davon zu sprechen, daß der Gurt in viel
     mehr Fällen hilft als schadet – Demagogie?

K:   Das war etwas überspitzt ausgedrückt. Ge-          Einräumung
     meint ist folgendes: Weder in den Statistiken
     noch in den meisten Medien wird klarge-
     stellt, daß es neben dem erheblichen Teil           Lebenserfahrung
     von Unfällen, bei denen der Gurt eine posi-         gegen Statistik

*tive Wirkung hat, und jenen Fällen, wo er*
*schadet, auch noch eine Vielzahl von Un-*
*fällen gibt, wo er nicht hilft. Und in keiner*
*Statistik tauchen Unfälle auf, bei denen nur*
*deshalb nichts oder nicht viel passiert ist,*
*weil der Betreffende eben nicht angeschnallt*
*war. Mit Statistik kann man auch viel ver-*    Logik
*schleiern. Dadurch werden viele Leute ver-*    (Folgen, Gefahren)
*führt, sich im Bewußtsein anzuschnallen,*
*jetzt kann mir nichts mehr passieren.*
*Dann fahren sie leichtsinniger und gefähr-*
*den sich und andere...*

S: *Wenn prominente Fachleute wie Sie öffent-*    Logik – Autorität
*lich gegen den Gurt als Allheilmittel polemi-*   Reizwort
*sieren, kann das zur Folge haben, daß sich*
*künftig noch weniger Leute anschnallen als*
*bisher schon und die Zahl der tödlichen*
*Unfälle zunimmt...*

K: *Wenn man jetzt die Anschnallpflicht nötig*
*hat, ist das doch ein Beweis dafür, daß man*    Logik
*die Leute nicht überzeugen kann.*

S: *Sie haben geschrieben, mit der Anschnall-*
*pflicht werde »die Todesstrafe hintenherum*    Reizwort
*wieder eingeführt«.*

K: *In den Fällen, wo sich der Betroffene zum*
*Anschnallen verpflichtet fühlt und dann in*
*einen Unfall verwickelt wird, der wegen des*    Logik
*Gurtes seinen Tod herbeiführt, ist die An-*
*schnallpflicht für mich eine Art Todesurteil.*   Abschwächung
*Hat man denn diesen Leuten gegenüber*
*kein Gewissen? Wer will denn da die An-*    Autorität
*schnallpflicht verantworten?*    (moralische Werte)

S: *Danner hält Ihnen entgegen, Sie selber wür-*
*den zum Mörder, wenn Sie Autofahrer*    Reizwort
*dazu verleiten, den Gurt nicht anzulegen*
*und die verunglückten dann tödlich.*

K: *Ach, Herr Danner ist doch auch Direktor bei der Allianz. Wenn man so von Interessentenkreisen abhängt, sollte man sich mehr zurückhalten…*   — Autorität in Frage gestellt (Interessenkonflikt) / Moralischer Appell

*Wer sich aufs erste Eis wagt und dabei ertrinkt, oder wer vom Baum fällt und sich Beine und Genick bricht, darf das schließlich auch auf eigenes Risiko tun, und kein Gesetz verbietet es ihm. Rauchen wird auch nicht mit Bußgeld verfolgt, obwohl es in vielen Fällen zum Lungenkrebs führt.*   — Vergleiche

S: *Die Folgen solcher Unfälle trägt doch die Allgemeinheit.*   — Logik

K: *Gefährdet wird niemand anders. Die Folgeentscheidungen haben mit der Anschnallpflicht nichts zu tun. Wer sich anschnallt und durch den Gurt zu Tode kommt, für den entstehen ja ähnliche Aufwendungen.*   — Gegenlogik (Zusammenhang geleugnet)

S: *Aber bei den wenigen Fällen geht es nicht um so hohe Summen.*

K: *Wenn man sagt, die Anschnallpflicht kostet uns weniger, weil die Gefahr, daß wir für Gurtopfer zahlen müssen, wesentlich geringer ist, dann setzt man Kapital gegen Leben…*   — Logik in Verknüpfung mit ethischer Argumentation / Reizwort

S: *Was schlagen Sie vor?*

K: *Wenn auch nur in einem einzigen Fall die Gefahr besteht, daß ein Mensch sein Leben durch die Anschnallpflicht verliert, dürfte es im liberalen Rechtsstaat eine Anschnallpflicht nie geben…*   — Logik / Autorität (staatspolitischer Wert)

---

Dieses »Spiegel-Gespräch« zeigt, wie gut es routinierte Diskutierer verstehen, gleichsam alle Register der Argumentation zu ziehen. Mit zunehmender Übung ist jeder dazu in der Lage.

## 4. Übungen zu Kapitel X
(Lösungen s. S. 260 ff)

A. Argumentieren Sie zu folgenden Themen nach den
   Möglichkeiten des Fünfsatz-Aufbaus in jeweils knappen
   Sätzen:

1. Wenn-dann-Schema: Tempolimit auf Autobahnen?
2. Dialektik: Soll im Winter Salz gestreut werden?
3. Deduktion: Arbeit auch an Wochenenden?
4. Induktion: Flexibler Ladenschluss?

B. Welche Kontermöglichkeiten sehen Sie bei folgenden
   Argumentationen? Erwidern Sie mit kurzen
   Diskussionsbeiträgen.

## 1. Logik:
a) Ein Missbrauch dieser Daten ist unmöglich, weil das ja verboten ist.

b) Nachdem bei uns alles gesetzlich geregelt ist, kann man auch in diesem Fall die Entscheidung nicht dem Einzelnen überlassen.

c) Wer nicht Parteimitglied wird, der zeigt, dass er kein guter Demokrat ist.

## 2. Beispiel/Vergleich:
a) Dass Aufklärung über Aids gar nichts nützt, beweist die vergebliche Kampagne gegen das Rauchen.

b) Ich bin gegen Frauen in der Bundeswehr. Können Sie sich zum Beispiel eine Frau in einem schweren Panzer vorstellen?

c) »Würden Sie, wenn Ihr Nachbar seine Wohnung neu tapeziert, sich verpflichtet fühlen, Ihre Wohnung ebenfalls neu zu tapezieren?« (Kurt Hager, SED-Politbüro-Mitglied zum sowjetischen Reformkurs in den achtziger Jahren.)

**3. Autoritäten:**

a) Dass man bei einer Versammlung höher gestellte Persönlichkeiten im Saal immer eigens und mit dem Titel anreden muss, bevor
man sagt:»Meine Damen und Herren«, das steht doch schon im
alten Knigge.

b) Beethoven würde sich im Grabe umdrehen, wenn er die heutige
Musik hören könnte.

**4. Allgemeine Erfahrungen:**

a) Wir wissen doch alle, dass sich die jungen Leute nicht engagieren
wollen.

b) Diese Aufgabe soll nur einer von uns übernehmen; denn viele
Köche verderben bekanntlich den Brei.

**5. Emotionalisierung:**

a) Nur notorische Raser sind für den Bau einer Autobahn in unserer
Region.

b) Die Studenten glauben, sie müssten noch mehr Bafög bekommen. Aber der Staat ist doch kein Selbstbedienungsladen.

**C. Finden Sie die wichtigsten Argumentationsweisen:**

**1. Wie wird hier argumentiert?**

Das Bonner Wochenblatt »Rheinischer Merkur/Christ und Welt«
äußerte sich zum Thema »*Einführung eines sozialen Pflichtjahres für
Frauen*« wie folgt:

»Gewiss spricht vieles gegen die von der FDP lancierte Idee einer
Wehrpflicht für Frauen. Ungeachtet dessen, dass der Dienst mit der
Waffe sowieso nur unter dem Aspekt zu rechtfertigen ist, er sei zur
Sicherung der Freiheit nötig, möchte man Frauen einfach nicht da
einbezogen sehen.

Aber es spricht eine ganze Menge dafür, Frauen ein soziales Dienstjahr zuzumuten. Zum einen die Gerechtigkeit. Mädchen haben
heute in der Regel vergleichbare Chancen in Schule und Beruf. Weil
die männlichen Jugendlichen aber entweder ihren Dienst mit der

Waffe (. . .) oder aber ihren Zivildienst ableisten (. . .), sind sie erheblich benachteiligt. Zum anderen die soziale Notwendigkeit. Die Menschen werden immer älter, die Gesundheitsdienste werden immer teurer. Das Personal wird als Folge schrumpfender Bevölkerung knapper.

Da ist es angebracht, jenem Teil des Volkes, dem die ungefährdete Existenz durch die (männlichen) Soldaten gesichert wird, eine soziale Fürsorgepflicht aufzuerlegen.

Der Hinweis, dass Frauen ja später durch die Geburt von Kindern andere Pflichten übernähmen, ist nicht mehr stichhaltig. Eine zunehmende Zahl von Frauen hält das Kinderkriegen für eine emanzipationshemmende und karrierebremsende Schikane der Männer und will erst gar keine Babys haben.«

# XI. Im Zwielicht: Argumentative Taktiken

*»Die gefährlichsten Unwahrheiten sind Wahrheiten,*
*mäßig entstellt.«*
G. Ch. Lichtenberg

## 1. Argumentationstaktiken – einige Beispiele

Wer weiß, wie verbreitet die Untugend der Rechthaberei um jeden
Preis im zwischenmenschlichen Bereich ist, wird sich nur wenig
darüber wundern, dass in kontroversen Auseinandersetzungen so oft
mit gezinkten Karten gespielt wird. Es gibt eine reichhaltige Palette
von **Argumentationstaktiken**, von denen ich hier nur die im rhetorischen Alltag besonders häufigen nennen und erläutern möchte.
Nicht alle von ihnen sind zweifelhaft, manche können in bestimmten Situationen durchaus gerechtfertigt sein oder sogar empfohlen
werden. Die Bewertung hängt letztlich vom Einzelfall ab.

### • Ein anderes, ganz abwegiges Extrem wird verneint
Vorwurf:       Ihre Mannschaft hat heute mehr als hart gespielt!
Entgegnung:  Was wollen Sie, unsere Spieler sind schließlich keine
             Betschwestern!
Nach seiner Reise in die DDR im Jahre 1983 sagte F. J. Strauß zu
kritisch fragenden Journalisten: »Ich bin weder in die SED einge-
treten noch habe ich versucht, Herrn Honecker als Leiter der Aus-
landsorganisation der CSU zu gewinnen.«

### • Es wird mit Scheinalternativen gearbeitet
In einer Kontroverse »Leistungssport oder Freizeitsport«: Es ist
besser, junge Leute betreiben Leistungssport, als dass sie in den
Kneipen herumsitzen. (Die Alternative zum Leistungssport ist Freizeitsport und nicht die Kneipe!)

### • Ein Problem wird bagatellisiert
Vorwurf:       Die Ansiedlung dieses Chemie-Konzerns ist gefähr-
             lich für unsere Stadt.
Entgegnung:  Wenn wir unseren Lebensstandard halten wollen,

dann müssen wir auch »gewisse Risiken« in Kauf nehmen.

• **Die Voraussetzung wird geleugnet**

Frage:          Was machen Sie, wenn Sie die Wahl verlieren?

Antwort:        Wir werden die Wahl nicht verlieren, sondern im Gegenteil unseren Stimmanteil noch vergrößern.

Die Vorstellung, wenn wir so weitermachen wie bisher, werden über kurz oder lang die Rohstoffvorräte dieser Erde erschöpft sein, ist so nicht richtig – weil niemand so weitermacht wie bisher. (Internationale Automobilausstellung 1983)

• **Hinweis auf die veränderte Lage oder Zeit**

Wir können uns heutzutage diese Ausgabe nicht mehr leisten, auch wenn wir es wollten.

Die Zeiten haben sich geändert…

• **»Keine Antwort ist auch eine Antwort«**

Frage:          Sehen Sie sich als Opfer einer Intrige aus den eigenen Reihen?

Antwort-Varianten (indirekte Zustimmung):

Das haben Sie gesagt!

Dazu möchte ich mich nicht äußern.

Das würde ich (so) nicht sagen.

• **Der Kern einer Äußerung wird ignoriert oder umgedeutet**

Vorwurf:        Man sagt, Sie seien ein Anhänger des Terrorismus.

Entgegnung:     Ich bin für Gerechtigkeit und Freiheit überall in der Welt. (Ghadhafi, Staatspräsident von Libyen)

Argument:       Die vorhandenen Waffen reichen aus, den Erdball viermal zu zerstören. Es genügt doch, wenn wir das einmal können. Also könnten wir schon mal drei Viertel aller Waffen abschaffen. (Stefan Heym in einer TV-Diskussion)

Entgegnung:     Ich bin der Meinung, dass wir Waffen brauchen, so wie wir auch noch Schlösser an den Haustüren brau-

chen. Vielleicht ist das eines Tages nicht mehr nötig.
(Hauptmann der Bundeswehr)

● **Eine Folge wird übertrieben**
Wer strenge Preisregelungen ablehnt, darf sich nicht wundern, wenn
die Preise allmählich »ins Unendliche« steigen.

● **Durch Gegenfrage wird Zeit gewonnen**

Frage:         Stimmt es, dass Sie sich aus der Politik zurückziehen
               wollen?
Gegenfrage:    Wer sagt denn das?
Variante:      Kritik an der Fragestellung: Die Frage ist falsch ge-
               stellt. Oder: Ich verstehe Ihre Frage nicht.

● **Ein Standpunkt wird nur scheinbar akzeptiert**
Ich bin ja auch für die Förderung des Sports, aber doch nicht in
dieser Höhe!
Wir haben ja viel Sinn für Humor, aber solche Späße gehen doch zu
weit!

● **Ein (unangenehmes) Thema soll vertagt werden**
Ich glaube, es ist hier nicht der Ort, über dieses heikle Thema zu
sprechen.
Die Angelegenheit ist noch nicht spruchreif.

● **Ausweichen ins Unverbindliche**
(»Geordneter Rückzug« als Defensivtaktik)
Ich habe nur einen Stein ins Wasser werfen wollen.
So war das selbstverständlich nicht gemeint.

● **Ein erwarteter Einwand wird vorweggenommen**

Muster:        Sie werden mir entgegenhalten, dass...
               Darauf antworte ich folgendes...
               Manche mögen dies in Zweifel ziehen. Ich bitte aber
               auch zu bedenken, dass...

- **Man beruft sich auf andere (und versteckt sich hinter ihnen)**

Ich verstehe Sie ja durchaus und würde Ihnen gern helfen, aber was glauben Sie, wie die Reaktion der Leute (meiner Partei, der Presse etc.) ausfällt, wenn ich Ihnen hier entgegenkomme!

- **Hinweis auf schlechtere Verhältnisse woanders**

A kritisiert die mangelhafte Schneeräumung an einem bestimmten Wochenende in der Stadt.

B kontert mit der Bemerkung: Das ist doch nicht der Rede wert, was glauben Sie, was es da erst in der Stadt M. für Zustände gegeben hat!

- **Meinungen oder Annahmen werden als Tatsachen ausgegeben**

Es ist doch unbestritten, dass ...
Schauen wir uns doch einmal die harten Fakten an ...
Wer sich da auch nur ein bisschen auskennt, weiß schließlich, dass ...

- **Die Praxis wird gegen die Theorie ausgespielt**

Theoretisch haben Sie vielleicht recht, aber die Praxis sieht bekanntlich (!) ganz anders aus.

- **Der Mangel an eigenen Argumenten wird durch angebliche Großzügigkeit verdeckt**

Ich möchte darauf verzichten (oder gar: muss es mir leider versagen), auf alle Ungereimtheiten einzugehen, die eben vorgetragen wurden, und will statt dessen noch einmal folgendes betonen ...
Es reizt mich sehr, das genau zu zerpflücken, was wir eben mit Staunen vernommen haben, aber das würde wohl zu weit führen. Lassen Sie mich deshalb nur darauf hinweisen, dass ...

- **Vorgegebene Sachkompetenz wird als Trumpf ausgespielt**

Was glauben Sie, was ich darüber schon alles gehört habe! Ich beschäftige mich schließlich schon seit vielen Jahren damit.
Da kenne ich mich aus wie in meiner Westentasche.

- **Angriff auf die Person statt Eingehen auf die Sache**
Ich weiß zwar nicht, was Sie in dieser Zeit getan haben, aber ich habe damals treu meine Pflicht erfüllt. (Verdächtigung)
Die Wahrheitsliebe scheint ja nicht Ihre stärkste Tugend zu sein. Sie wissen doch ganz genau, dass...
(Unterstellung)
Sie reden über dieses Problem wie der Blinde von der Farbe.
Von Leuten wie Ihnen kann man ja nichts anderes erwarten.
(Herabsetzung)
*A:* Wir müssen für die Freiheit der Kunst eintreten, auch wenn uns manchmal etwas nicht gefällt.
*B:* Wenn Sie für jede Ferkelei sind, dann ist das Ihre Sache.
(Sinnentstellung)

- **Vorurteile werden geleugnet und eben dadurch ins Spiel gebracht**
Wir wollen uns (fairerweise) nicht davon beeinflussen lassen, dass der Bewerber X in Turnschuhen und ohne Krawatte erschienen ist.

Zu weiteren Taktiken gehören
- die **Verwirrtechnik**, z.B. die Vermengung von ganz unterschiedlichen Problemen, die nichts miteinander zu tun haben; das Eindecken mit momentan nicht nachprüfbaren Zahlenkolonnen; die Vernebelung durch Fachjargon oder der Versuch, jemanden durch Zwischenrufe, Feixen oder andere Aktionen aus dem Konzept zu bringen;
- der **Themawechsel**, wenn z.B. der Meinungsgegner eine Randbemerkung zum Anlass nimmt, um zum Zwecke der Ablenkung von etwas ganz anderem zu reden (»Nebenkriegsschauplatz«);
- die **falsche Gewichtung**, wenn etwa eine detaillierte Beweisführung als »Kleinkrämerei« abgetan wird (»Es geht uns doch hier um die große Linie«), oder wenn das Gegenteil behauptet wird (»Auf die Details kommt es entscheidend an«);
- die **Besetzung einer gegnerischen Position** »Wir sind die wahre Friedensbewegung.«
»Ich rufe heute alle Chilenen auf, unsere Freiheit zu verteidigen

und jede Saat des Totalitarismus auszulöschen.« (A. Pinochet, ehemaliger chilenischer Diktator)
- die **Umarmungstaktik** »Im Grunde sind wir doch einer Meinung.«
- das **entstellte Zitat,** wenn eine gegnerische Äußerung entweder bewusst falsch oder aus dem Zusammenhang gerissen und damit sinnentstellt wiedergegeben wird.

### 2. Wie Sie darauf reagieren können

Das richtige Reagieren auf solche Methoden kann nicht in eine einfache Rezeptur gefasst werden nach dem Motto »Man nehme...« Denn jede Situation ist menschlich, atmosphärisch und thematisch anders gelagert. Im Grunde gilt hier dasselbe wie beim Kontern gegenüber Emotionalisierungsversuchen, zumal die verschiedenen argumentativen Tricks ja auch überwiegend auf Emotionalisierung hinauslaufen.

Ganz allgemein empfehle ich Ihnen Folgendes: Lassen Sie Ihrem Ärger nicht freien Lauf, sondern halten Sie ihn zurück und richten Sie Ihr Augenmerk auf die »Masche« des Meinungsgegners:
- Wo ist der schwache Punkt seiner Argumentation?
- Welche Absicht steckt hinter seiner Taktik?
- Was will er offensichtlich verdecken?
- Wie ernst ist das alles zu nehmen?
- Wovon will der andere ablenken?
- Wie wirkt seine Äußerung auf Dritte?

Die wirksamste Reaktion wird sich aus dieser Schnelldiagnose folgerichtig ergeben. Sprechen Sie beispielsweise die Taktik direkt an, weisen Sie auf Ungereimtheiten hin und auf die Absicht, die sich hinter einer Bemerkung verbirgt, kennzeichnen Sie versteckte oder offene persönliche Angriffe als solche und bewerten Sie diese knapp, aber das Wesentliche treffend. Bestehen Sie bei ausweichenden Antworten höflich, aber bestimmt darauf, dass auf die Sache eingegangen wird. Verbitten Sie es sich gegebenenfalls, allzu billig »abgespeist« zu werden, fallen Sie aber nicht auch aus der Rolle!

Wenn Sie die »Masche« mit den jeweils gebotenen verbalen Mitteln ins rechte Licht gerückt haben, dann halten Sie Ihren Standpunkt und Ihre Sachargumente mit Nachdruck entgegen, begründen Sie Ihre Meinung sorgfältig.

Oft ist es recht wirksam, wenn man als Einstieg die abwegige und vielleicht auch sehr unüberlegte Bemerkung des anderen wiederholt, eventuell als Frage, ob man denn richtig verstanden habe. Das führt nicht selten dazu, dass der Meinungsgegner verunsichert wird, seine Äußerung abschwächt, oder dass er sich spontan noch weiter vorwagt und sich gerade dadurch zusätzliche Blößen gibt – nicht immer ist der Angriff die beste Verteidigung!

### 3. Vom Umgang mit Zwischenrufern

Wenn Sie z.B. bei einer Vereins- oder Betriebsversammlung referieren bzw. einen Debattenbeitrag liefern, kann es Ihnen passieren, dass Sie durch Zwischenrufe oder auch Zwischenfragen unterbrochen werden. Diese Art der Publikumsreaktion ist nichts Außergewöhnliches in einer Gesellschaft, in der das freie Wort (zum Glück) viel gilt. Manche meinen sogar, Zwischenrufe seien »das Salz in einer Debatte«.

Abgesehen von gezielten Störaktionen, wie sie etwa bei Wahlveranstaltungen mitunter zu beobachten sind, bedeuten solche Äußerungen zunächst einmal, dass man Ihrem Beitrag Interesse entgegenbringt. Zwischenrufe können in der Tat belebend wirken und dem Redenden sogar hochwillkommen sein, ihn beflügeln und auf neue Gedanken bringen.

Inwieweit Sie es allerdings schaffen, so zu reagieren, hängt entscheidend davon ab, wie sattelfest Sie thematisch sind, wie stark Ihre Motivation ist und wie geübt Sie im Reden und in der Auseinandersetzung mit Meinungsgegnern sind. Ein paar Hinweise können Ihnen vielleicht helfen, sich in solchen Situationen richtig zu verhalten.

- **Ruhe bewahren**

Zunächst sollten Sie auch hier vor allem die Nerven behalten, aufmerksam hinhören und sich nicht in die Defensive drängen lassen!

- **Zwischenruf in die Argumentation aufnehmen**

Oft läßt sich der Einwurf in die eigene Argumentation einbauen. Grundsätzlich sollten Sie versuchen, positiv zu reagieren, höflich zu bleiben und sich das Gesagte zunutze zu machen:

– Ich greife Ihren Einwand gern auf und möchte dazu Folgendes sagen...

- **Zwischenruf als Bestätigung aufnehmen**

Vielleicht können Sie auch einen Einwurf als Bestätigung des eben Vorgetragenen bewerten, als Beispiel für einen weit verbreiteten Irrtum oder auch als Anlass, sich noch prägnanter auszudrücken und das Vorgetragene mit anderen Worten zu wiederholen:

– Ihre Bemerkung gibt mir Recht...

– Was Sie sagen, entspricht einem verbreiteten Irrtum, der durch häufige Wiederholung allerdings nicht wahrer wird...

– Vielleicht habe ich mich nicht präzise genug ausgedrückt. Lassen Sie es mich einmal so sagen...

- **Dank äußern**

Manchmal ist auch Dank angebracht, dass auf ein bestimmtes Problem aufmerksam gemacht wurde. Ferner erweist es sich oft als Vorteil, wenn Sie dem anderen zunächst Recht geben, um jedoch anschließend Bedenken im Detail oder hinsichtlich der Schlussfolgerungen zu äußern:

– Ich bedanke mich für diese Bemerkung, denn sie macht ein Problem deutlich, das wir alle ernst nehmen sollten...

– Sie haben sicher recht, wenn Sie meinen, dass..., grundsätzlich muss aber weiterhin gelten, was wir bereits vor zwei Jahren hier beschlossen haben...

● **Antwort verschieben**
Eine andere Möglichkeit des Reagierens ist das Aufschieben der
Antwort:
– Ich komme gern später darauf zurück ...
– Darauf werde ich in anderem Zusammenhang noch zu sprechen
  kommen, bitte haben Sie noch etwas Geduld ...
– Lassen Sie mich bitte meinen Gedanken noch zu Ende führen,
  dann antworte ich Ihnen ...
Dieses Versprechen sollten Sie aber auch einhalten! Bei Unterbre-
chungen in Gesprächsrunden genügt meist die ruhig vorgetragene
Bitte, fortfahren zu dürfen.

● **Mit Schlagfertigkeit reagieren**
Polemischen Zwischenrufern bei öffentlichen Reden werden Sie mit
Schlagfertigkeit in der angemessenen Tonlage am besten begegnen
können, z.B. mit einer ironischen Gegenfrage:
– Fällt Ihnen dazu nichts Besseres ein?
Wenn man die Lacher auf seiner Seite hat, streckt der Störer in aller
Regel bald die Waffen.
Schlagfertigkeit ist bekanntlich nicht jedermanns Sache, wir bewun-
dern sie an manchen Politikern wie dem früheren Bundeskanzler
Helmut Schmidt, der seinerzeit als SPD-Fraktionsvorsitzender den
Spitznamen »Schmidt-Schnauze« trug; das war fast ein Ehrenname.
Aber Schlagfertigkeit ist auch lernbar. Es gehören zu ihr vor allem
Selbstsicherheit, Geistesgegenwart, Ausdrucksgewandtheit, Humor
und auch ein bisschen Kampfgeist.

● **Auf Gegenpolemik verzichten**
Zwischenrufern und Unterbrechern gegenüber am wenigsten zu
empfehlen ist eifernde, überzogene, womöglich auch taktlose Gegenpolemik, mit der man sich meist nur selber unnötigerweise ins
Unrecht setzt. Bemühen Sie sich, immer etwas besonnener zu sein
als Ihre Widersacher!

## ● Unsachliche Zwischenrufe ignorieren

Gänzlich unbeachtet lassen sollten Sie Einwürfe nur dann, wenn diese offensichtlich völlig daneben liegen und eindeutig auch von den anderen Anwesenden so bewertet und in keiner Weise ernst genommen werden. Dann kann ein nachsichtiges, aber nicht überhebliches Lächeln die wirksamste Reaktion sein.

Im Übrigen gibt es bei öffentlichen Veranstaltungen, wie z. B. den eingangs genannten, immer einen verantwortlichen Leiter oder Vorsitzenden, der gegebenenfalls »höflich, aber bestimmt« an seine Pflichten zu erinnern ist und der auch in aller Regel eingreifen wird, wenn jemand sein Rederecht durch fortgesetzte Störungen nicht wahrnehmen kann.

Bekanntlich sind vor allem Parlamentsdebatten reich an Zwischenrufen. Da hat jede Fraktion ihre besonderen »Begabungen«. Zwischenrufe dienen hier meist dem Zweck, den gegnerischen Debattenredner aus dem Konzept zu bringen. Im Deutschen Bundestag wurde festgestellt, dass der Geräuschpegel vor allem dann ansteigt, wenn eine Frau zu reden beginnt. Was da manchmal stattfindet, soll der folgende Auszug aus der Kulturdebatte vom 9. November 1984 zeigen, als die SPD-Abgeordnete Anke Martiny auf den Beitrag des damaligen bayerischen Kultusministers Hans Maier eingehen wollte:

 **Beispiel für Zwischenrufe:**
**Aus dem Alltag des Deutschen Bundestages**
Vizepräsident Westphal: Das Wort hat die Abgeordnete Frau Dr. Martiny-Glotz.
Frau Dr. Martiny-Glotz (SPD): Herr Präsident, meine Damen und Herren! Ich hoffe, das Auditorium erträgt es, nun die dritte Bürgerin des Freistaates Bayern hier ans Pult treten zu hören...
(Duve, SPD: Sie sind uns alle lieb!)
zumal ich nicht zusagen kann, daß ich dem Auditorium ein

ähnliches intellektuelles Vergnügen bereite, wie das Herr
Maier eben getan hat; aber ich will mir Mühe geben.
(Dr. Waigel, CDU/CSU: Sind Sie nicht etwas zu leichtfertig
nach Berlin gegangen?)
Mit gelinder Boshaftigkeit stelle ich an den Anfang, Herr
Maier, daß heute nachmittag in der Bayerischen Akademie
der Schönen Künste –
(Dr. Waigel, CDU/CSU: Das ist der Professor Maier!)
Eine Dame gebraucht keine Titel, habe ich von meiner Groß-
mutter gelernt.
(Beifall bei der SPD und der FDP – Dr. Waigel, CDU/CSU: Er
verdient ihn!)
Herr Waigel, wenn Sie dies bitte zur Kenntnis nehmen.
(Dr. Waigel, CDU/CSU: Aber er hat ihn ordentlich erworben!
Mit Habilitation!)
Verdammt noch mal – jetzt fluche ich einmal – was ist das für
eine Art, daß Sie,
(Conradi, SPD: Herr Waigel ist ein Flegel!)
wenn eine Dame, eine Kollegin, hier ans Rednerpult tritt,
sofort mit Ihren blöden Zwischenrufen anfangen!
(Beifall bei der SPD – Lachen bei der CDU/CSU)
So, jetzt bin ich wieder lieb und sage mit gelinder Boshaftig-
keit –
Vizepräsident Westphal: Frau Abgeordnete, ich möchte Sie
bitte einen Moment unterbrechen. Ich muß dem zustimmen,
was die Rednerin eben gesagt hat. Es ist wirklich so: Kaum ist
eine Rednerin am Pult, schon setzen Zwischenrufe ein. Ich
bitte um ein bißchen Aufmerksamkeit.
(Beifall bei der SPD und den Grünen – Zurufe von der CDU/
CSU)

## Zur Überlegung:

Wie Sie in dem hier angeführten Beispiel sehen, ist die Rednerin
bereits nach dem ersten Satz durch Zwischenrufe unterbrochen
worden, den zweiten hat sie nicht mehr vollenden können, so dass
schließlich der Sitzungspräsident eingreifen mußte. Es lohnt sich,

diese Passage aus dem Wort-Protokoll des Bundestages etwas näher zu betrachten, und zwar von der taktischen Seite.

Analysieren Sie zunächst das Verhalten der Abgeordneten Martiny:

- Durch welche Äußerungen hat sie vielleicht zu Zwischenrufen unbeabsichtigt ermuntert?
- Wie beurteilen Sie ihre verbalen Reaktionen auf die Zwischenrufe? Waren sie angemessen oder überzogen?
- War ihr Zorn taktisch richtig oder dem politischen Gegner gerade Recht?
- An welcher Stelle zeigt sich, dass die Abgeordnete durch die Zwischenrufe nicht tiefgreifend verärgert war?

Zum Zwischenrufer Dr. Waigel:

- Was sollte die Frage bezwecken, ob sie nicht zu leichtfertig nach Berlin gegangen sei?
- Warum hakte er wohl mehrmals nach, als es um den Professorentitel von Herrn Maier ging?

Und schließlich:

- Wie beurteilen Sie die Bemerkung des Vizepräsidenten am Schluss dieses Geplänkels unter dem Gesichtspunkt, dass der Vorsitzende bei Debatten unparteiisch sein muss?

## 4. Übungen zu Kapitel XI

(Lösungen s. S. 264 f)

**Wie könnten Sie auf folgende Bemerkungen reagieren?
Überlegen Sie sich kurze Erwiderungen.**

1. Ein Mitarbeiter hat an einer wichtigen Besprechung nicht teilgenommen und rechtfertigt sich mit dem Argument: »Ich kann doch nicht überall zugleich sein!«
2. Ein Heimatverein beklagt sich beim Bürgermeister über den zu geringen städtischen Zuschuss. Der Bürgermeister rechtfertigt

die Entscheidung mit der Bemerkung: »Die Stadt Schmalberg gibt ihrem Heimatverein nicht einmal die Hälfte von dem, was wir bewilligt haben.«

3. Ein Vorstandsmitglied sagt: »Es ist doch unbestreitbar, dass unsere Sitzungen alle viel zu lange dauern.«

4. Frage an einen Betriebsratsvorsitzenden: »Was machst du, wenn dein Vorschlag von der Betriebsversammlung abgelehnt wird?« Seine Antwort: »Die Kollegen lehnen schon nicht ab; dafür wird es sogar eine breite Zustimmung geben.«

5. Jemand versucht, Sie zu vereinnahmen mit einer Bemerkung wie z. B.: »Da sind wir uns doch völlig einig!«

6. Sie werden falsch zitiert.

7. Ein Gesprächspartner versucht, einer Antwort durch eine Gegenfrage auszuweichen.

8. Ein Gesprächspartner bemerkt zu Ihrem Diskussionsbeitrag: »Das ist doch alles graue Theorie!«

9. Ein Gemeindeangestellter erwidert auf die Vorhaltung, dass er einen etwas lästigen Besucher recht unwirsch abgefertigt hat, mit der Bemerkung: »Hätte ich ihm etwa die Hände küssen sollen?«

10. Sie werden persönlich angegangen, etwa mit der Bemerkung: »Das wissen Sie doch ganz genau!«

11. Ein Gesprächspartner versucht, sich durch den Hinweis aus der Affäre zu ziehen: »Es geht doch hier ums Grundsätzliche!«

12. Man erwidert Ihnen: »Auf Ihre Bemerkungen lässt sich so manches entgegnen. Ich will aber lieber Folgendes sagen...«

# XII. Gespräche in der Chef-Etage

*»Wir mögen Menschen, die frisch heraus sagen,*
*was sie denken. Vorausgesetzt, sie denken dasselbe wie wir.«*
Mark Twain

## 1. Wie Sie Mitarbeiter motivieren können

Direktor Obermann hat Probleme mit einem Mitarbeiter. Er bestellt ihn zu sich, empfängt ihn hinter dem Schreibtisch, nachdem er ihn eine Viertelstunde im Vorzimmer hat warten lassen, und eröffnet ihm:»Also, Herr Klein, was ich da von Ihnen in den letzten Wochen so gehört habe, gefällt mir gar nicht. Ich habe nicht viel Zeit und möchte deshalb in aller Kürze darauf hinweisen, dass es so nicht weitergehen kann. Was mich bei Ihnen wahnsinnig stört, ist...« usw.

Nach etwa fünf Minuten wird Herr Klein unwirsch entlassen. Er bekommt noch die Warnung mit auf den Weg, er müsse mit Konsequenzen rechnen, wenn sich dieses und jenes nicht ändere. Herr Klein ist so gut wie gar nicht zu Wort gekommen. Mehrmals hat er etwas einwenden, richtig stellen wollen, aber der Chef hat ihn immer gleich unterbrochen mit Bemerkungen wie:»Ich weiß schon, was Sie jetzt sagen wollen, aber...« oder:»Es hat wenig Sinn, wenn Sie sich jetzt rechtfertigen möchten. Ich weiß ja schließlich, wovon ich rede...«

Schließlich hat es Herr Klein aufgegeben und Direktor Obermann reden lassen. Auf dem Rückweg zu seinem Arbeitsplatz fragt er sich verdattert, was das alles eigentlich soll. Offensichtlich liegt doch hier ein Missverständnis vor. Vielleicht hat ihn jemand denunziert? Sägt jemand an seinem Sessel? Ärger gewinnt die Oberhand, der ihn nicht recht zum Arbeiten kommen läßt. Lohnt sich denn die ganze Anstrengung, wenn sie so wenig Beachtung findet? denkt er sich und beschließt, das jedenfalls nicht auf sich sitzen zu lassen und sich mit dem Betriebsrat zu besprechen. – Ein Vorfall, wie er sich täglich im Arbeitsleben abspielt.

Natürlich machen Mitarbeiter Fehler, aber nicht immer finden Vorgesetzte den richtigen Ton, wenn sie mit den Betreffenden zu reden haben.

Im Unterschied zu Direktor Obermann tut sich Dr. Schätz in solchen Situationen wesentlich leichter. Als er neulich mit einem Untergebenen zu sprechen hatte, verlief das folgendermaßen: Dr. Schätz bat Herrn Pfeifer zu einer Zeit zu sich, wo er sich mit ihm in Ruhe unterhalten konnte. Er wählte dazu die Sitzgarnitur in seinem Arbeitszimmer und war emotional ausgeglichen, so dass er ohne Erregung und Aggressivität sprach. Das Gespräch begann er damit, dass er sich in freundlichem Ton bei Herrn Pfeifer nach dem Stand einer bestimmten Arbeit erkundigte. Herr Pfeifer berichtete und Dr. Schätz nahm die Gelegenheit wahr, das eine oder andere positiv zu kommentieren und damit dem Mitarbeiter anzuzeigen, dass er dessen Tätigkeit mit Interesse verfolgt.

Nachdem so eine gute Gesprächsbasis hergestellt war, kam Dr. Schätz behutsam auf den heiklen Punkt zu sprechen, und zwar mit der einleitenden Bemerkung: »Was mir allerdings einige Sorgen bereitet, ist Folgendes...« Herr Pfeifer bekam bald Gelegenheit, sich dazu zu äußern, und Dr. Schätz hörte geduldig zu. Nachdem Herr Pfeifer ausgeredet hatte, stellte sein Vorgesetzter noch ein paar sachbezogene Zusatzfragen und gab schließlich einige Ratschläge, wie er sich die Bearbeitung dieser Angelegenheit in Zukunft vorstellt.

Zum Schluss sagte Dr. Schätz: »Probieren Sie das mal aus! Ich weiß aus eigener Erfahrung, dass diese Methode etwas bringt. Für Sie wird die Umstellung im Übrigen kein Problem sein, Sie sind ja ein beweglicher Mensch.« Herr Pfeifer verließ ohne Groll das Chef-Zimmer. An seinem Arbeitsplatz angelangt, überdachte er noch einmal das vorangegangene Gespräch. Sein Vorgesetzter hatte ihn ernst genommen und in Ruhe angehört. Er hatte ihn sogar gelobt. Die anschließende Kritik war keine harsche »Gardinenpredigt«, vor allem erhielt er Gelegenheit, auch seinen Standpunkt darzulegen. Die Ratschläge seines Chefs erschienen ihm durchaus plausibel. Herr Pfeifer fühlte sich verstanden und als Mitarbeiter geschätzt. Es kostete ihn keinerlei Überwindung, gleich wieder an die Arbeit zu gehen und das auszuprobieren, wozu ihm Dr. Schätz geraten hatte.

Die Verhaltensweisen der beiden Vorgesetzten unterscheiden sich grundsätzlich voneinander: Direktor Obermann tritt autoritär auf, ist kurz angebunden und hält es nicht einmal für nötig, den Mitarbeiter auch zu Wort kommen zu lassen. Dr. Schätz hingegen praktiziert den kooperativen Führungsstil. Er redet mit dem Mitarbeiter auf gleicher Ebene, kann zuhören und versteht es, ihn zu motivieren. Seine Kritik fällt vor allem deshalb auf fruchtbaren Boden, weil der Kritisierte seinen Chef als einen Menschen erlebt, der nicht ständig auf seine Amtsautorität pocht und die Fähigkeit besitzt, sich in die Lage des Gesprächspartners zu versetzen.

Wenn Sie mit Untergebenen zu reden haben, sollten Sie sich am Beispiel des Dr. Schätz orientieren. Im Einzelnen sollten Sie vor allem Folgendes beachten:

**1. Überlegen Sie vor jedem Gespräch, wo es am besten stattfindet.**

Es ist atmosphärisch ein großer Unterschied, ob Sie mit einem Mitarbeiter in der Kantine bei einem Glas Bier reden, ob Sie den Betreffenden in Ihrem Amtszimmer, womöglich hinter dem Schreibtisch, empfangen oder sich zu seinem Arbeitsplatz begeben. Dabei spielt auch die Frage eine Rolle, ob Sie mit ihm allein sprechen müssen oder in Gegenwart anderer.

**2. Sehen Sie genügend Zeit dafür vor.**

Ein Gespräch, das unter Zeitdruck steht, kann kaum solide Ergebnisse bringen und lässt zudem die Teilnehmer meist unbefriedigt, weil sie sich nicht in Ruhe äußern konnten. Vielleicht fühlen sie sich auch überfahren.

**3. Vermitteln Sie immer den Eindruck, dass Sie Ihren Gesprächspartner ernst nehmen.**

Er wird dann auch seinerseits eher bereit sein, Ihre Vorschläge oder Ihre Kritik für berechtigt zu halten. Ironie kann zum Beispiel in dieser Hinsicht geradezu tödlich sein.

**4. Bemühen Sie sich, unvoreingenommen mit Ihrem Mitarbeiter zu reden.**

Wenn Sie schon negative Erfahrungen mit ihm gemacht haben, denken Sie daran, dass jeder einmal einen Fehler macht, auch Sie! Halten Sie sich mit Vorwürfen über früheres Fehlverhalten zurück, seien Sie nicht nachtragend. Wenn Ihr Mitarbeiter nicht einsichtig ist, verbinden Sie Festigkeit mit Geduld und lassen Sie sich auch dann nicht zu unbedachten Äußerungen verleiten.

**5. Stabilisieren Sie das Selbstwertgefühl Ihres Mitarbeiters durch positive Bemerkungen.**

Zeigen Sie auch Anerkennung für Geleistetes, natürlich ohne unaufrichtig zu sein. Vermitteln Sie nicht den Eindruck, dass Sie mit nichts zufrieden sind. Schaffen Sie so eine emotional entspannte, von Vertrauen getragene Atmosphäre. Dann wird es Ihnen gelingen, auch schwierige Mitarbeiter mit Ihren Argumenten zu erreichen.

**6. Hören Sie gut zu, wenn der andere redet.**

Sorgen Sie dafür, dass das Gespräch nicht durch Dritte gestört wird.

Stellen Sie gegebenenfalls zusätzliche Fragen, die erkennen lassen, dass Sie an dem jeweiligen Problem wirklich interessiert sind. Versetzen Sie sich in die Lage des anderen: Was würden Sie an seiner Stelle tun?

**7. Betonen Sie nicht ständig Ihre Autorität.**

Protzen Sie nicht mit eigenen Leistungen. Vermeiden Sie alles, was den Mitarbeiter einschüchtern und daran hindern kann, seine Meinung frei zu äußern.

**8. Bleiben Sie auf das Wesentliche konzentriert.**

Schweifen Sie vor allem nicht ins Private ab und mokieren Sie sich auch nicht über angebliche Pannen bei anderen, die Sie langatmig zum Besten geben.

**9. Drücken Sie sich verständlich aus.**
Berücksichtigen Sie es, wenn der Mitarbeiter vielleicht nicht Ihren Bildungsstand und Ihr sprachliches Niveau besitzt. Vermeiden Sie dann unnötige Fremdwörter und komplizierte Sätze.

**10. Nehmen Sie nicht voreilig Stellung.**
Warten Sie geduldig ab, bis Sie genügend Informationen zur Beurteilung des Sachverhaltes erhalten haben. Entscheiden Sie dann aber klar und konsequent, damit der Mitarbeiter weiß, woran er ist.

**11. Beenden Sie das Gespräch mit einer freundlichen, aufmunternden Bemerkung.**
Vermeiden Sie jeden Missklang vor allem am Ende einer solchen Unterredung. Wählen Sie eine Formulierung, die dazu geeignet ist, Ihren Mitarbeiter zur Umsetzung Ihrer Ratschläge zu motivieren.

**12. Vergessen Sie nicht, dass über Vorgesetzte viel geredet wird.**
Zwar kann man es nie jedem Recht machen. Aber ein Mitarbeiter, der sich von seinem Chef unfair behandelt fühlt, wird Gelegenheit nehmen, mit Kollegen darüber zu sprechen, vielleicht auch mit Außenstehenden. Das kann sich nicht nur auf Ihr Image negativ auswirken, sondern auch die Effektivität der Arbeit beeinträchtigen mit allen wohlbekannten Folgen für den Betrieb oder die Dienststelle.

## 2. So erreichen Sie das Ohr Ihres Vorgesetzten

Wechseln wir einmal die Perspektive, indem wir das Gesprächsverhalten von Mitarbeitern betrachten.
Franz Patzel spricht bei seinem Chef vor, weil ihn etwas im Arbeitsverlauf wurmt. Er möchte erreichen, dass sein Vorgesetzter ihn anhört und seine Änderungsvorschläge akzeptiert.
Dieses Gespräch ist für ihn kein alltäglicher Vorgang. Deshalb ist Franz Patzel etwas aufgeregt. Er hat sich zu diesem Schritt überwinden müssen, weil sein Chef, Direktor Lenkberg, eine gewichtige

Persönlichkeit mit Autorität ist. Kaum hat er in dessen Amtszimmer Platz genommen, da schießt er auch schon los:»Also, Herr Direktor, da ist etwas, was ich Ihnen, wenn Sie erlauben, dass ich mir das, äh, herausnehme, ich weiß ja, Sie haben viel zu tun, vielleicht können Sie mich trotzdem anhören. Ich möchte nur sagen, dass ich etwas ansprechen möchte, das ist vielleicht ein bißchen heikel...« Da schaltet sich der Chef, ungeduldig geworden, ein und bittet ihn, sein Anliegen doch ohne Umschweife vorzubringen. Herr Patzel wird durch diese Belehrung erst recht nervös und verheddert sich noch mehr. Dabei vergisst er, Wesentliches mitzuteilen. Auch muss ihn Direktor Lenkberg wiederholt um genauere Auskünfte bitten, weil er Schwierigkeiten hat, zu erkennen, worauf sein Mitarbeiter eigentlich hinaus will.

Nach dem Gespräch spricht Franz Patzel bei einer Tasse Kaffee mit seinem Kollegen Egon Schneller über diese Unterredung; denn er ist gar nicht mit sich zufrieden. Herr Schneller sagt dazu:»Ich habe da nie Probleme. Chefs sind doch auch nur Menschen. Denen muss man vor allem klar machen, dass man auch jemand ist. Voll auftrumpfen, das ist meine Devise! Neulich bin ich dem Dr. Boßmann über den Mund gefahren, dass der kein Wort mehr herausgebracht hat. Das war eine Show! Er ist zwar jetzt ein bißchen eingeschnappt, aber was soll's? Mir hat's jedenfalls gutgetan, mal voll die Sau rauszulassen. Man wird ja sonst ganz untergebuttert in diesem Laden.«

Kollege Patzel hört sich diese starken Worte mit gemischten Gefühlen an. Einerseits imponiert es ihm, wie sein Kollege auftreten kann, andererseits aber verspricht er sich im Endeffekt auch nicht viel davon. Er hat es ja gesagt: Der Herr Boßmann war »eingeschnappt«!

Natürlich ist es keine große Kunst, beim Chef ein offenes Ohr zu finden, wenn man nur dessen Meinung bestätigt. Deshalb gehe ich hier davon aus, dass Sie ihn erst einmal für Ihren Standpunkt gewinnen müssen.

Lassen Sie mich das auch in einigen Punkten zusammenfassen, wobei vorauszuschicken ist, dass natürlich eine Reihe der soeben erläuterten Ratschläge für den Vorgesetzten entsprechend auch für das Gesprächsverhalten eines Mitarbeiters gelten.

**1. Gehen Sie gut vorbereitet in ein solches Gespräch.**
Überlegen Sie sich, was Sie im Wesentlichen sagen und erreichen wollen. Statten Sie sich mit guten Argumenten aus. Denken Sie auch daran, wie Sie Einwänden begegnen können.

**2. Stellen Sie nach Möglichkeit sicher, dass Ihr Chef auch Zeit für Sie hat.**
Fragen Sie gegebenenfalls vorher an, wann Sie vorsprechen können. Nennen Sie eventuell auch ungefähr die Zeit, die das Gespräch Ihrer Einschätzung nach in Anspruch nehmen wird. Wenn Sie Ihren Vorgesetzten »überfallen«, wird er Ihr Erscheinen als Störung empfinden und kaum ein offenes Ohr für Sie haben.

**3. Bemühen Sie sich, psychisch ausgeglichen zu sein.**
Überschlafen Sie die Angelegenheit erst einmal, wenn Sie sich über etwas sehr aufgeregt haben. Vielleicht können Sie auch vorher noch mit anderen darüber reden und dadurch wieder ins innere Gleichgewicht kommen, so dass Sie ruhig und selbstsicher auftreten können. »Dampf ablassen« allein genügt meist nicht, wenn man etwas erreichen will.

**4. Bringen Sie Ihr Anliegen sachlich, knapp und klar vor.**
Kommen Sie ohne Umschweife zum Thema und strapazieren Sie nicht unnötig die Geduld Ihres vielleicht vielbeschäftigten Chefs. Achten Sie darauf, daß Sie keine Missverständnisse auslösen und dass Ihr Vorgesetzter bald im Bilde ist. Vermeiden Sie allzu subjektive, von Ihrer Augenblicksstimmung diktierte Bewertungen.

**5. Überlegen Sie sich, auf welche Weise Sie Ihren Vorgesetzten für Ihr Problem besonders aufschließen können.**
Vielleicht ist er in einem Punkt besonders ansprechbar, in einem anderen hingegen gar nicht. Möglicherweise können Sie an bestimmte eigene Erfahrungen oder Äußerungen des Chefs anknüpfen und dadurch mehr Verständnis für Ihr Anliegen finden.

**6. Achten Sie auf dessen Reaktionen.**
Beobachten Sie, wie das, was Sie sagen, bei Ihrem Vorgesetzten ankommt. Lässt er (körpersprachlich und/oder verbal) z.B. Interesse, Skepsis, Ungeduld oder Verärgerung erkennen? Richten Sie Ihr eigenes Verhalten danach ein. Fallen Sie Ihrem Chef möglichst nicht ins Wort, das verstimmt nur.

**7. Seien Sie vorsichtig, wenn Sie sich über Kollegen äußern.**
Reden Sie nie abfällig über andere und lassen Sie sich nicht auf Klatsch ein. Wählen Sie sich die richtigen »Kronzeugen« als Schützenhilfe für Ihre Argumentation, wenn Sie welche brauchen. Gehen Sie davon aus, dass Dritte es in der Regel bald erfahren – vielleicht in entstellter Wiedergabe –, wenn Sie diese ins Spiel gebracht haben, und überlegen Sie sich, ob Sie das auch wollen.

**8. Lassen Sie sich nicht zu unbedachten Formulierungen verleiten.**
Vielleicht will Sie Ihr Chef mit provokanten Äußerungen aufs Glatteis führen. Wenn Sie diesen Verdacht haben, schalten Sie eine kleine Denkpause ein, bevor Sie reagieren. Korrigieren Sie sich gegebenenfalls, wenn Sie allzu spontan etwas gesagt haben, das Ihre Position schwächt und gegen Sie ausgelegt werden kann.

**9. Schätzen Sie Ihre Möglichkeiten realistisch ein.**
Auch wenn wir es nicht gern hören: Der Chef sitzt meist am längeren Hebel. Deshalb ist mit Rechthaberei, Starrsinn und Trotz in der Regel nicht viel zu erreichen. Oft sind Teilerfolge schon ein großer Fortschritt – die »Politik der kleinen Schritte« ist da die richtige Methode. Wappnen Sie sich also mit Geduld.

**10. Versetzen Sie sich in die Lage Ihres Chefs.**
Versuchen Sie, das Problem auch aus seiner Warte zu sehen. Es wird Ihnen leichter fallen, sein Ohr zu finden, wenn Sie ihm das Gefühl geben, dass Sie seine Situation verstehen, seine Einwände grundsätzlich ernst nehmen und in Ihrer Argumentation berücksichtigen.

**11. Fragen Sie zurück, wenn Sie etwas nicht verstanden haben.**
In Gesprächen kommt es immer wieder vor, dass man eine Formulierung nicht versteht, einer Gedankenverbindung nicht gleich folgen kann oder dass der Hintergrund einer bestimmten Bemerkung nicht klar ist. Vielleicht drückt sich Ihr Chef auch absichtlich dunkel aus bzw. ergeht er sich in Andeutungen oder Anspielungen, die Sie nicht durchschauen. In solchen Fällen sollten Sie sich nicht scheuen, um Aufklärung oder nähere Erläuterung zu bitten.

**12. Bemühen Sie sich um ein konkretes Gesprächsergebnis.**
Solche Gespräche verlaufen leider manchmal im Sande oder enden mit vagen Vertröstungen. Damit sollten Sie sich aber nicht zufriedengeben. Hier empfiehlt es sich, etwa in Frageform klarzustellen, was das Gespräch konkret ergeben hat:

- »Sie sind also damit einverstanden, dass weitere Parkplätze für die Mitarbeiter geschaffen werden?«
- »Ich bekomme demnach noch einen Kollegen zur Erledigung dieser besonderen Aufgabe?«
- »Sie werden mich also über den Verlauf des Gesprächs mit dem Personalchef in Kenntnis setzen?«

Der Vorgesetzte bestätigt Ihnen das – vielleicht mit einer relativierenden Bedingung: »Ja, sobald...« – und Sie haben nun Konkretes in der Hand, mit dem Sie (hoffentlich) etwas anfangen können.

Abschließend noch ein grundsätzlicher Hinweis: In einem Beratungsgespräch fragte mich einmal ein mittlerer Angestellter, was ich von dem Sprichwort halte: »*Gehe nie zu deinem Fürst, wenn du nicht gerufen wirst!*« Das Sprichwort ist, wie viele andere auch, richtig und falsch zugleich: Das Körnchen Wahrheit liegt darin, dass nicht wenige Mitarbeiter dazu neigen, schnurstracks zu ihrem Vorgesetzten zu laufen, wenn ein Problem auftaucht, statt selber zu entscheiden, Mut zur Verantwortung zu zeigen und gegebenenfalls auch ein Risiko in Kauf zu nehmen. Manche Chefs können ein Lied davon singen. Deshalb mein Rat: Fragen Sie sich, bevor Sie die nächsthöhere

Instanz mit einer Angelegenheit behelligen, ob Sie diese Sache nicht selber entscheiden und erledigen können, natürlich im Rahmen Ihrer Kompetenz und Ihrer Möglichkeiten.

Dieses Sprichwort kann aber auch als Aufforderung zur Duckmäuserei verstanden werden nach dem Prinzip: »Nur nicht auffallen.« Es kann dazu verleiten, passiv zu bleiben, wo man sich engagieren sollte. Es gibt nun einmal auch am Arbeitsplatz oft Situationen, wo es gilt, Einfluss zu nehmen und zu sagen, was man denkt, um Fehlentwicklungen zu verhindern oder Ungerechtigkeiten entgegenzutreten. In solchen Fällen sollten Sie nicht zögern, in der rechten Weise aktiv zu werden und zum »Fürst« zu gehen, auch ohne gerufen worden zu sein.

### 3. Verbindlich formulieren

Gespräche entwickeln sich häufig negativ, weil Teilnehmer nicht den richtigen Ton treffen und dadurch andere verstimmen. Hier können schon feine Nuancen in der Formulierung eine Rolle spielen, vor allem dann, wenn es zwischen den Gesprächspartnern nicht eben zum Besten steht. So ist es, um nur ein Beispiel zu nennen, ein Unterschied, ob Sie zu jemandem sagen: »Behalten Sie das bitte für sich!« oder »Ich sage Ihnen das, weil ich weiß, daß Sie es für sich behalten werden.«

Der erste Satz ist eine Aufforderung, hinter der unausgesprochen die Befürchtung steht, der andere könnte nicht dicht halten. Der zweite hingegen drückt eine Gewissheit aus und signalisiert Vertrauen in den Gesprächspartner.

Welche Formulierung würde bei Ihnen mehr ankommen, Sie eher zur Diskretion motivieren? Sicher die letztere. Es ist eine alte Erkenntnis, dass Vertrauen mit Vertrauen honoriert wird. Ausnahmen bestätigen diese Regel.

Bedenken Sie auch, dass es beim Sprechen entscheidend darauf ankommt, *wie* Sie etwas sagen, mit welchem Tonfall und mit welchem körpersprachlichen Ausdruck. Schon ein begleitendes freundliches Lächeln kann hier manches entschärfen!

Vom richtigen Verhalten in Gesprächen wird auch noch im Kapitel XIV *»Erfolgreich verhandeln«* die Rede sein; denn Verhandlungen sind ja auch Gespräche, wenngleich mit besonderen Merkmalen.

## 4. Übungen zu Kapitel XII
(Lösungen s. S. 265 ff)

### A. Wie verhalten Sie sich als Vorgesetzter in folgenden Situationen? (Notieren Sie Stichworte dazu!)

1. Ein Mitarbeiter ist sehr einsilbig.
2. Ein Mitarbeiter sperrt sich gegen alles Neue.
3. Ein Mitarbeiter beschuldigt andere.
4. Ein Mitarbeiter stellt sich ahnungslos.
5. Ein Mitarbeiter tritt unverschämt auf.
6. Ein Mitarbeiter spielt den Beleidigten.
7. Ein Mitarbeiter gibt vor, ohnehin überlastet zu sein.

### B. Wie verhalten Sie sich in folgenden Situationen gegenüber Ihrem Chef?

1. Ihr Chef beruft sich gern auf Dritte. (»Man erzählt sich, dass Sie...«)
2. Ihr Chef bezweifelt Ihre Aussagen. (»Damit überzeugen Sie mich aber nicht«)
3. Ihr Chef behandelt Sie von oben herab und zeigt auch wenig Interesse an Ihrem Problem (»Was wollen Sie denn schon wieder!«)
4. Ihr Chef teilt Ihnen angeblich Vertrauliches mit. (»Das bleibt aber unter uns«)
5. Ihr Chef will Sie mit billigen Sprüchen vertrösten. (»Kommt Zeit, kommt Rat«)
6. Ihr Chef versteckt sich ständig hinter »Bestimmungen«. (»Das lassen die Vorschriften nicht zu«)

7. Ihr Chef hält Ihnen das gute Beispiel anderer vor Augen. (»Machen Sie es doch so wie Herr Bestler!«)

8. Ihr Chef geht nicht auf Ihre Argumente ein und blockt mit »Killerphrasen« ab. (»Was soll denn das bringen?«)

## C. Sagen Sie es verbindlicher:

1. Das ist ja eine infame Unterstellung!
2. Sie haben total unrecht!
3. Informieren Sie sich zuerst einmal, bevor Sie darüber reden!
4. Was Sie da vorschlagen, ist eine bodenlose Unverschämtheit!
5. Kommen Sie mir doch nicht mit solchem Quatsch!
6. Das weiß ich besser als Sie!
7. Erst denken, dann reden!
8. Wo haben Sie denn diesen Schwachsinn her?
9. Sie scheinen heute nicht ganz da zu sein!
10. Das hören wir jetzt schon bis zum Überdruss von Ihnen!
11. Sie drehen mir das Wort im Munde herum!
12. Wer soll denn das glauben!

# XIII. Wie Sie sich Namen besser merken

*»Die wahre Kunst des Gedächtnisses ist die Aufmerksamkeit.«*
Samuel Johnson

## 1. Tipps und Techniken

Sicher ist Ihnen das auch schon passiert: Sie treffen einen Bekannten nach längerer Zeit wieder, aber sein Name ist Ihnen entfallen! Ein Kunde besucht Sie, ein Mitarbeiter will mit Ihnen sprechen, aber Sie wissen einfach nicht mehr, wie er heißt. Oder Sie haben Schwierigkeiten, sich in einem Gesprächskreis die Namen der Teilnehmer zu merken.

Während Sie sich krampfhaft zu erinnern suchen, umgehen Sie vielleicht jede direkte Anrede; denn »lieber Freund«, »verehrter Kollege« oder »Herr Nachbar« sind ja nur unzulängliche Ersatzlösungen, zum wiederholten Gebrauch anstelle des Namens kaum geeignet.

Dabei wissen wir alle aus täglicher Erfahrung, wie wichtig die Anrede mit Namen bei Gesprächen jeder Art ist. Wenn sich jemand nach längerer Zeit noch an unseren Namen erinnert, dann werten wir das im allgemeinen als Zeichen dafür, dass wir einen positiven Eindruck hinterlassen haben. Die Verwendung des Namens signalisiert persönliche Zuwendung, individuelles Eingehen auf den anderen. Das kommt in jedem Fall der Gesprächsatmosphäre zugute.

Wenn ich ein Rhetorik-Seminar beginne, dann gilt mein erstes Interesse den Namen der maximal zwölf Teilnehmer. Im Laufe der ersten halben Stunde habe ich sie mir in aller Regel so gut eingeprägt, dass ich jeden einzelnen ohne Hilfsmittel mit Namen anreden kann. Manche sind davon überrascht und fragen mich, wie ich das denn mache.

Nun, es ist gar nicht so schwer, sich Namen rascher und dauerhafter einzuprägen. Es bedarf dazu keiner Gedächtnisakrobatik oder eines sechsten Sinnes. Die Technik ist relativ leicht erlernbar. Ich empfehle Ihnen, folgende Punkte zu beachten:

1. Nehmen Sie den Namen des Betreffenden mit wacher **Aufmerksamkeit** zur Kenntnis.
   Besteht er aus mehreren Teilen (z.B. Unterstaudenheimer), so konzentrieren Sie sich auf seine Bestandteile, hier Unter-stauden-heimer.

2. Sehen Sie sich den Namen wenn möglich geschrieben genau an oder schreiben Sie ihn auf und prägen Sie sich das **Wortbild** als Ganzes (Buchstaben, Ober- und Unterlängen) gut ein. In meinen Seminaren hat am Anfang jeder Teilnehmer ein Namensschildchen vor sich stehen.

3. Sprechen Sie den Namen wiederholt aus und nehmen Sie das **Klangbild** bewusst auf (Rhythmus, Lautfolge, Betonung der Silben, Wortmelodie). Wie verschieden klingen Namen wie Wipfler, Abendroth und Schimansky!

4. Falls Sie dennoch Schwierigkeiten bei der Einprägung haben, denken Sie an die **Herkunft** des Namens oder verbinden Sie ihn mit bekannten Vorstellungen. Bei Unterstaudenheimer liegt natürlich die Assoziation »Unter der Staude daheim« nahe. Der Name Wipfler läßt an einen Baumwipfel denken. *Phantasiebilder* entstehen auch sofort bei Abendroth oder Schimansky. Zu letzterem fällt Ihnen vielleicht ein Mann auf Schiern ein, ein Schimann. Nehmen Sie dabei aber auch die *Abweichungen* von Ihrer Eselsbrücke genau wahr, damit Sie nicht am Ende Frau Wipfel und Herr Schimann sagen!
   Vielleicht erinnert Sie der Name auch an einen anderen: Heißt jemand Götte, so mag man an Goethe denken. Noch leichter ist es natürlich, wenn der Name mit einem anderen bekannten sogar identisch ist, zum Beispiel Schimansky mit dem des Fernseh-Kommissars, gespielt von Götz George.

5. Besonders wichtig: **Verbinden Sie den Namen mit der betreffenden Person**; sehen Sie beides zusammen. Lassen Sie den Namensträger auf sich wirken: Gesicht, Haare, Blick, Hände, Körpergröße und Stimme sind besonderer Aufmerksamkeit wert. Vielleicht ist Frau Wipfler besonders groß und sieht Herr Schimansky sportlich aus bzw. er erinnert Sie auch äußerlich an den TV-Star.

6. Aktivieren Sie Ihr **Interesse** an der Person: Was spricht Sie an ihr vor allem an? Auf irgendeine Weise ist jeder Mensch interessant.
7. Achten Sie auf Ihre **Gefühle** diesem Menschen gegenüber. Ist es Sympathie, Respekt oder ein negatives Gefühl?
8. Bleiben Sie **entspannt** bei der Einprägung, überhasten Sie sich nicht; Konzentration setzt immer innere Ruhe und Geduld voraus!

Beim Merken kommt es ganz allgemein darauf an, dass etwas möglichst vielfach im Gedächtnis verankert und immer wieder abgerufen, wiederholt wird. Das geschieht anfangs in kürzeren Abständen, später in längeren, wenn man etwas auf Dauer behalten will. Man nennt dies **Langzeitspeicherung.** Welche Bedeutung dabei die emotionale Seite hat, ist erst in neuerer Zeit wissenschaftlich erhellt worden. Man weiß heute, dass die beiden Gehirnhälften nicht gleichartig sind und verschiedene Funktionen zu erfüllen haben. So ist die linke Gehirnhälfte vorwiegend für das analytische und logische Denken zuständig, die rechte hingegen für Phantasie und Kreativität. Auch das Langzeitgedächtnis ist in der rechten Gehirnhälfte angesiedelt. Physiologisch gesehen geht es also beim Merken darum, beide Gehirnhälften ins Spiel zu bringen. Das gilt für jede Art des Lernens. Wenn Sie z. B. Zahlen, Daten, Begriffe oder Ereignisse besser behalten wollen, sollten Sie im Prinzip in gleicher Weise vorgehen und auch hier Gefühl und Phantasie ebenso aktivieren wie ihren Verstand.

Vielleicht denken Sie jetzt: Bei mir nützt das ja alles doch nichts, ich habe nun mal ein schlechtes Gedächtnis für Namen, Daten, Zahlen etc. Dazu möchte ich Ihnen sagen, dass niemand sozusagen von Natur aus vergesslich ist. Jeder kann und sollte sein Gedächtnis trainieren, aber der Erfolg liegt nicht im einmaligen Versuch, sondern in der Ausdauer.

Ich empfehle Ihnen **regelmäßige Einprägungsübungen.** Unser Alltag bietet dafür zahlreiche Gelegenheiten. Speichern Sie ganz bewusst immer wieder wichtige und interessante Informationen über Menschen und Dinge und rufen Sie diese wie schon erwähnt nach einigen Minuten, dann in längeren Zeitabständen, wieder ab.

- Worum ging es im Wesentlichen bei dem Fernsehspiel, das ich gerade gesehen habe?
- Was hat der eben gelesene Zeitungsartikel behandelt?
- Wie hießen meine Gesprächspartner von heute vormittag?
- Wie hat der Referent seinen Standpunkt argumentativ untermauert?
- Durch welche Orte bin ich in der letzten halben Stunde gefahren?
- Was muss ich morgen nach Feierabend in der Stadt besorgen? (Oft geht es auch ohne Einkaufszettel)
- Auch Denksportaufgaben können unser Gedächtnis in Schwung halten, z.B. Kreuzworträtsel, bei denen bekanntlich auch Sprachliches oft gefragt wird, vor allem Synonyme (Schulhausmeister → Pedell).

Übertreiben Sie aber auch bei diesem »Training« nicht in falsch verstandenem Perfektionismus. Lassen Sie sich Zeit und setzen Sie sich nicht unter Leistungsdruck. Versuchen Sie auch nicht, zu viele Informationen auf einmal zu speichern. Nur wer ganz ruhig einen Schritt nach dem anderen tut, wird schließlich Erfolge erzielen.

 **Hinweis:**

Ein Letztes zum Gedächtnistraining: Es gibt heute vielerorts Seminar- und Kursangebote zu dieser Thematik an Einrichtungen der Erwachsenenbildung. Auch Übungsbücher zur häuslichen Beschäftigung sind auf dem Markt.

## 2. Übung zu Kapitel XIII

Lesen Sie die folgenden Namen von Teilnehmern an einer Diskussionsrunde aufmerksam mehrmals laut und prägen Sie sich Wort- und Klangbild sowie den Sitzplatz gut ein. Warten Sie etwa 15 Sekunden und schreiben Sie dann die Namen in der richtigen Anordnung auswendig auf ein Blatt. Wiederholen Sie diese Übung nach zehn Minuten, eventuell mehrere Male und nach größeren Zeitabständen.

Fuhrmann    Tauchert

Mühlberger    Kanzler

Altenburg    Fasold

# XIV. Erfolgreich verhandeln

*»Es ist nichts schwieriger, als mit einer absolut ehrlichen*
*Persönlichkeit zu verhandeln.«*
Fürst Metternich

Oft kommen im Alltag Situationen auf uns zu, in denen wir mit anderen über irgend etwas zu verhandeln haben.

Sie wollen beispielsweise anlässlich eines runden Geburtstages in der Familie eine Grillparty mit Freunden in Ihrem Garten veranstalten. Die angrenzenden Nachbarn, ein älteres Ehepaar, könnten sich gestört fühlen, wenn Sie am Abend bis nach Mitternacht draußen feiern. Um ihr Einverständnis zu bekommen, sprechen Sie mit ihnen. Das Ehepaar ist von Ihrem Vorhaben erwartungsgemäß zwar nicht gerade begeistert, will aber im Interesse einer weiteren guten Nachbarschaft nicht schroff nein sagen, zumal es Ihre gelegentlichen Hilfsdienste – die beiden haben beispielsweise kein Auto – zu schätzen weiß. Am Ende vereinbaren Sie vielleicht, dass spätestens ab 24 Uhr im Hause weitergefeiert wird. Außerdem werden Sie dafür sorgen, dass Ihre wegfahrenden Gäste nachts keinen unnötigen Lärm mit ihren Autos verursachen. Natürlich laden Sie die Nachbarn auch zu einem kleinen Geburtstagsumtrunk ein. So sind schließlich beide Seiten zufrieden.

Verhandlungen gibt es auch am Arbeitsplatz, wenn z.B. der Betriebsrat mit der Firmenleitung über die Einrichtung einer Betriebskantine oder neuer technischer Systeme redet; beim Verein, wenn etwa dieser mit der Stadt wegen der Überlassung von Räumen verhandelt; im Geschäftsleben, beispielsweise beim Kauf eines Gebrauchtwagens; vor Gericht, wo vielleicht eine Vergleichsverhandlung wegen eines Versicherungsstreites stattfindet und nicht zuletzt im öffentlichen Leben, dort gleichsam auf offener Bühne. Die Verhandlungen der Tarifpartner sind wohl am Bekanntesten. Da wird oft wochenlang um einen Abschluss gerungen, begleitet von Berichten und Kommentaren der Massenmedien.

Was ist all diesen auf den ersten Blick so unterschiedlichen Verhandlungssituationen gemeinsam? Worin liegen die besonderen Merkmale einer Verhandlung?

## 1. Verhandeln heißt Interessen ausgleichen

Wenn wir Verhandlungen jedweder Art miteinander vergleichen und im Hinblick auf Gemeinsamkeiten untersuchen, so merken wir bald, dass es sich hier immer um sehr zielgerichtete Gespräche handelt. Schon das Wort selbst verrät ja, worum es dabei primär geht: Ver-handeln zielt auf Handeln ab, auf eine Entscheidung, einen gemeinsam getragenen Beschluss mit verbindlichen Konsequenzen. Die Tarifpartner haben dabei eine bestimmte Lohnhöhe bzw. Wochenarbeitszeit im Auge, die Politiker streben vielleicht eine territoriale Neuregelung mit einem Nachbarstaat an, die Gesprächspartner im Betrieb wollen ein besseres Betriebsklima erreichen, Verein und Stadt möchten städtische Räume optimal nutzen, und dem Kunden geht es wie dem Gebrauchtwagenhändler vor allem um einen günstigen Kaufabschluss. Doch was heißt »günstig« für den einen wie für den anderen? Das hängt nun von den in aller Regel unterschiedlichen **Interessen** der Verhandlungspartner ab.

Ein wesentliches Merkmal einer Verhandlung ist der Versuch, bestimmte Interessen möglichst erfolgreich durchzusetzen bzw. zu behaupten. Im eingangs angeführten Beispiel möchte die Familie ein schönes Fest im Garten feiern, die Nachbarn hingegen wollen nicht in ihrer Nachtruhe gestört werden.

Bei der Tarifverhandlung sind die Vertreter einer Gewerkschaft daran interessiert, möglichst viel für ihre Leute herauszuholen; die Arbeitgeber andererseits möchten ihre Ertragslage und ihre Wettbewerbschancen verbessern oder zumindest nicht verschlechtern. Die Medien berichten dann vielleicht auch, dass die Tarifverhandlungen von Warnstreiks vieler Beschäftigter begleitet seien, um deren Forderungen Nachdruck zu verleihen.

Zu Verhandlungssituationen gehört bekanntlich auch, dass jede Seite ihre mehr oder weniger guten *Trümpfe* bzw. Druckmittel hat, d.h. ihre Möglichkeiten, den anderen zum Nachgeben zu bewegen. Das grenzt mitunter an Erpressung. Der Kassenwart eines Vereins droht z.B. »persönliche Konsequenzen« an, wenn nicht in seinem Sinne beschlossen wird.

Wenn beim Gespräch über das geplante Grillfest die Nachbarn kaum Schwierigkeiten bereiten, so wohl deshalb, weil sie sonst Nachteile für sich befürchten, wenn sie sich dagegen sperren. Das Druckmittel:»Dann müssen Sie eben künftig immer mit dem Bus in die Stadt fahren«, muss in diesem Fall gar nicht eingesetzt werden. Bei Tarifverhandlungen liegen die Angebote der Arbeitgeberseite meist deutlich unter den Forderungen der Gewerkschaften. Die Tarifpartner sind zunächst noch weit auseinander. Maximalforderungen, so unrealistisch sie im Einzelfall auch sein mögen, gehören geradezu zum Ritual von solchen Verhandlungen, die ja im Auftrag oder im Interesse vieler Betroffener geführt zu werden pflegen.

Aber es ist auch klar: Je weiter die Positionen auseinander liegen, desto stärker ist die Notwendigkeit zum beiderseitigen Entgegenkommen, zum **Ausgleich** der Interessen, auch Kompromiss genannt. Das setzt natürlich die Bereitschaft dazu voraus.

Es geht hier um ein gewisses Verständnis der Verhandlungspartner für die Interessen und Argumente der anderen Seite. Diese Aufgeschlossenheit wird überall da fehlen, wo nicht ein gewisses Minimum an **Vertrauen** vorhanden ist, worunter man das Gefühl versteht, sich auf den anderen verlassen zu können in Bezug auf dessen Glaubwürdigkeit.»Wird der andere auch zu unseren Vereinbarungen stehen?« lautet hier die Kardinalfrage.

Man kann kurz sagen: **Glaubwürdigkeit schafft Vertrauen.**

Jeder Geschäftsmann bemüht sich darum. Denn er weiß, wenn er nicht für vertrauenswürdig gehalten wird, kann er auch keine Kunden gewinnen. Und in der internationalen Politik ist oft von »vertrauensbildenden Maßnahmen« die Rede, zum Beispiel im Hinblick auf Friedensverhandlungen.

Gegenseitiges Vertrauen wird sich allerdings um so leichter einstellen, wenn beide Seiten auch Interessenübereinstimmungen besitzen, so genannte **Konsenspunkte.** So geht es bei der Verhandlung mit den Nachbarn beider Seiten gleichermaßen um weitere gute Nachbarschaft, bei Tarifauseinandersetzungen sind beide Partner am Arbeitsfrieden sowie an wirtschaftlichen Erfolgen interessiert und bei Koalitionsverhandlungen denken beide Parteien an die Akzeptanz breiter Wählerschichten.

Schließlich gehört zu einer Verhandlung, die diesen Namen verdient, auch ein **Verhandlungsspielraum** bei beiden Partnern, also die Möglichkeit, Abstriche vom eigenen Konzept zu machen, dem anderen entgegenzukommen. Wo keine Zugeständnisse möglich sind, erübrigt sich auch jede Verhandlung von vornherein. Denken Sie dabei an festgesetzte, nicht verhandelbare Preise, an bindende Beschlüsse irgendwelcher Gremien oder an gesetzliche Schranken bei politischen Verhandlungen.

Verhandlungen wird es auch kaum geben, wenn eine Seite nichts Attraktives zu bieten hat. Dann wird selbstverständlich das Interesse der anderen Seite rasch auf Null sinken. Wenn zum Beispiel eine Gemeinde keinen erkennbaren Vorteil darin sieht, dem Nachbarort Grund abzutreten – und dadurch auch keine Nachteile zu befürchten hat –, dann wird sie sich erst gar nicht auf Verhandlungen darüber einlassen.

**Schema für Verhandlungen**

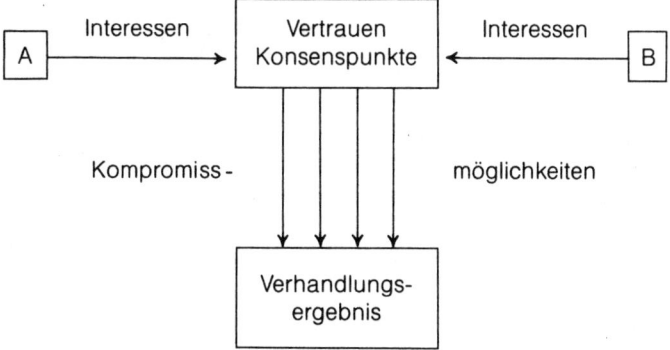

## 2. Vorüberlegungen zur Verhandlungspraxis

Bevor Sie in eine Verhandlung gehen, sollten Sie sich vor allem mit den folgenden Punkten eingehend befassen:

1. Wo liegt mein Interesse? Was ist für mich nicht verhandlungsfähig?
2. Woran ist mein Verhandlungspartner interessiert? Wofür wird er wohl nicht zu haben sein?
3. Wo könnten sich unsere Interessen berühren?
4. Wie kann ich dem Interesse meines Partners Rechnung tragen?
5. Wie kann ich meinen Verhandlungspartner dazu bringen, mein Interesse als legitim anzuerkennen?
6. Unter welchen Voraussetzungen könnte es gelingen, dass mein Verhandlungspartner meine Interessen auch als seine ansieht?
7. Wie kann ich eventuell in Nebensächlichkeiten entgegenkommen, um mich in der Hauptsache durchzusetzen? (die »Preis-Frage«)

Ein **Beispiel aus dem betrieblichen Alltag** soll zeigen, wie diese Überlegungen konkret gemeint sind.

Situation: Frau Fleisser, Mitarbeiterin in der Verwaltung eines Betriebes, wünscht eine **Gehaltserhöhung**. Ihr zuständiger Vorgesetzter, Herr Gelding, vereinbart mit ihr ein Gespräch darüber.

Frau Fleisser bereitet sich darauf vor, indem sie die obigen sieben Punkte aus ihrer Sicht zu beantworten versucht. Ihre Überlegungen könnten etwa so aussehen:

1. Frau Fleisser möchte ihrer Arbeitsleistung entsprechend bezahlt werden und weiterhin gern in diesem Betrieb arbeiten. Sie hat bestimmte Gehaltsvorstellungen.
2. Herr Gelding möchte die Personalausgaben der Firma möglichst niedrig halten. Er möchte aber auch, dass seine Mitarbeiter zufrieden sind und effektive Arbeit leisten. Außerdem ist ihm persönlich daran gelegen, bei den Mitarbeitern in gutem Ruf zu stehen, vor allem, als gerecht zu gelten.

3. Sowohl Frau Fleisser als auch Herr Gelding sind daran interessiert, dass die Firma wirtschaftlich gesund ist, dass sie einen guten Namen hat und ein gutes Betriebsklima herrscht.

4. Frau Fleisser überlegt sich, wie sie Herrn Gelding davon überzeugen kann, dass ihre Gehaltswünsche nicht überzogen sind und vom Betrieb verkraftet werden können. Ferner nimmt sie sich vor, Herrn Gelding deutlich zu machen, dass die Zufriedenheit mit der Bezahlung eine wesentliche Voraussetzung für gute Leistungen ist.

5. Frau Fleisser will vor allem nachweisen, dass ihre Gehaltserhöhung längst fällig ist. Sie ist bereits sieben Jahre in derselben Lohnstufe und hat inzwischen verantwortungsvollere Tätigkeiten übernehmen müssen als zu Beginn. Außerdem hat sie sich durch Weiterbildung in speziellen Bereichen höher qualifiziert. Sie kann auch darauf hinweisen, dass in anderen Betrieben Kollegen mit vergleichbaren Voraussetzungen höher eingestuft sind.
Schließlich hat sie auch vor, in aller Bescheidenheit – falls das überhaupt nötig ist – darauf hinzuweisen, dass man mit ihrer Arbeit bisher voll zufrieden ist (es gibt da einschlägige Äußerungen).

6. Frau Fleisser weiß, dass Herr Gelding sie als Mitarbeiterin schätzt und sie nicht etwa an die Konkurrenz verlieren will. Er wird sie finanziell zufriedenstellen und auch vermeiden wollen, dass er persönlich oder die Firma wegen unangemessener Bezahlung der Mitarbeiter ins Gerede kommt.

7. Frau Fleisser will gegebenenfalls hinsichtlich des Termins der Höherstufung mit sich reden lassen. Da sie mit viel Engagement arbeitet, ist sie eventuell auch bereit, neue Aufgaben im Betrieb zu übernehmen, wenn das gewünscht wird.

Zu diesen Vorüberlegungen noch zwei Bemerkungen: Zum einen ist es in der Praxis nicht immer leicht, das Interesse der anderen Seite schon im Vorhinein halbwegs konkret genug zu kennen. Die nötigen genaueren Einsichten ergeben sich oft erst in der Verhandlung selbst. Daraus folgen natürlich Schwierigkeiten bei der Beantwortung der nächsten Punkte. Lassen Sie sich aber trotzdem alle sieben

Fragen schon vorher durch den Kopf gehen. Sie können dadurch immerhin ein vorläufiges strategisches Konzept entwickeln, das in der Verhandlung sicher hilfreich sein wird. Vor allem geht es um überzeugende Argumente.

Zum anderen ist daran zu erinnern, dass Gespräche kaum nur rational gesteuert verlaufen. In der Praxis entstehen häufig Schwierigkeiten, die im rein Menschlichen liegen, hinter denen sich z.B. Antipathien, Vorurteile oder Mißtrauen verbergen. Es können auch unvorhersehbare Probleme auftauchen, die in der Verhandlungsmaterie liegen. »Der Teufel steckt im Detail«, sagt der Volksmund.

## 3. Übungen zu Kapitel XIV Abschnitt 2
(Lösungen s. S. 273 f)

**Skizzieren Sie anhand der sieben Punkte in Stichworten die Verhandlungssituation zu folgenden Themen:**

1. Sie wollen bei einem Autohändler einen Gebrauchtwagen kaufen.
2. Ein Verein möchte für seine Tätigkeit Räume im Bürgerhaus benutzen und muss darüber mit der Stadt verhandeln.

## 4. Verhandlungstechnik ist Behandlungstechnik

Man kann darüber streiten, ob das Wort »Technik« bei Verhandlungen überhaupt am Platze ist und ob man nicht eher von Verhandlungs*kunst* sprechen sollte. Denn bei Verhandlungen kommt es in der Tat nicht in erster Linie auf die bloße Handhabung gewisser »technischer« Möglichkeiten an. Davor möchte ich eher warnen.

Man sagt »Verhandlungstechnik ist *Be*handlungstechnik«, aber die gewieften Taktiker sind bekanntlich nicht immer die erfolgreichen Verhandler. Gerissenen, in Bayern sagt man »schlitzohrigen«, Gesprächspartnern begegnet man, falls sie als solche bekannt sind, mit der gebotenen Vorsicht. Man fürchtet, von ihnen aufs Kreuz gelegt zu werden. Wesentlich größeres Gewicht als argumentative Gewandtheit und List haben bei Verhandlungen die persönliche **Vertrauenswürdigkeit und Seriosität** der Partner. Besonders bei wiederholten beziehungsweise längerfristigen Kontakten sind meist menschliche Qualitäten von ausschlaggebender Bedeutung. Das ist eine Alltagserfahrung und trifft auch für das öffentliche Leben zu. Wer sich, zum Beispiel bei geschäftlichen Verhandlungen, einmal von jemandem hereingelegt gefühlt hat, wird das nächste Mal (falls es ein solches überhaupt noch gibt!) besonders auf der Hut sein. Metternich, der große österreichische Diplomat, fand übrigens heraus: »Es ist nichts schwieriger, als mit einer absolut ehrlichen Persönlichkeit zu verhandeln.« Er meinte damit, dass man dann mit Tricks und Finessen nicht weit kommt.

In diesem Zusammenhang sei auch an die Rolle und Bedeutung der **Schlichter** bei zunächst gescheiterten Verhandlungen erinnert.

Hier treten immer integre Persönlichkeiten von hohem allgemeinen Ansehen auf den Plan, die aufgrund ihrer Vertrauenswürdigkeit von beiden Seiten anerkannt werden und oft genug durch die Seriosität ihrer Verhandlungsführung und durch die Fähigkeit zum Ausgleich unterschiedlicher Interessen die Gespräche doch noch zu einem Erfolg führen. Es gelingt ihnen, die Kompromissbereitschaft der »Parteien« so zu stärken, dass ein beide Seiten zufrieden stellendes Verhandlungsergebnis möglich wird.

Darüber hinaus sollte generell noch Folgendes beachtet werden:

### • Der andere ist gleichberechtigter Partner

Wer in Verhandlungen etwas erreichen will, sollte seinem Gesprächspartner immer auf der gleichen Ebene begegnen, auch wenn er glaubt, die weitaus besseren Trümpfe zu besitzen.

Schließlich will ja auch er etwas vom anderen. Das wird ihm um so besser gelingen, je mehr er seinem Gegenüber das Gefühl vermittelt, als Partner ernst genommen zu werden. Vom hohen Ross kann man bei Verhandlungen leicht herunterfallen, und überhebliche Bemerkungen, die vielleicht einschüchtern sollen, bringen in aller Regel nur Schwierigkeiten und beeinträchtigen die Gesprächsatmosphäre. Schon die Sitzordnung spielt hier eine nicht unbeträchtliche Rolle. Verschanzen Sie sich als Amtschef bei solchen Kontakten nicht hinter Ihrem imposanten Schreibtisch, sondern begeben Sie sich mit Ihren Besuchern zur Sitzecke. Grundsätzlich sollte gelten, dass alle Verhandlungsteilnehmer gleich günstig platziert sind. Das ist am Ehesten der Fall, wenn alle um einen Tisch herum sitzen. Bei größeren Verhandlungsdelegationen werden sich beide Parteien gegenübersitzen, die Verhandlungsführer jeweils in der Mitte.

• **Der Partner soll kompetent sein**
Oft stellt sich auch die Frage, wer denn nun der richtige Verhandlungspartner in einer bestimmten Angelegenheit sei. Ist es für eine Vorsprache bei der Stadt ein Abteilungsleiter, zum Beispiel der Kämmerer, oder müssen Sie in diesem Fall mit dem Bürgermeister selber sprechen? Kann eine schulische Angelegenheit mit dem Klassenleiter geregelt werden, oder müssen Sie mit der Schulleitung Kontakt aufnehmen? Genügt bei einem geschäftlichen Finanzproblem ein Gespräch mit dem Sachbearbeiter der Bank, oder sollte besser mit dem Direktor darüber verhandelt werden? Der jeweilige Partner ist dann der richtige, d.h. kompetent, wenn er nicht nur die nötigen Sachkenntnisse besitzt, sondern auch zuständig im Hinblick auf verbindliche Zusagen beziehungsweise Abmachungen ist.
Manchmal lässt sich das nicht gleich vom Außenstehenden überblicken. Besonders bei Behörden oder anderen größeren Institutionen sind dem Normalbürger die Kompetenzen der einzelnen Bediensteten oder Amtsinhaber nicht immer klar. Holen Sie in einem solchen Fall entsprechende Auskünfte ein.
Für den Zweifelsfall gilt der alte Spruch: »Zum Schmied gehen, nicht zum Schmied-chen!«

## 5. Wie Sie eine Verhandlung optimal vorbereiten

Inwieweit eine Verhandlung vorzubereiten ist, hängt natürlich vom Einzelfall ab. Bei großen Verhandlungen im Auftrag anderer sind oft ganze Heere von Zuarbeitern monatelang damit beschäftigt. Vielleicht finden sogar noch Vorverhandlungen auf einer niedrigeren Ebene statt, bevor sich der Vorhang für das eigentliche Theater öffnet. In diesen Dimensionen wickeln sich für uns Verhandlungsgespräche wohl nie ab. Und trotzdem gelten die Gesichtspunkte für die Vorbereitung einer Verhandlung im Grunde für jeden in gleicher Weise, für die große Politik wie für den kleinen Laden.

- Zunächst einmal sollten Sie Ihr **Verhandlungsziel genau kennen**. Sie sollten klar wissen, was für Sie und für diejenigen, die eventuell mit Ihnen gemeinsam verhandeln, wesentlich oder unabdingbar ist beziehungsweise mindestens erreicht werden sollte, und welche Punkte eher als nebensächlich einzustufen sind.

  Ist für Sie z.B. in einer geschäftlichen Sache das Geld, vielleicht eine bestimmte Summe, der springende Punkt, oder ist Ihnen noch mehr daran gelegen, dass Ihr Prestige keine Einbuße erleidet, oder dass Ihr Partner nicht dauerhaft verschnupft ist, da Sie ihn sicher wieder brauchen? Je klarer Sie selber wissen, worauf es Ihnen vor allem ankommt, um so souveräner und auch beweglicher können Sie die Verhandlung führen.

- Eng damit zusammen hängt die Notwendigkeit, dass Sie Ihren **Verhandlungsspielraum abstecken**. Der Alles-oder-Nichts-Standpunkt ist untauglich als Voraussetzung für Verhandlungen. Wann und inwieweit Sie indessen Entgegenkommen signalisieren, ist eine taktische Frage, deren Beantwortung meist erst der Ablauf der Verhandlung bringt.

  Zunächst aber sollten Sie sich grundsätzlich über Ihre Bewegungsmöglichkeiten im Klaren sein. Hier heißt es auch, die eigene Kompetenz zu beachten. Der Vorstand Ihres Vereins hat Sie z.B. beauftragt, Grundstücksverhandlungen für ein Vereinsheim zu führen. Dabei dürfen Sie sich nur in einem bestimmten finanziellen Rahmen bewegen. Was darüber hinausgeht, kann dann von Ihnen nicht mehr fest vereinbart werden.

Wenn Sie im Auftrag anderer oder bestimmter Gremien verhandeln, ist es immer wichtig, dass Sie sich vorher durch entsprechende Beschlüsse eindeutige Vollmachten geben lassen.

- Stellen Sie durch gute Vorbereitung auch sicher, dass Sie die
**Verhandlungsmaterie beherrschen.** Oft reicht es nicht aus, nur
»Bescheid zu wissen« und sich im Übrigen auf sein Gedächtnis zu
verlassen. Man braucht vielmehr Unterlagen der verschiedensten
Art: amtliche Schriftstücke, Daten, Statistiken und andere In-
formations- und Beweismittel, die in bestimmten Phasen einer
Verhandlung von großer Bedeutung sein können. Wenn das Fernsehen Gesprächsteilnehmer auf dem Weg zum Verhandlungslokal
zeigt, dann sieht man sie meist dicke Aktentaschen schleppen, in
denen sich Ordner und anderes Material befinden.

Im Zweifelsfalle sollten Sie mehr Unterlagen in eine Verhandlung
mitnehmen, als Sie zu benötigen glauben. Um so besser, wenn
dann doch etwas in der Tasche bleiben kann. Zur optimalen
Beherrschung des Stoffes kann auch beitragen, wenn Sie diesen
vorher noch einmal mit anderen zusammen durchgehen.

Schließlich sollten Sie auch bei Verhandlungen einen Stichwortzettel mit Ihren Gedanken und Argumenten anlegen, damit Sie in
der Verhandlung nichts Wichtiges vorzubringen vergessen.

- Bei einer guten Vorbereitung ist auch zu überdenken, wie die
**Sachlage aus der Sicht des Partners** aussieht.

Ihr Gesprächspartner hat natürlich auch bestimmte Vorstellungen
über Verlauf und Ergebnis der Verhandlung. Sie sollten erkunden
oder sich überlegen, wie seine Interessen gelagert sind, worum es
ihm vor allem geht, wo eventuell mit seiner Kompromissbereitschaft zu rechnen ist und in welchen Punkten er mit einiger
Sicherheit nicht nachgeben wird, vielleicht gar nicht nachgeben
kann.

Da können ganz unterschiedliche Zwänge eine Rolle spielen. Ein
Bürgermeister kann sich über Beschlüsse seines Stadtrates nicht
ohne weiteres hinwegsetzen, ein Vereinsvorsitzender muss die
Satzung respektieren und der Nachbar, an dessen Grundstücks-
grenze Sie eine Gartenlaube stellen wollen, steht vielleicht unter
dem starken Druck seiner Frau, die unbedingt dort ihre Lieb-

lingsblumen züchten will, wo durch Ihr Häuschen Schatten entstehen wird.

Möglicherweise ist es auch wichtig, einiges über den Informationsstand der anderen Seite in Erfahrung zu bringen beziehungsweise zu wissen, über welche Unterlagen die anderen verfügen. Es könnte ja sein, dass Sie glauben, bestimmte Trümpfe im Ärmel zu haben, die sich dann, auf den Tisch gelegt, als alte Hüte erweisen, weil Ihr Gegenüber mit diesen Details längst vertraut ist.

Denken Sie schließlich daran, was Ihnen Ihr Verhandlungspartner in für Sie wichtigen Punkten aus seiner Sicht vielleicht argumentativ entgegenhalten könnte. Versetzen Sie sich am Besten in seine Situation und überlegen Sie sich, wie Sie an seiner Stelle die Lage sehen und beurteilen würden.

Um sich im Team auf den oder die Partner besser einstellen zu können, kann man übrigens die Verhandlung auch vorher durchspielen, indem z. B. einer in die Rolle eines bestimmten Partners schlüpft und als »Advocatus diaboli« dessen voraussichtliche Argumente vorbringt.

- Schließlich spielt auch die persönliche **Eigenart des Partners** bei Verhandlungen eine nicht zu unterschätzende Rolle. Es kann nur von Vorteil sein, wenn Sie sich auch in dieser Hinsicht so gut wie möglich präparieren.

Da Verhandlungen von Menschen geführt werden, fragen Sie sich bei der Vorbereitung auch, mit welchem **Persönlichkeitstyp** Sie zu verhandeln haben. Ist Ihr Partner als gesellig, gesprächig und zugänglich bekannt, oder trifft eher das Gegenteil zu? Wie schätzt er sich wohl selber ein, wie sieht sein so genanntes **Selbstbild** aus? Hält sich z. B. der Geschäftsmann, mit dem Sie verhandeln wollen, vor allem für clever, glaubt er, ein knallharter Austeiler zu sein oder sieht er sich lieber als unternehmerisch tätigen guten Kumpel, mit dem man Pferde stehlen kann? Wir suchen alle, unser Selbstbild im Verhalten des Partners bestätigt zu finden!

Ebenso ist zu fragen, wo im Einzelnen die **Stärken und Schwächen** oder Empfindlichkeiten des anderen liegen; wofür er sich persönlich besonders interessiert, worauf er vor allem anspricht; kurz: was bei ihm ankommt, aber auch, womit er nicht zu

beeindrucken ist. Sieht z.B. der potentielle Autokäufer in einem
Auto primär ein Zweckfahrzeug oder vor allem ein Mittel, sein
Prestige zu erhöhen?

Auch das **Geschlecht** spielt hier erfahrungsgemäß mit herein. So
tun sich Frauen mit Männern manchmal leichter, wenn sie diese
richtig zu nehmen wissen. Andererseits gibt es bekanntlich auch
Männer, besonders in öffentlichen Positionen und in Chefsesseln,
die Frauen als Verhandlungspartner nicht recht anerkennen.

Sollten Sie in der Lage sein, über die Eigenart derjenigen Person,
mit der Sie zu verhandeln haben, Wichtiges vorher in Erfahrung
zu bringen, so ziehen Sie die taktisch richtigen Schlüsse daraus,
wenn Sie die Verhandlung durchführen, wovon auf den folgenden
Seiten im Detail die Rede ist.

# XV. Ratschläge für die Durchführung einer Verhandlung

## 1. Wie Sie sich bei Verhandlungen verhalten sollten

Was für das Verhalten bei Diskussionen bzw. Sitzungen gilt, trifft natürlich auch bei Verhandlungen zu. Denn die Verhandlung ist ja auch eine Gesprächsform, freilich, wie wir schon gesehen haben, mit spezifischen Merkmalen. Diese Besonderheiten haben letztlich alle mit dem Thema »Behandlungstechnik« (vgl. S. 206 f) zu tun.

### • Kontaktthema zur »Aufwärmung« wählen

Nicht nur beim Referieren und Diskutieren gilt, dass man nicht mit der Tür ins Haus fallen sollte. Verhandlungen laufen in der Regel, zumindest atmosphärisch, besser ab, wenn die Partner sich zunächst positiv erleben.

Falls die Verhandlung bei Ihnen als Gastgeber stattfindet, etwa wenn Sie der Behördenleiter oder der Firmenchef sind, wird es Ihre Aufgabe sein, das Gespräch zu beginnen. Wählen Sie dazu ein konfliktfreies Thema, das sich aufgrund der jeweiligen Umstände gleichsam von selbst anbietet. Vielleicht ist über die Anreise und einige Beschwerlichkeiten bei der Parkplatzsuche einiges auszutauschen, oder das Wetter (beliebtes Kontaktthema!) wird ins Gespräch gebracht. Auch die räumlichen Verhältnisse können angesprochen werden (»Wir sind hier leider noch etwas beengt...«). Vielleicht kann man auch über gemeinsame Bekannte sprechen (»Wie geht es Herrn Meier?«), natürlich ohne Strittiges aufs Tapet zu bringen. Lachen entspannt. Diese Eingangskonversation sollte zwanglos und nicht inszeniert wirken. Sie sollte auch nicht zu sehr ausgedehnt werden. Wenn Teilnehmer schon ungeduldig auf die Uhr schauen und einer von ihnen womöglich sagt: »Kommen wir doch endlich zum Thema«, dann kann der Zweck eines solchen Übergangsgesprächs verfehlt sein.

Erfahrene Verhandler haben es im Gefühl, wann sie zur Sache überleiten können oder müssen, zum Beispiel mit der Formulierung: »Wir haben da ein Problem, bei dem wir Ihre Hilfe brauchen.«

Wesentlich für diese Kontaktphase ist, dass durch das »Aufwärm«-Gespräch (aus dem Englischen »warming-up« übernommen) eine möglichst entspannte Atmosphäre entsteht und jeder Anwesende schon einmal etwas – und zwar ohne eigenes Risiko – sagen kann und dass die Gesprächsteilnehmer dadurch auch von dem, was sie vorher möglicherweise sehr intensiv beschäftigt hat, innerlich wegkommen.

Das Kontaktgespräch hilft, Brücken zueinander zu schlagen und den Übergang zum eigentlichen Thema psychologisch zu erleichtern. Nicht zuletzt: Der Gesprächston ist jetzt gewissermaßen vorgegeben. Die Wahrscheinlichkeit, dass man auch in der Folge freundlich miteinander umgeht, ist größer geworden.

### • Gesellschaftliche Regeln beachten

Dass ein Verhandlungsgespräch in der angemessenen Tonart verläuft, hat natürlich auch mit den Umgangsformen zu tun. (Ich erinnere hier zunächst an den Aspekt: »Der andere als gleichberechtigter Partner«.) Wenn Sie vermeiden wollen, dass Ihre Verhandlungspartner schnell zu Verhandlungsgegnern werden, sollten Sie vor allem durch Ihr höfliches Verhalten zeigen, dass Sie die anderen als Menschen schätzen und ernst nehmen.

Falls Sie die Verhandlung zu führen haben, sollten Sie den Anwesenden Ihre volle Aufmerksamkeit schenken und nicht etwa den Eindruck vermitteln, als ob Sie eigentlich Wichtigeres zu tun hätten. Sorgen Sie gegebenenfalls dafür, dass die Gesprächsrunde nicht gestört wird, zum Beispiel durch Mitarbeiter, die mit der Unterschriftsmappe in die Verhandlung platzen, oder durch Telefongespräche.

Auch Überlegenheit zur Schau zu tragen und den oder die anderen ständig zu belehren, zahlt sich nicht aus, sondern verärgert nur. Der Betreffende wird nach Gelegenheiten suchen, sich zu revanchieren! Als Gastgeber wird man meist etwas anbieten und auch sonst (ohne heuchlerisch zu wirken) alles tun, damit sich die Verhandlungspartner wohl fühlen.

Die Chinesen sagen: »Wer nicht zu lächeln versteht, der sollte niemals einen Laden aufmachen.« Arthur Schopenhauer sagt dasselbe noch schärfer mit folgenden Worten: »Höflichkeit ist Klugheit;

folglich ist Unhöflichkeit Dummheit: sich mittels ihrer unnötiger- und mutwilligerweise Feinde machen ist Raserei, wie wenn man sein Haus in Brand steckt.«

- **Mit starken Argumenten beginnen**

Wenn Verhandlungspartner zum eigentlichen Thema kommen, stellt sich immer wieder die taktische Frage: Womit beginnen?

Natürlich werden Sie jetzt Ihr Anliegen vorbringen und argumentativ abstützen. Dazu empfehle ich, möglichst so vorzugehen, dass sich die Gegenseite nicht gleich zu einem Kontra provoziert fühlt und durch Widerspruch Streit entsteht. Besser ist es, wenn Sie sich zu Beginn auf das konzentrieren, was am ehesten akzeptiert beziehungsweise verstanden werden kann, was am wenigsten widerlegbar und was möglicherweise auch geeignet ist, Vertrauen aufzubauen.

Mit anderen Worten: Sprechen Sie nach Möglichkeit gemeinsame Berührungspunkte an.

Eine Volleyball-Mannschaft möchte vom Schulhausmeister, dass er sie an ein paar Samstagvormittagen zusätzlich zum üblichen Abendtraining in der Turnhalle trainieren lässt, weil ein wichtiges Turnier bevorsteht. Mit der Gemeinde hat zuvor ein positiv verlaufenes Gespräch stattgefunden, aber der Hausmeister muss zustimmen.

In dieser Situation wäre es ungeschickt, wenn die Sportler mit dem Hinweis begännen, dass die Stadt nichts gegen diese Belegung der Halle einzuwenden habe. Der Hausmeister könnte verärgert daran erinnern, dass es hier schließlich um sein freies Wochenende gehe, und dass ihm da die Stadt keine Vorschriften machen könne.

Besser wäre es in diesem Fall, wenn die Volleyballspieler von der Bedeutung des bevorstehenden Wettkampfes sprächen, zumal dann, wenn der Hausmeister ein sportlich aufgeschlossener Mensch mit einem gewissen Lokalpatriotismus ist. Dass die Stadt schon grünes Licht dafür gegeben hat, kann man später ergänzend anbringen.

Achten Sie überhaupt darauf, dass Sie nicht gleich Ihr ganzes Pulver verschießen. Einige Trümpfe sollten Sie immer noch in Reserve haben.

Wichtig ist ferner, dass Sie Ihr Anliegen nicht unnötig kompliziert und in endlosen Sätzen vorbringen, sondern gleichsam in Form einer klaren Skizze: das Wesentliche gut erfassbar. So steigt vielleicht der Sprecher der erwähnten Volleyballgruppe mit folgenden Worten in das Thema ein: »Wie Sie sicher schon wissen, steht unserer 1. Mannschaft im kommenden Frühjahr ein wichtiges Turnier bevor. Es geht um den Aufstieg in die Bezirksliga! Sie sind ja sportlich interessiert und werden verstehen, dass wir uns da optimal vorbereiten müssen. Deshalb brauchen wir bis dahin mehr Trainingszeit. Die Dienstagabende reichen da nicht aus. Nun ist an allen anderen Abenden die Turnhalle schon von anderen Sportgruppen belegt, und wir sehen nur den Ausweg, dass wir einige Male zusätzlich am Samstagvormittag trainieren. Dafür brauchen wir jetzt Ihre Zustimmung.«

Schließlich sollten Sie auch den Gesprächspartner bald zu Wort kommen lassen. Da, wie schon gesagt, der Teufel im Detail steckt, wird es ohnehin noch manches an Argumenten und Informationen zu ergänzen geben.

### • Den Partner beim Sprechen anschauen

Der Blickkontakt ist ein Zeichen der Zuwendung zum anderen. Er signalisiert aber auch, dass Sie ehrlich meinen, was Sie sagen. Es gehört zu unserer Alltagserfahrung, dass Lügner einem gewöhnlich nicht in die Augen schauen können. Denn man kann in Augen wirklich lesen.

Der Blickkontakt bietet aber zugleich die Möglichkeit, auf die Reaktionen des Gesprächspartners zu achten und diese zu berücksichtigen. Es kann sehr aufschlussreich sein, wenn jemand in einem Gruppengespräch immer wieder, vor allem am Ende seines Beitrages, seinen Blick zu einer bestimmten anderen Person wendet. Handelt es sich dabei um einen Partner von der gleichen Seite, so ist dieser offensichtlich der Meinungsführer, dem man nach dem Munde redet. Ist es ein Teilnehmer der anderen Seite, so kann man davon ausgehen, dass es dem gerade Sprechenden vor allem um dessen Zustimmung geht, dass er auf dessen Meinung oder Feedback besonders Wert legt.

Dass Blickkontakt allerdings auch lästig sein kann, wissen wir ebenfalls aus eigener Erfahrung. Niemand lässt sich gern unausgesetzt anstarren. Allzu intensives Fixieren kann aggressiv machen und ebenso unangenehm sein wie zu große körperliche Nähe bei Gesprächen mit Menschen, denen man persönlich nicht »nahe steht«, wie die treffende Metapher lautet.

Experimente von Verhaltensforschern haben übrigens gezeigt, dass Verhandlungen von Angesicht zu Angesicht leichter zu Übereinkünften führen, als wenn sich die Partner, wie beim bloßen Telefonkontakt, nicht sehen, sondern nur hören können.

## • Partner mit Namen anreden

In Kapitel XIII »Wie Sie sich Namen besser merken« wurde schon ausgeführt, dass es von Vorteil ist, wenn Sie Ihre Gesprächspartner persönlich anreden können. Diese werden sich dann direkter angesprochen fühlen. Das erleichtert den Kontakt und kommt dem Verhandlungsklima zustatten.

Prägen Sie sich also die Namen der anderen Teilnehmer gleich gut ein. Wenn Sie bei der Vorstellung, die ja meist am Beginn einer Verhandlung steht, einen Namen nicht richtig verstehen, so fragen Sie ganz ungeniert nach. Das ist bei dieser Gelegenheit keineswegs unhöflich, sondern wird im Gegenteil als Zeichen von persönlichem Interesse gewertet.

Sie müssen dann bei Ihren Beiträgen nicht sagen: »Wie mein Vorredner (oder Gegenüber) schon bemerkt hat ...«; oder, noch unpersönlicher: »Wie schon gesagt wurde in dieser Runde ...« Wie Sie wissen, ist oft auch die Verwendung eines bestimmten Titels als Anrede angezeigt. Ob Sie davon Gebrauch machen, muss im Einzelfall entschieden werden. Das hat natürlich mit dem Bekanntheitsgrad und der Stellung der Verhandlungsteilnehmer zueinander zu tun. Wer es gewohnt ist, von ferner Stehenden mit dem Titel angeredet zu werden, der wird es unter Umständen übel vermerken, wenn Sie nur die bürgerliche Anrede Herr oder Frau Soundso benutzen. Andererseits ist die Verwendung des Titels als Anrede in unserer demokratischen Gesellschaft deutlich rückläufig. Man sagt heute kaum mehr Herr Oberlehrer, Frau Inspektorin, Herr Ingenieur oder Frau Architektin. Bei Amtsträgern wie Ministern, Landräten oder Bürgermeistern, mit denen man in dieser Eigenschaft verhandelt, ist hingegen die Anrede mit dem Titel durchaus die Regel, ebenso bei Professoren und Pfarrern.

• **Klar und deutlich sprechen**
Von diesem Aspekt war bereits im ersten Teil dieses Buches (vg. S. 17 ff.) ausführlich die Rede. Deshalb hier nur einige Ergänzungen im Hinblick auf Verhandlungssituationen.

Wer sich nicht um eine für alle verständliche Ausdrucksweise bemüht, wird leicht als arrogant, desinteressiert oder schlicht als unhöflich eingestuft. Wer sich gleichsam verschlüsselt ausdrückt, will vielleicht gar nicht verstanden werden oder hat möglicherweise im Grunde nichts zu sagen – auch das gibt es in solchen Gesprächen. Manchmal sind auch kommunikative Hemmungen die Ursache dafür; sie sollen auf diese Weise überspielt werden.

Wie immer es auch zu interpretieren ist, wenn jemand nicht klar und deutlich redet, in Verhandlungsrunden kann es nachhaltig verärgern und damit positive Ergebnisse ernstlich in Frage stellen. Vor allem aber können solche Beiträge Sachverhalte unklar werden lassen und Missverständnisse erzeugen, die wiederum zu falschen Schlussfolgerungen Anlass geben können.

Achten Sie besonders auf die Wortwahl und verwenden Sie Fremdwörter nur dann, wenn Sie davon ausgehen können, dass diese auch von den anderen verstanden werden. Wenn Sie z.B. eine Verkaufsverhandlung über ein technisches Gerät mit einem Laien führen, überfahren Sie ihn nicht mit Fachausdrücken, die der andere nicht versteht und die ihn deshalb verunsichern oder gar misstrauisch werden lassen, weil er einfach nicht mehr durchblickt.

Und schließlich: Fremdwörter dürfen auch nicht, wie der Volksmund sagt, »Glücksache« sein. Benutzen Sie nur solche, die Sie selbst verstehen und bei denen Sie sicher sind, dass Sie diese korrekt aussprechen und im richtigen Sinnzusammenhang verwenden. So entgehen Sie der Peinlichkeit, dass man Sie womöglich verbessert oder herablassend belächelt.

• **Gut zuhören, keine Monologe führen**

Auch geduldiges Zuhören kann von entscheidender Bedeutung bei einer Verhandlung sein. Dabei handelt es sich leider, wie Sie sicher aus Erfahrung bestätigen können, um eine eher seltene Tugend: »Die Erde ist mehr ein Planet der offenen Münder als der offenen Ohren.« (Wolf Schneider)

Wer gut zuhört, bemerkt auch die Zwischentöne in den Ausführungen anderer und wird deren Absichten schneller erkennen. Wenn sich jemand seiner Sache nicht ganz sicher ist, dann erkennen Sie das vielleicht an bestimmten Redewendungen, etwa: »Ich rede jetzt mal ganz ins Unreine...« oder: »Das mag jetzt ziemlich blöd klingen...«

Wie bereits in anderem Zusammenhang erwähnt, sollen solche Einleitungen das Gesagte entschärfen, man will sich schon einmal absichern gegen Vorhaltungen der anderen Seite.

Amerikanische Psychologen haben in umfangreichen Untersuchungen herausgefunden, dass man vor allem am Tonfall erkennen kann, ob jemand die Wahrheit sagt oder lügt. Der Gesichtsausdruck wird im Allgemeinen besser unter Kontrolle gehalten, vor allem von Routiniers (Pokerface!).

Bekanntlich kann auch die Art des Lachens sozusagen diagnostisch sehr interessant sein. Man braucht nicht viel Menschenkenntnis zu besitzen, um zu merken, ob jemand boshaft, schelmisch, überheblich, verlegen oder aus ehrlicher Mitfreude lacht.

Wenn Sie sich angewöhnt haben, anderen gut zuzuhören, werden Sie weniger in Versuchung kommen, selbst zu viel zu reden, zu monologisieren. Sie werden dann besser wissen, was in dem Verhandlungsgespräch gerade aktuell oder wichtig ist, sich diszipliniert auf das Wesentliche beschränken und mit Ihrem Beitrag auch argumentativ eher den Nagel auf den Kopf treffen. Sie erkennen dann auch besser die Schwachpunkte der anderen Seite, und das wird Ihnen in taktischer Hinsicht zugute kommen.

Apropos Taktik: Weitschweifige Monologe können auch Absicht sein. Es kann sich dabei um Hinhaltetaktik handeln. Der betreffende Verhandlungspartner will vielleicht Zeit schinden und von schwierigen Fragen ablenken nach dem wohlbekannten Motto: »Kommt

Zeit, kommt Rat.« Doch dahinter kann auch eine Verschleierungs-absicht stecken. Der Redende will seine Meinung gar nicht klar zum Ausdruck bringen und verdeckt seine wahren Absichten hinter einem Schleier von Worten. Wenn Sie Anlass haben, das zu vermuten, sollten Sie besonders gut zuhören und gleich schriftlich festhalten, was Sie erkannt haben, um bei gegebener Gelegenheit darauf zurückkommen, den anderen festnageln zu können.

• **Den Partner möglichst nicht unterbrechen**
Vielsprecher und schlechte Zuhörer haben bekanntlich auch die Neigung, dem Verhandlungspartner ins Wort zu fallen, statt ihn ruhig ausreden zu lassen – eine gerade bei Vorgesetzten aller Schattierungen noch immer oft anzutreffende Unsitte. Kaum glauben sie, erkannt zu haben, was der andere meint, da unterbrechen sie ihn auch schon, meist in der Absicht, ihn zu korrigieren, ihm zu zeigen, dass sie es besser wissen. Ziehen Sie aus solchen Erfahrungen für sich selber die richtigen Schlüsse und vermeiden Sie es, andere nicht ausreden zu lassen; auch wenn Sie wie auf Kohlen sitzen, weil Sie durch eine Bemerkung provoziert worden sind. Sie können sich dann auch mit mehr Recht gegen jeden zur Wehr setzen, der Ihnen ins Wort fällt. (»Ich habe Sie eben auch ausreden lassen!«)
Natürlich hat das geduldige Zuhören auch eine Toleranzgrenze. Diese ist dann erreicht, wenn einzelne ständig abschweifen, sich wiederholen oder einen Sachverhalt bzw. Standpunkt in unnötiger Breite darstellen, ohne Rücksicht auf die Redebedürfnisse der anderen oder auf die vielleicht schon knapp werdende Zeit. In diesen Fällen, und wenn Sie selbst Wichtiges zu erwidern haben, sollten Sie versuchen, ans Wort zu kommen.
Welche Möglichkeiten gibt es dazu, wie kann ein Vielredner gestoppt werden?
Manchmal genügt schon ein optisches Zeichen, um dem anderen zu signalisieren, dass man dazu etwas sagen möchte; etwa ein skeptischer Gesichtsausdruck, eine deutliche Körperbewegung, vielleicht ein Kopfschütteln.
Noch deutlicher ist das Handaufheben, bekanntlich die normale Art, sich zu Wort zu melden. Das wird in der Regel genügen, wenn ein

Verhandlungsleiter da ist und die Wortmeldungen entgegennimmt. Von ihm kann und muss, wie in anderem Zusammenhang schon erwähnt, auch erwartet werden, dass er bei zu weitschweifigen Darstellungen im Interesse aller eingreift. Wenn in einer größeren Runde der Verhandlungsleiter Ihr Handzeichen geflissentlich übersieht – auch das kann Taktik sein, Gesprächsführer sind auch Menschen! –, dann müssen Sie sich notfalls durch Zuruf ins Spiel bringen: »Herr Vorsitzender, Sie haben meine Wortmeldung übersehen!«

Ist der Kreis kleiner und ohne Verhandlungsleiter, so dass Sie sich selber das Wort verschaffen müssen, können Sie auch Folgendes tun: Sie schieben an passender Stelle – beispielsweise, wenn der andere gerade nach einem Wort sucht, einen Satz endlich zu Ende gebracht hat oder Luft holt – eine Zwischenbemerkung ein, welche in Kurzfassung wiedergibt, was dieser eben vertreten hat: »Entschuldigen Sie, Sie meinen also …« oder: »Verstehe ich Sie also richtig, dass Sie …?« Meist hat eine solche, keineswegs ungehörige Intervention, ruhig vorgetragen, zur Folge, dass der Redefluss des Betreffenden ins Stocken gerät und er Ihre Zusammenfassung als richtig bestätigt: »Ja, das meine ich.«

Aus dem Monolog ist wieder die Dialogsituation geworden, und Sie können nun das Ihre dazu anschließen. Sollte der andere allerdings gleich zu einem neuen Redeschwall ansetzen, so bleibt Ihnen wohl nichts anderes übrig, als diesmal noch deutlicher zu werden und etwa einzuwerfen: »Bitte lassen Sie mich jetzt auch etwas dazu sagen.« Vielleicht erhalten Sie dabei auch die verbale Unterstützung von anderen Anwesenden.

- ● **Sympathie und Antipathie nicht dominieren lassen**
Wir haben eingangs schon gesehen, dass bei jeder Art von Kommunikation auch Gefühle im Spiel sind, dass die Beziehungsebene von nicht zu unterschätzender Bedeutung ist, besonders natürlich dann, wenn man sich Auge in Auge gegenübersitzt und die Körpersprache der oder des anderen deutlich wahrnehmen kann. Da melden sich oft ganz spontan auch Sympathie oder Antipathie, Zuneigung und Abneigung, meist ohne dass wir unsere Reaktionen

rational begründen oder rechtfertigen können. Wer mit anderen verhandelt, der legt es gar nicht so selten geradezu darauf an, den anderen emotional für sich zu gewinnen. Da wird gewinnend gelächelt, Charme verströmt und mit Komplimenten nicht gegeizt, um den Gesprächspartner einzuwickeln. Sympathiewerbung nennt man das. Manche können mit dieser Geheimwaffe virtuos umgehen.

Ich habe ja schon eine Lanze für Freundlichkeit und Höflichkeit gebrochen, muss nun allerdings auch vor der Verführung durch raffinierten Einsatz dieser Mittel warnen. Seien Sie auf der Hut! Hat man Sie einmal damit eingefangen, dann könnten Sie Ihre besten Gegenargumente vergessen, alle Skepsis über Bord werfen und in einer Weise zum Entgegenkommen bereit sein, die Sie nachher bereuen.

Auch hier gilt es, die Augen offenzuhalten und sich gegebenenfalls zu fragen: Was steckt dahinter? Ist dies ehrlich gemeint oder soll ich nur durch Charme aufs Kreuz gelegt werden? Am Besten ist es, Sie lächeln zurück, werden aber Ihrem eigenen Verhandlungskonzept nicht untreu.

Es kann Ihnen aber auch passieren, dass Sie einen Gesprächspartner gar nicht mögen, dass er Ihnen unsympathisch ist. Auch das kann der Verhandlung abträglich sein. Vielleicht gefällt Ihnen nicht die Art, wie jemand redet, er kommt Ihnen ungepflegt vor oder hat nach Ihrer Einschätzung schlechte Manieren.

»Dem gefällt meine Nase nicht«, heisst es im Volksmund. Das ist natürlich ganz irrational und weist uns auf die Tatsache hin, dass Antipathien sich manchmal auch deshalb einstellen, weil ein Teilnehmer – vielleicht unbewusst – nur an jemanden erinnert, mit dem man einmal schlechte Erfahrungen gemacht hat. Sie sind dann voreingenommen, möglicherweise schnell gereizt und ungeduldig, entwickeln unnötiges Misstrauen und gelangen schließlich zu eventuell folgenreichen Fehleinschätzungen. Das kann den Blick für die Sache trüben, um die es geht, und Sie können dadurch echte Chancen und gute Kompromissmöglichkeiten außer Acht lassen.

Wie auch immer, lassen Sie sich von solchen Emotionen nicht leiten, halten Sie innerlich Distanz, konzentrieren Sie sich auf den Gegenstand der Verhandlung und lassen Sie vor allem solche Regungen

nicht erkennen. Zu leicht wird damit eine Art Kettenreaktion ausge-
löst. Dann dominieren Gefühle und Voreingenommenheiten und
am Ende wundert sich jedermann, warum gerade diese Verhandlung
in eine Sackgasse geraten ist.

- **Empfindlichkeiten des Partners beachten**
- »Ach, gehn Sie mir doch mit diesem Argument!«
- »Ich kann dieses Wort schon gar nicht mehr hören.«
- »Alles, nur nicht das!«
- »Reden wir lieber von etwas anderem.«
- »Wenn ich das schon höre, werde ich gleich sauer.«
- »In diesem Punkt lasse ich nicht mit mir reden!«

Die Liste solcher Redewendungen lässt sich beliebig erweitern.
Wie oft treten wir bei Verhandlungen in ein Fettnäpfchen, ohne es
vorher geahnt zu haben. Im Abschnitt »Wie Sie eine Verhandlung
optimal vorbereiten« (S. 209 ff) habe ich schon beim Punkt »Eigenart
des Partners« darauf hingewiesen, dass Sie auch besondere Empfindlichkeiten auf der anderen Seite ins Kalkül ziehen sollten. Diese zu
kennen, ist bei wiederholten Gesprächskontakten im Allgemeinen
kein Problem. Sie wissen dann schon, dass der Abteilungsleiter
Mager auf den Kollegen Zacherl nicht gut zu sprechen ist, dass der
Bürgermeister sauer ist, wenn er nur das Wort »Jugendinitiative«
hört, dass der Vereinsvorsitzende etwas gegen Frauen im Vorstand
hat oder der Rektor Ängste entwickelt, wenn »schulfremde« Personen, die er nicht kennt, an einem Abend die Schulküche benutzen
wollen.

Wir haben alle unsere empfindlichen Stellen, niemand ist ganz ohne
Vorurteile. Wenn Sie in Verhandlungen Erfolg haben wollen, werden
Sie sich an diese banale Wahrheit erinnern müssen und nach Möglichkeit alles vermeiden, was beim Verhandlungspartner Unmut auslösen und seine Aufgeschlossenheit, sein Entgegenkommen beeinträchtigen kann.

»Wie kann ich das erreichen, wenn ich meinen Partner persönlich
noch gar nicht kenne?« werden Sie jetzt fragen. Nun, schon beim
ersten Kontakt, beim »Aufwärm-Gespräch«, lässt sich aus den Äußerungen des anderen und seinem sonstigen Verhalten so mancher

Schluss ziehen. Vielleicht lässt er da schon bestimmte Vorurteile klar erkennen. Verhandeln ist ja gerade in der ersten Phase immer auch ein Abtasten des anderen, und zwar thematisch-argumentativ und menschlich gleichermaßen.

Seien Sie hier beweglich in Ihrem Verhalten, wenn Sie sich über die Empfindlichkeiten Ihres Verhandlungspartners Klarheit verschafft haben. Das heisst natürlich nicht, dass Sie dem anderen nach dem Munde reden und um des lieben Friedens willen ohne Rückgrat verhandeln. Sie könnten auf diese Weise die andere Seite eher dazu ermutigen, sich noch forscher ins Zeug zu legen. Aber vielleicht können Sie gewisse Reizthemen umgehen, besonders dann, wenn Ihre Verhandlungsposition von Haus aus nicht sehr stark ist.

Führen Sie also den Kollegen Zacherl nicht als Kronzeugen an, wenn Sie wissen, dass der Abteilungsleiter dann gleich abwinkt weil er etwas gegen ihn hat. Er wird dafür auch Gründe finden!

Sollte es aufgrund des Verhandlungsgegenstandes nicht möglich sein, gewisse Themen oder Personen auszuklammern, dann können Sie vielleicht durch entsprechende Behutsamkeit in der Formulierung Verstimmungen vermeiden. Die richtige Medizin ist hier meist die Anknüpfung an positive Erfahrungen des Partners:

»Ich weiss, Herr Bürgermeister, dass wir mit dieser Jugendinitiative auch schon Ärger hatten. Aber beim letzten Stadtfest haben die jungen Leute recht aktiv mitgemacht und viel Anerkennung gefunden. Ich glaube, die sind besser als ihr Ruf.«

Frontales Anrennen gegen Vorurteile dürfte kaum zum Erfolg verhelfen: »Es ist leichter, ein Atom zu zertrümmern als ein Vorurteil«, sagte einer, der es wissen musste, nämlich Albert Einstein.

## • Aggressive Wendungen vermeiden

Verhandlungen werden bekanntlich aus taktischen Gründen oft hart geführt, besonders am Anfang. Jede Seite verschanzt sich hinter ihrer Position, führt »knallharte« Argumente ins Feld und versucht den Eindruck zu vermitteln, dass die Gegenseite schon sehr viel anbieten müsse, um sie selbst zum Einlenken bewegen zu können. Man will sich, wie es so schön heisst, so teuer wie möglich verkaufen.

Es gehören oft gute Nerven dazu, sich davon nicht beeindrucken zu lassen und vor allem aggressive Wendungen zu vermeiden, die ihrerseits wieder zu entsprechenden Reaktionen führen. »Auf einen groben Klotz gehört eben ein grober Keil«, denkt dann mancher zu seiner Rechtfertigung. Dieses Sprichwort dürfte indessen bei Verhandlungen weniger Wahrheitswert besitzen als die Redensart: »Wer schreit, hat unrecht.«

Lassen Sie sich nicht von der Gereiztheit anderer anstecken. Die Provokation kann als Einschüchterung gedacht sein oder als Versuch, Sie zu unbedachten Äußerungen zu verleiten oder in Widersprüche zu verwickeln. Dadurch können Sie leicht die Übersicht verlieren und taktisch ins Hintertreffen geraten.

Also ruhig bleiben, auch in solchen Situationen kühlen Kopf bewahren, »höflich, aber bestimmt« antworten. Das ist kein Ausdruck von Schwäche, sondern von Souveränität. Wenn Ihnen ein gegnerisches Argument gar nicht gefällt, dann sagen Sie beispielsweise nicht: »So viel Unsinn auf einmal habe ich noch nie gehört!« sondern vielleicht: »Mir scheint, Sie haben bei Ihrem Beitrag den Umstand übersehen, dass . . .«

Natürlich ist es manchmal auch angebracht, auf unnötige Schärfen der anderen Seite unmittelbar einzugehen. So werden Sie grobe Unterstellungen als solche beherrscht zurückweisen müssen, vor allem, weil sonst der Eindruck entstehen kann, dass der andere mit seiner Bemerkung Recht hat.

Scheuen Sie sich auch nicht, gegebenenfalls die aggressive Tonart der anderen Seite direkt anzusprechen, vielleicht in Frageform: »Sollten wir nicht endlich ruhiger über dieses Thema sprechen?« oder auch: »Ich glaube, es ist besser, wenn wir diese aggressiven Spitzen künftig weglassen, wir kommen dann in der Sache leichter voran.«

In der Regel führen solche Interventionen zu einer allmählichen Verbesserung der Atmosphäre, vorausgesetzt, beide Seiten sind an einem Verhandlungsergebnis wirklich interessiert. Taktisch gesehen gerät der so Zurechtgewiesene in die Defensive. Das kann Ihnen Positionsvorteile bringen, vor allem dann, wenn Sie nun mit einem Vorschlag zum Verhandlungsthema aufwarten können, den die andere Seite nicht gut zurückweisen kann.

● **Auch Spott und Ironie können schaden**

Stellen Sie sich vor, Sie sprechen mit Ihrem Chef wegen einer Gehaltserhöhung und teilen ihm Ihre Wünsche mit. Der Chef, mit Ihren Vorstellungen gar nicht einverstanden, reagiert wie folgt: »Mehr wollen Sie nicht? Ich bin enttäuscht; eine Spitzenkraft wie Sie kann doch mindestens das Doppelte beanspruchen!« Oder Sie bekommen in einer größeren Verhandlungsrunde von der anderen Seite zu hören: »Meine Herren, wir sind tief beeindruckt von dem, was Sie hier vorlegen. Da haben Sie sich wirklich angestrengt. Damit bringen Sie uns in fürchterliche Verlegenheit!«

Wie würden Sie das finden? Sie würden sich gewiss über solche ironische Bemerkungen ärgern. Denn diese zeigen, dass man Sie im Grunde nicht ernst nimmt und Ihre Leistungen beziehungsweise Bemühungen in keiner Weise würdigt, ja herabsetzt. Sie würden entsprechend reagieren und es gäbe vielleicht einen recht unerfreulichen Disput mit erheblicher beiderseitiger Verstimmung und weitreichenden Folgen. Wir wissen es schon: Ironisch sein bedeutet, in kritischer Absicht das Gegenteil des Gesagten meinen und das auch deutlich genug erkennen lassen. Das geschieht meist durch den Tonfall, begleitet von der entsprechenden Mimik.

In Verhandlungsrunden können sich Spott und Ironie nachhaltig störend auswirken. Man kann sie als besondere Spielart der Aggressivität bezeichnen. Ihre Konsequenzen gehen deshalb auch in dieselbe Richtung wie die der aggressiven Wendungen im vorigen Abschnitt. Der so Angesprochene wird sich zu rächen versuchen und mit gleicher Waffe zurückschlagen. Oder er wird verärgert »alle Schotten dicht« machen und die Verhandlung zum Nachteil der anderen blockieren.

Machen Sie sich aber auch nicht über Dritte, und zwar Abwesende, lustig. Wenn ein Verhandlungspartner genüsslich verkündet, wie er neulich Herrn Soundso ausgetrickst hat oder welche Fehler sich dieser beim letzten Gespräch geleistet hat, dann wird Sie das sicher nachdenklich machen. Sie werden sich denken: Was sagt der wohl bei der nächsten Gelegenheit über mich? Ihr Vertrauen in den Gesprächspartner wird auf Null sinken.

Spott sollten Sie in Verhandlungsrunden grundsätzlich meiden. Ironie taugt dabei allenfalls in Form der Selbstironie zur Auflockerung der Atmosphäre. Aber auch hiermit sollten Sie maßhalten. Wenn Sie zum Beispiel bemerken: »Was für ein Trottel bin ich nur! Ich habe manchmal eine furchtbar lange Leitung«, dann könnte das auch als versteckte Eitelkeit verstanden werden – natürlich halten Sie sich für blitzgescheit!

Ob indessen so etwas positiv oder negativ für Sie ausgelegt wird, hängt letzten Endes von der jeweiligen Situation und davon ab, wie die Verhandlungspartner zueinander stehen und wie gut sie sich kennen.

• **Übertreibungen vermeiden**

Bei Verhandlungen müsse man, so lautet die gängige These, immer zunächst wesentlich mehr verlangen, als man tatsächlich braucht, um dann schließlich das zu bekommen, was man eigentlich angestrebt hat. Für die Richtigkeit dieser Ansicht gibt es in der Tat viele Beweise.

Ein Verein braucht für seine Vorhaben im öffentlichen Interesse von der Stadt einen Zuschuss von 20 000 DM, beantragt aber vorsorglich 30 000 DM in der Erwartung, dass der Stadtrat ohnehin Abstriche machen werde. Die Stadt gibt tatsächlich 10 000 DM weniger, so dass der Verein am Ende genau das erhält, was er eigentlich braucht.

Bei Tarifverhandlungen gehört es schon zum Ritual, dass beide Seiten hoch pokern. Da wird dann auch noch mit Warnungen operiert (Aussperrungsdrohung bzw. Warnstreiks), kräftig Stimmung gemacht, ja ein wahrer Nervenkrieg entfesselt, und das mit möglichst viel öffentlicher Wirkung. Ziel solcher Strategien ist es, die andere Seite in eine Lage zu manövrieren, in der ihr am Ende nichts anderes übrig bleibt als nachzugeben. Natürlich hat man dabei auch die eigene Anhängerschaft im Blick: Die Wähler beziehungsweise Mitglieder, die ja zugleich die Betroffenen sind, müssen sehen, dass man wirklich kämpft. Sie werden das Ergebnis umso eher akzeptieren, je mehr sie davon überzeugt wurden, dass ihre Repräsentanten das Menschenmögliche getan haben.

Zu diesem Pokern gehört übrigens auch die Methode, Zugeständnisse auf einem Gebiet vom Entgegenkommen in einer anderen Frage abhängig zu machen. Bei Tarifauseinandersetzungen zum Beispiel geht es bekanntlich meist um verschiedene Verhandlungskomplexe, etwa um die Arbeitsbedingungen, um Lohnerhöhungen sowie um Laufzeiten und Termine. Das wird dann geschickt gegeneinander ausgespielt.

Sie sollten jedoch in jedem Einzelfall sorgfältig abschätzen, wie hoch Sie pokern können, ohne Ihre Seriosität einzubüßen und ohne dass das Verhandlungsinteresse der anderen Seite auf ein Minimum reduziert wird oder gar ganz erlischt. Selbstverständlich ist es immer legitim, Schwachstellen beim Gesprächspartner aufzuspüren und zu nutzen, um ein bestmögliches Verhandlungsergebnis zu erzielen. Nur muss man dabei »auf dem Teppich bleiben«, damit man seine Glaubwürdigkeit nicht aufs Spiel setzt und letzten Endes dadurch scheitert. Das gilt übrigens nicht nur für Forderungen, sondern auch im Hinblick auf die Argumentation.

Dazu ein Beispiel: Bei einer betriebsinternen Besprechung sperrte sich die Firmenleitung gegen die Einrichtung einer Betriebskantine mit dem Argument, damit würde die örtliche Gastronomie in ihrer Existenz gefährdet. Das allgemeine Gelächter auf der Seite der Mitarbeiter macht dem Geschäftsführer klar, dass er mit diesem Hinweis übertrieben hatte. Er musste den Rückzug antreten und gab in seiner Verlegenheit schließlich vor, das sei nur ein Scherz gewesen.

Auch Schlaumeierei mit dem Ziel, immer noch etwas herauszuschlagen, kann bei Verhandlungen ins Auge gehen. Spitzfindigkeiten und Haarspaltereien werden von aufmerksamen, intelligenten und halbwegs erfahrenen Verhandlungspartnern meist bald durchschaut und als Versuch entlarvt, aufs Kreuz gelegt zu werden. Die Folge: Man traut Ihnen nicht mehr über den Weg.

> **!** **Wichtig:**
> Nicht Schläue, sondern Klugheit ist bei Verhandlungen gefragt!

● **Gemeinsames und inzwischen Erreichtes betonen**
Verhandlungen können inhaltlich recht vielschichtig sein. Da geht es oft um eine komplexe Materie mit einer ganzen Reihe von Einzelproblemen, so dass man auch die Übersicht verlieren kann. Mitarbeitergespräche im beruflichen Leben gehören ebenso dazu wie Bauvorhaben im privaten Bereich oder Jahresplanungen im Vereinsleben, um nur einige zu nennen. Es ist deshalb nötig, besonders wenn Sie selber die Verhandlung zu führen haben, ab und zu in Erinnerung zu bringen, wo man gerade steht.

Auch hier sollten Sie immer das Positive herausstellen.

● Was haben wir bis jetzt erreicht?
● Wo konnten wir Gemeinsames erkennen?
● Welche Fortschritte haben wir inzwischen erzielt?

Jede Seite sollte das Gefühl haben können, dass es vorangeht und dass sie keinen Boden verloren hat. Für den weiteren Gang einer Verhandlung ist das von kaum zu überschätzender Bedeutung. Denn es ist wichtig, die Verhandlungs- und Kompromissbereitschaft aller wachzuhalten und eventuelle Stimmungstiefs zu überbrücken.

Aus diesem Grunde sollten Sie sich auch davor hüten, das Erreichte als den eigenen Vorteil zu feiern und den anderen, womöglich mit Siegerlächeln, spüren zu lassen, dass er eine Teilniederlage hat hinnehmen müssen.

Wenn der Verhandlungspartner Ihnen etwas zugesteht oder zugestehen muss, dann weisen Sie gegebenenfalls auch darauf hin, welche materiellen oder ideellen Vorteile das auch für ihn hat beziehungsweise welche negativen Folgen auch für ihn hätten eintreten können, wenn es nicht zu diesem Kompromiss gekommen wäre.

Sie vergeben sich nichts, wenn Sie bei dieser Gelegenheit auch einmal einen Dank oder ein Lob anbringen oder in anderer Weise, natürlich ohne Herablassung und ohne Übertreibung, erkennen lassen, dass Sie bzw. Ihre Mitarbeiter das Verständnis der anderen Seite voll zu würdigen wissen.

Vom früheren Bundeskanzler Ludwig Erhard stammt der Satz: »Ein Kompromiss ist die Kunst, einen Kuchen so zu verteilen, dass jeder meint, er habe das größte Stück bekommen.«

● **Gegebenenfalls zusammenfassen**

Wenn Verhandlungen länger dauern, dann lässt allgemein die Konzentration nach und verstärkt sich daher die Neigung, vom Thema abzuweichen und sich in Nebensächlichkeiten zu verlieren. Da werden oft persönliche Erinnerungen unnötig breitgetreten. Man gerät vom Hundertsten ins Tausendste und das Gespräch verläuft sich buchstäblich – vor allem, wenn auch der Verhandlungsleiter nicht mehr ganz bei der Sache ist. Sollten Sie diese Funktion innehaben, empfehle ich Folgendes:

Zum einen könnten Sie eine Pause vorschlagen. Sollte das aber nicht gewünscht werden, könnten Sie dadurch wieder Ordnung in das Gespräch bringen, indem Sie nicht nur an Erreichtes erinnern, sondern auch noch einen Schritt weiter gehen und den bisherigen Gang der Verhandlung zusammenfassen.

Achten Sie aber darauf, dass dies korrekt erfolgt und nicht etwa nur aus Ihrer subjektiven Sicht. Vermeiden Sie dabei auch alle wertenden Kommentare. Die Zusammenfassung soll ja von allen Gesprächsteilnehmern akzeptiert werden und darf keine neue Diskussion und Streit auslösen. Beschränken Sie sich hier auf das Wichtigste. Es genügt eine skizzenhafte Darstellung, etwa in Punkte gegliedert, beispielsweise so:

»Meine Damen und Herren, es ist wohl zweckmäßig, wenn ich an dieser Stelle zum Thema zurückführe und kurz zusammenfasse, worüber wir bisher verhandelt haben. Ich beschränke mich auf die vier wichtigsten Punkte:

1. . . . . . . . . . . . .
2. . . . . . . . . . . . .
3. . . . . . . . . . . . .
4. . . . . . . . . . . . .

Ist das so korrekt?«

Wenn hier kein Widerspruch erfolgt, zeigen Sie auf, welche Wegstrecke die Gesprächsrunde noch vor sich hat und was Sie als nächstes zur Behandlung vorschlagen. Bitten Sie dazu um Wortmeldungen.

Diese kurze Zwischenbilanz ist gegebenenfalls auch eine Hilfe für die Protokollführung. Die oder der mit dieser Aufgabe Betraute kann bei dieser Gelegenheit nachprüfen, ob alles Wesentliche richtig festgehalten worden ist.

● **Notizen machen**

Vermutlich ist Ihnen Folgendes auch schon passiert: Sie nehmen an einer Gesprächsrunde teil, es wird lebhaft diskutiert und bald sagt auch jemand etwas, auf das Sie eingehen möchten, weil Sie anderer Meinung sind. Aber Sie kommen nicht gleich zu Wort. Es vergehen etliche Minuten, bis Sie endlich dran sind. Doch als Sie aufgerufen werden, wissen Sie plötzlich nicht mehr, was Sie sagen wollten. Sie zermartern sich Ihr Hirn, es hilft nichts, es ist Ihnen entfallen und Sie verzichten wieder auf Ihre Wortmeldung, vielleicht mit der Verlegenheitsbemerkung: »Das hat sich inzwischen erledigt.«

Diesen ärgerlichen Vorfall hätten Sie sich ersparen können, wenn Sie sich den geplanten Einwand rasch notiert hätten. Deshalb sollten Sie, wenn Sie in Gespräche gehen, stets außer den anderen schon erwähnten Unterlagen auch immer Papier und einen Kugelschreiber für Notizen mitnehmen. Besonders wenn mehrere miteinander (und manchmal auch durcheinander!) reden, empfiehlt es sich, wesentliche Bemerkungen zu notieren, damit Sie auf diese zurückkommen können. Dadurch entlasten Sie Ihr Gedächtnis, haben den Kopf frei für die aktuelle Diskussion und können besser auf alle Argumente achten.

Es verlangt allerdings einige Übung, sich mit einem Minimum an Zeitaufwand kurze Notizen zu machen, die das Wesentliche in knappster Form treffen und die auch so übersichtlich angeordnet sind, dass Sie mit Ihnen arbeiten können. Die Gefahr besteht vor allem darin, dass Sie zu viel notieren, dadurch eben Gesagtes nicht aufnehmen und am Ende Wesentliches und Unwesentliches nicht mehr auseinanderzuhalten imstande sind.

Also keine ganzen Sätze aufschreiben – der genaue Wortlaut interessiert meist ohnehin nicht – sondern nur die Kernaussagen.

Herr Maier sagt beispielsweise: »Wir könnten unsere Vereinskasse am Besten dadurch wieder füllen, dass wir uns am nächsten Volksfest mit einem Flohmarkt beteiligen. Das haben die Wanderfreunde im vorigen Jahr mit großem Erfolg getan. Außerdem wäre das auch eine gute Werbung für unseren Verein. Bei dieser Gelegenheit könnten wir auch mit Handzetteln und Plakaten auf unsere nächsten Vorhaben hinweisen und schließlich auch mit vielen Leuten sprechen. Ihr wisst ja, die Mundwerbung macht's letzten Endes!«

Sie finden das beachtenswert und notieren:

Vorschlag Maier: Flohmarkt –
              Volksfest
              wie Wanderfreunde gute Werbung! (Handzettel,
              Plakate)

Vielleicht genügt Ihnen auch das Stichwort »Flohmarkt« für Ihre Stellungnahme.

Bei längeren Ausführungen anderer, zum Beispiel wenn der Verhandlung ein grundlegendes Kurzreferat vorangeht, ist es am besten, wenn Sie, wie schon beim Thema »Stichwortzettel« dargestellt, Wichtiges und Unterpunkte übersichtlich nebeneinander notieren.

Manchmal schreiben Verhandlungsteilnehmer ängstlich (oder auch misstrauisch) fast jedes Wort mit, das gesprochen wird. Wenn man nicht Protokollführer ist, kann das auf andere recht negativ wirken. Man fürchtet, auf jede vielleicht sehr spontan gemachte Äußerung festgenagelt zu werden oder dass das Gesagte anderweitig verwendet wird, reagiert mit Verstimmung und igelt sich möglicherweise ein.

### • Diplomatisch sein

In Bertolt Brechts »Galilei« steht der treffende Satz: »Angesichts von Hindernissen mag die kürzeste Linie zwischen zwei Punkten die krumme sein.«

Das ist zwar nicht geometrisch gedacht, aber diplomatisch, und Diplomatie wird gerade in Verhandlungen oft gebraucht. Das Wort lässt sich indessen ebensowenig scharf umreissen wie diplomatisches Handeln genau zu kennzeichnen ist. Im Kern geht es hierbei vor allem um **Beweglichkeit**. Wer mit dem Kopf durch die Wand will, der handelt auf klassische Weise undiplomatisch; er wird auch meist Schiffbruch erleiden. Steuern Sie also Ihr Verhandlungsziel nicht unbedingt direkt an. Fassen Sie zunächst das ins Auge, was am ehesten die Zustimmung der anderen Seite findet. Es gibt in Verhandlungen immer wieder Punkte, auf die man sich rasch einigen kann, vor allem, wenn man auch den richtigen Ton findet und sich die andere Seite verstanden fühlt.

Ein Behördenleiter hat von sich aus ein generelles Rauchverbot verfügt. Die Bediensteten sind damit nicht einverstanden und beauftragen den Personalrat, ein Gespräch mit dem Chef darüber zu führen, damit eine einvernehmliche Lösung gefunden wird.

Der Personalrat beginnt die Verhandlung mit massiven Vorwürfen und beklagt sich gereizt darüber, dass in dieser Angelegenheit nicht die Personalvertretung zugezogen wurde. Der Behördenleiter seinerseits reagiert verärgert, macht Gegenvorwürfe und versucht mit allen Mitteln, seine Entscheidung zu rechtfertigen. Man geht schließlich im Streit auseinander.

Besser wäre es gewesen, der Personalrat hätte zunächst Verständnis für diese Maßnahme gezeigt und die Überlegungen des Vorgesetzten grundsätzlich gewürdigt, um erst danach Bedenken gegenüber dessen Vorgehensweise zu äußern, vielleicht mit Hinweis auf die Mitwirkungsrechte der Personalvertretung. Dadurch wäre eher ein Klima geschaffen worden, das Kompromisse möglich macht.

Diplomatie soll natürlich nicht mit Rückgratlosigkeit verwechselt werden. Sie verträgt sich durchaus mit einer festen Haltung in der Sache, auf die es grundsätzlich ankommt. Entscheidend ist das Wie! So sollte auch Rechthaberei um jeden Preis vermieden werden. Statt zu sagen: »Geben Sie doch zu, dass Sie im Unrecht sind!« sollten Sie gegebenenfalls zu bedenken geben: »Ich glaube, in diesem Punkt irren Sie sich, weil...« Der Ton macht die Musik!

Apropos Ton: Es empfiehlt sich, bei Verhandlungen nicht immer in der Ich-Form zu sprechen. Die Bemerkung: »*Ich halte es für besser*, wenn wir in dieser Angelegenheit erst noch weitere Erkundigungen einholen, bevor wir endgültig entscheiden«, kann weniger wirksam sein als etwa die Formulierung: »*Was halten Sie davon*, wenn wir...?« Hier wird der Gesprächspartner um seine Meinung gebeten, damit als Person aufgewertet und ernst genommen, so dass eher eine positive Reaktion erwartet werden kann. Der diplomatische Verhandlungspartner baut Brücken, statt sie einzureissen. Er würdigt auch gute Argumente der anderen Seite im Interesse des mit Konsequenz angestrebten Verhandlungserfolges.

Zu den wichtigsten Methoden einer diplomatischen Gesprächsführung zählt, dass dem Partner immer wieder – aber nicht bis zu dessen Überdruss! – die positiven Folgen einer erwünschten Handlungsweise überzeugend vor Augen geführt werden.

So sagt der Personalrat vielleicht zum Behördenleiter: »Wenn wir hier zu einer einvernehmlichen Lösung kommen, wird niemand mehr behaupten können, Sie seien ein autoritärer Chef. Ihr Einlenken werden Ihnen die Kollegen sicher nicht als Schwäche auslegen, sondern als Zeichen einer souveränen, partnerschaftlichen Amtsführung.«

Da die meisten Menschen bekanntlich eine tiefverwurzelte Abneigung gegenüber Risiken jedweder Art haben, wird man diese bei Verhandlungen, wenn man sie schon nicht in Abrede stellen kann, möglichst klein erscheinen lassen gegenüber den zu erwartenden Vorteilen. Zur Diplomatie könnte es schließlich auch gehören, dass Sie ein Angebot nicht direkt ablehnen, sondern die Annahme mit einer Bedingung verknüpfen, welche die andere Seite nur schwer oder gar nicht erfüllen kann.

Ein Mitarbeiter verhandelt mit dem Firmenleiter über eine Gehaltserhöhung. Der Chef zeigt Verständnis, lobt die Fähigkeiten des Mitarbeiters, macht aber sein Einverständnis mit der höheren Einstufung davon abhängig, dass der Angestellte einen anderen Arbeitsbereich hinzunimmt, wohl wissend, dass dieser sich dafür gar nicht erwärmen kann.

Am Ende ist der Mitarbeiter mit weniger zufrieden und kann sich dafür weiter auf seine gewohnte Tätigkeit beschränken. In der so genannten großen Politik – aber nicht nur dort! – erleben wir es mitunter, dass aussichtsreiche Gespräche deshalb erschwert oder gar unmöglich gemacht werden, weil der in die Defensive Geratene ein Verhandlungsangebot mit Wünschen oder Forderungen beantwortet, von denen er im vorhinein weiss, dass die andere Seite nicht darauf eingehen wird. Man hat dann wenigstens Zeit gewonnen.

Manchmal findet bei Verhandlungen auch das statt, was der Volksmund einen Kuhhandel nennt. Dann wird der Vorteil der einen Seite mit einer Interessenbefriedigung der Kontrahenten auf einem ganz anderen Gebiet »belohnt«: Eine Stadtratsfraktion ist bereit, der Beförderung eines von der anderen Fraktion protegierten Beamten zuzustimmen, wenn diese dafür mit der Neubesetzung der Bibliotheksleitung durch »ihre« Kandidatin einverstanden ist (sog. Junktim).

Sie sehen, wie vielfarbig der Begriff »Diplomatie« in der Praxis schillert!

• **Festfahren der Verhandlung vermeiden**
Verhandlungen geraten manchmal ins Stocken, fahren sich an einem Punkt fest.

Woran kann das liegen und was ist dagegen zu tun?

Die Gründe dafür lassen sich hier gar nicht alle aufzählen. Da ist vielleicht, wie Politiker gern sagen, »der Vorrat an Gemeinsamkeiten erschöpft«, das heißt, es besteht kein Interesse mehr an einer Weiterführung der Verhandlung. In einem solchen Fall dürfte es das beste sein, das Gespräch zu beenden und gegebenenfalls mit weniger als erhofft zufrieden zu sein. Nicht immer können wir in Verhandlungen alles erreichen, was wir uns vorgenommen hatten.

Es kann aber auch passieren, dass sich an einem Punkt unvorhergesehene Schwierigkeiten einstellen, die in der Verhandlungsmaterie selber liegen. Hier könnte der Vorschlag weiterhelfen, Experten hinzuzuziehen.

Manchmal werden auch von einer Seite aus taktischen Gründen Mauern aufgebaut. Da werden vielleicht Fakten oder Argumente ins Spiel gebracht, mit denen die andere Seite nicht gerechnet hat, oder immer wieder neue Forderungen erhoben, auf die nicht gleich reagiert werden kann. Es könnte auch Verwirrung in den eigenen Reihen entstehen, welche die eigene Position zu schwächen droht und ein gutes Verhandlungsergebnis gefährdet.

Hier wird es das Beste sein, kurz entschlossen den Antrag auf **Unterbrechung der Verhandlung** zu stellen. Beide »Parteien« haben dann die Möglichkeit, ihre Positionen intern zu klären, das Verhalten der anderen Seite zu diskutieren und ihr weiteres Vorgehen zu beraten. Das sollte allerdings ohne Zeitdruck geschehen!

Eine solche Verhandlungspause führt nicht selten dazu, dass die Seite, die eine Unterbrechung durch ihr Verhalten provoziert hat, zur

Besinnung kommt und danach wieder beweglicher ist, so dass die Verhandlung konstruktiv weitergeführt werden kann und am Ende doch noch ein tragfähiger Kompromiss möglich wird. Gegebenenfalls wird es dazu auch mehrerer Verhandlungspausen bedürfen, um sich in einer schwierigen Position schrittweise aufeinander zuzubewegen.

Wenn es zum Stillstand kommt, sollte in jedem Fall der bisherige Gang der Verhandlung ins Gedächtnis gerufen und damit deutlich gemacht werden, wo das Problem steckt. Dabei müssen aber Schuldzuweisungen tunlichst vermieden werden, um die Fronten nicht noch mehr zu verhärten. Wenn Sie erkennen, dass die andere Seite für das Festfahren des Gesprächs eindeutig verantwortlich ist, dann sollten Sie auch nicht drängen und ungeduldig fordern: »Nun werden Sie sich doch endlich klar, was Sie wollen!«, sondern Verständnis zeigen für die Schwierigkeiten der oder des Kontrahenten und vielleicht bemerken: »Ich sehe, Sie haben an dieser Stelle Probleme. Das ist für Sie in der Tat ein etwas heikler Punkt. Aber bedenken Sie doch bitte auch Folgendes...«

Ein Denkanstoß dieser Art führt in der Regel dazu, dass das Gespräch wieder in Gang kommt oder zumindest klarer wird, was die Verhandlung überhaupt noch erbringen kann. Wenn Sie sich optimal auf die Verhandlung vorbereitet haben, kommt für Sie das Festfahren an einem bestimmten Punkt vielleicht auch gar nicht überraschend. Sie haben damit gerechnet und sind in der Lage, einen weiteren Aspekt ins Spiel zu bringen, der den Verhandlungsgegenstand in einem neuen Licht erscheinen oder gar eine Problemlösung erkennen lässt.

Dazu ein *Beispiel*: Vertreter des Elternbeirates einer weiterführenden Schule verhandeln mit der Schulleitung über die Beaufsichtigung mit Hausaufgabenbetreuung für Schüler an bestimmten Nachmittagen, besonders für Fahrschüler, die an diesen Tagen längere Wartezeiten haben, bis sie mit den öffentlichen Verkehrsmitteln heimfahren können. Das Gespräch droht, sich festzufahren, weil die Schulleitung erklärt, dass Lehrer dafür nicht zur Verfügung gestellt werden könnten, sie seien schon genug belastet. Da schlägt ein Vater vor, dass ja auch Eltern diese Aufgabe übernehmen könnten, zumal einige Mütter früher Lehrerinnen gewesen seien. Die Verhandlung kommt wieder in Gang und führt bald zu einer Lösung.

Sollte schließlich eine Verhandlung nur deshalb ins Stocken geraten, weil Teilnehmer wegen einer unpassenden Bemerkung von anderer Seite verärgert sind, so wird versucht werden müssen, wieder eine Brücke zueinander zu bauen. Gegebenenfalls dadurch, dass die strittige Äußerung erläutert oder zurückgenommen wird.

Einen Fehler zuzugeben oder sich dafür zu entschuldigen, ist mehr ein Zeichen von Souveränität als von Schwäche. Auch eine humorvolle Bemerkung an der richtigen Stelle, die nicht falsch verstanden werden kann, kann entkrampfend wirken, die Streithähne wieder versöhnen helfen und das Gespräch neu beleben.

## • Zum Schluss: Verhandlungsergebnis nennen

Am Ende einer jeden Verhandlung ist es notwendig, deren Ergebnis klar und unmissverständlich aufzuzeigen. Wenn Ihnen diese Aufgabe zufällt, sollten Sie dabei jede Weitschweifigkeit vermeiden und in straffer Form das Wesentliche nennen. Die Verhandlungsteilnehmer haben vielleicht mehrere Stunden zusammengesessen, sind ermüdet, aber auch erleichtert, dass man endlich zu einem Abschluss gekommen ist, und wollen jetzt nicht noch einmal alle Einzelschritte dieser Verhandlung hören.

Zählen Sie also die Punkte auf, über die Einigkeit erzielt worden ist und erwähnen Sie gegebenenfalls auch, was strittig beziehungsweise ungelöst bleiben musste, natürlich auch diesmal ohne Schuldzuweisungen. Damit Sie nicht wichtige Details übersehen, ziehen Sie Ihre Notizen dazu heran.

Ferner empfiehlt es sich, durch entsprechende Fragen alle Unklarheiten oder Missverständnisse zu beseitigen. Meist werden Vereinbarungen auch protokollarisch festgehalten und dann allen Beteiligten zugeschickt. Wenn die Verhandlung schwierig war und auch scharfe Worte gefallen sind, kann es schwer fallen, das Gespräch so positiv auslaufen zu lassen, wie es begonnen wurde. Aber auch hier lässt sich meist ein freundliches, versöhnliches Wort finden, das weitere Kontakte nicht verbaut.

Sagen Sie z. B. als Verhandlungsführer: »Wir haben hart miteinander gerungen, nun aber ein Ergebnis erzielt, mit dem wir alle zufrieden sein können. Dazu hat jeder auf seine Weise beigetragen und dafür danke ich Ihnen.«

Vergessen Sie nicht, dass nach Möglichkeit keine Seite im Bewusstsein, eine Niederlage erlitten zu haben, aus einer Verhandlung gehen sollte.

- **Nächsten Verhandlungstermin vereinbaren**

Verhandlungen müssen oft fortgesetzt werden, beispielsweise dann, wenn noch Expertenmeinungen einzuholen sind, wichtige Entscheidungsunterlagen nicht beizubringen waren oder die Zeit für eine gründliche Beratung nicht ausreichte.

In diesem Fall sollten Sie das nächste Treffen nicht auf die lange Bank schieben, sondern es möglichst gleich vereinbaren. Zumindest sollten Sie mit den anderen Teilnehmern Terminvorschläge erörtern. Wenn es bei dem Vorsatz einer telefonischen Terminvereinbarung bleibt, verstreicht oft viel wertvolle Zeit, bis man sich tatsächlich wiedertrifft. Auch hier gilt, dass man das Eisen schmieden sollte, solange es warm ist.

## 2. Auch Nachbereitung kann sich lohnen!

Nach dem Ende einer wichtigen Verhandlung ist in der Regel noch einiges zu tun, was man in Analogie zur Vorbereitung auch »Nachbereitung« nennen kann. Dazu gehören im Wesentlichen die folgenden Punkte.

- **Gedächtnisprotokoll anlegen**

Nicht bei jeder Verhandlung gibt es einen Protokollführer. Oft finden solche Gespräche ganz informell im kleinen Kreis statt, ohne dass hinterher Schriftliches vorgelegt wird. Gleichwohl können Gang und Ergebnisse solcher Besprechungen von Bedeutung für später sein. Da sollten Sie sich nicht denken: Ich merke mir das schon, bis ich es wieder brauche. Vielleicht müssen Sie auch Dritten darüber berichten, zum Beispiel Ihren Vorstandsmitgliedern im Verein oder Ihrem Dienststellenleiter.

Gehen Sie in diesem Fall allein oder zusammen mit anderen die Verhandlung noch einmal gedanklich durch und legen Sie knapp und übersichtlich unter Zuhilfenahme eigener oder fremder Notizen das Ganze schriftlich nieder. Man nennt das Gedächtnisprotokoll oder Aktennotiz.

Wenn übrigens während einer Verhandlung ein Kassettenrecorder (meist für den Protokollführer) mitläuft, sollte das zuvor vereinbart und allen Anwesenden bekannt sein.

### • Folgerungen ziehen

Versuchen Sie sich nach einer Verhandlung auch klarzumachen, was das Erreichte für Sie bedeutet. Welche Folgerungen sind daraus zu ziehen, was hat nun konkret zu geschehen und welche weiteren Schritte müssen gegebenenfalls ins Auge gefasst werden im Interesse noch nicht erreichter Zielsetzungen? Vielleicht müssen Sie jetzt auch mit bestimmten Leuten reden, die Sie weiter beraten können oder die Sie zur Umsetzung des Verhandlungsergebnisses in die Praxis brauchen.

Wenn das Gespräch über Ihre Höhereinstufung negativ verlaufen ist, reden Sie vielleicht im Anschluss daran mit Ihrem Betriebsratsvorsitzenden. Ihr Verein hat nach Verhandlung mit der Gemeinde erreicht, dass Sie Ihre Jubiläumsfeier in der städtischen Festhalle durchführen können. Nun müssen Sie z.B. noch ein Gespräch mit einer Brauerei wegen der Bewirtschaftung führen.

Viele Verhandlungen sind Einzelschritte in einem größeren Zusammenhang.

### • Kritische Selbstüberprüfung

Vergessen Sie nach einer wichtigen Verhandlung auch nicht die »Manöverkritik«, das heisst die selbstkritische Überprüfung Ihres eigenen Verhaltens.

Nicht immer sind die anderen allein daran schuld, wenn ein Gespräch missglückt oder zumindest nicht ganz zum gewünschten Ziel führt. Manchmal macht man aber auch sich selbst unnötige Vorwürfe, hadert mit seinem vermeintlichen Ungeschick und übertreibt dabei in der anderen Richtung.

Vermeiden Sie beide Extreme und versuchen Sie, sich möglichst objektiv Rechenschaft zu geben über Ihre Rolle bei der abgelaufenen Verhandlung.

Wesentliche **Fragestellungen** wären hier etwa:

- Habe ich mich taktisch richtig verhalten?
- Waren meine Argumente überzeugend genug?
- Was habe ich zu sagen vergessen?
- Habe ich mich von jemandem einschüchtern lassen?
- Habe ich mich zu unbeherrschten Äußerungen provozieren lassen?
- Hat es aufgrund meines Verhaltens Missverständnisse gegeben?
- Ist es mir gelungen, meine (die gemeinsamen) Interessen klar darzulegen?
- Habe ich immer genügend Verständnis für meine(n) Verhandlungspartner gezeigt?
- Gingen meine Vorschläge zu weit?
- Waren meine Erwartungen überzogen?
- Hat das Zusammenspiel im Team gut geklappt?
- War die Zusammensetzung der Verhandlungsrunde richtig?

Für die Nachbereitung ist auch die so genannte **VIR-Regel** eine brauchbare Orientierungsstütze:

V – Habe ich genügend *Verständnis* für meine(n) Verhandlungspartner gezeigt?

I – Ist es mir gelungen, meine *Interessen* klar darzulegen?

R – Waren meine Vorschläge zur *Regelung* des Problems überzeugend und akzeptabel?

Bei dieser Selbstüberprüfung kann ein Freund oder Kollege, der mit Ihnen verhandelt hat und zu einem ehrlichen Feedback in der Lage und bereit ist, eine große Hilfe darstellen.

Wer in Verhandlungen mehr Sicherheit und Geschick erlangen will, wird diesen Weg der kritischen Nachbetrachtung immer wieder gehen müssen. Denn erst dann kann Erfahrung wirklich in Erfolg umgemünzt werden. Somit ist diese Art von Nachbereitung schließlich für Sie die solideste längerfristige Vorbereitung auf kommende Verhandlungen.

## 3. Skizze einer Verhandlung

Verlauf und Ergebnis eines Gesprächs zwischen zwei Vertretern einer örtlichen Bürgerinitiative, dem Bürgermeister und dem Bauamtsleiter der Stadt Icksbrunn.

### Gegenstand: Errichtung eines Kinderspielplatzes.

Der Bürgermeister und der Leiter des Stadtbauamtes begrüßen die Vertreter der Bürgerinitiative, Frau A und Herrn B, im Amtszimmer des Bürgermeisters. Nachdem die Gesprächspartner Platz genommen haben, entspinnt sich ein kurzer Dialog über neue Parkmöglichkeiten in Rathausnähe. Diese werden von den beiden Gästen als sehr erfreulich bezeichnet.

Danach bringen *die Vertreter der Bürgerinitiative* ihr Anliegen vor: Eine größere, schon seit Jahren bestehende Baulücke im Ortszentrum (städtisches Grundstück) solle als Kinderspielplatz genutzt werden. Dies sei der Wunsch zahlreicher Mitbürger, besonders aus der nahen Umgebung dieses Grundstücks, wie eine Unterschriftenaktion erwiesen habe (Liste wird überreicht).

*Der Bürgermeister* entgegnet, dass die Schaffung von genügend Spielmöglichkeiten für Kinder schon immer ein Bestreben der Stadt sei. Er beurteilt deshalb diesen Vorschlag grundsätzlich positiv und begrüßt es, dass sich Bürger in dieser Hinsicht aktiv zeigen. Allerdings seien gerade in den letzten Jahren mehrere neue Spielplätze, sogar ein Abenteuerspielplatz, in verschiedenen Ortsteilen geschaffen worden, so dass für einen weiteren kaum mehr Bedarf bestehe.

*Der Bauamtsleiter* ergänzt, dass es für das in Frage stehende Grundstück bereits einen Bauinteressenten gebe, dem man indessen noch nicht zugesagt habe.

*Frau A* weist darauf hin, dass in der Nähe dieses Grundstücks heute mehr Familien mit Kleinkindern wohnen als früher und der nächste Spielplatz gut zehn Minuten entfernt sei. Es sei also gerade in diesem Wohnviertel ein Bedarf entstanden.

*Der Bauamtsleiter* meint, städtebauliche Gründe sprächen eher für eine Bebauung dieses Grundstücks als für einen freien Platz mit Spielgeräten. Deshalb habe sich auch seinerzeit der Stadtrat grundsätzlich dafür entschieden.

*Der Bürgermeister* gibt zu bedenken, dass durch die Nähe einer Verkehrsstraße außerdem die Kinder Gefahren ausgesetzt seien, wenn zum Beispiel ein Ball auf die Straße rolle und ein Kind hinterherläuft.

*Herr B* entgegnet, dass man sich über dieses Problem auch schon Gedanken gemacht habe; er geht auf Einzelheiten der Planung und Ausgestaltung ein und legt dar, durch welche Schutzmaßnahmen (Bepflanzung, Zaun, Anordnung der Spielgeräte u.a.) die genannten Gefahren vermieden werden könnten. Auch sollte der Platz parkähnlich angelegt werden. Dadurch würde das Ortsbild nicht beeinträchtigt, sondern eher verschönert werden.

*Frau A* spielt hier auf die nahen Kommunalwahlen an: Das Thema sei populär und bringe viele Stimmen.

*Der Bürgermeister* weist Spekulationen dieser Art weit von sich und erwidert, dass er sich bei allen Planungen selbstverständlich nur von sachlichen Gesichtspunkten leiten lasse. Die Überlegungen von Herrn B bezeichnet er als erwägenswert. Bei allem Wohlwollen für ein solches Vorhaben sei es jedoch nicht zu realisieren, da gegenwärtig keine Haushaltsmittel dafür vorhanden seien. Auch könne nicht er selbst oder die Verwaltung, sondern nur der Stadtrat über die Änderung der Grundstücksnutzung verbindlich entscheiden.

*Frau A* bemerkt hierzu, dass die Stadt für weniger wichtige Projekte Geld bereitgestellt habe, wie zum Beispiel für eine Kegelbahn, und dass schließlich auch eine öffentliche Verpflichtung zur Errichtung von genügend Kinderspielplätzen in Wohngebieten bestehe.

*Der Bürgermeister* verteidigt das Projekt Kegelbahn mit dem Hinweis, dass dadurch ein Teil des Untergeschosses der neuen Sporthalle optimal genutzt werden könne. Außerdem habe der örtliche Kegelklub die verbindliche Zusage gegeben, eine Reihe von Arbeiten in Eigenleistung zu übernehmen, wodurch man wahrscheinlich weit unter dem Haushaltsansatz bleiben werde.

Was die Verpflichtung zum Bau von genügend Spielplätzen betreffe, so habe sich die Stadt keinerlei Vorwürfe zu machen, wie auch wiederholt von Bürgerseite zum Ausdruck gekommen sei. Er räume jedoch ein, dass in dem genannten Ortsteil in der Tat ein Zuzug besonders von kinderreichen Familien festzustellen sei.

*Herr B* greift die Frage der Finanzierung erneut auf und betont, dass die Bürgerinitiative sich von den Aktivitäten des Kegelklubs nicht in den Schatten stellen lassen möchte. Sodann erklärt er sich namens der Bürgerinitiative bereit, einen Teil der Kosten durch eine Spendenaktion zu decken. Man habe sich bereits über diese Möglichkeit unterhalten und denke daran, dass die Spielgeräte und die Bänke von der Initiative gestiftet werden. Dadurch könnte der städtische Haushalt erheblich entlastet werden.

*Der Bauamtsleiter* nimmt diese Mitteilung positiv auf, betont aber, dass die Entlastung des Haushaltes nicht so groß sein werde, denn die Anlegung des Platzes werde nicht billig sein. Zudem schlage natürlich der Nichtverkauf des Grundstücks negativ zu Buche.

*Der Bürgermeister* würdigt ebenfalls die Überlegungen von Herrn B hinsichtlich der Finanzierung. Er äußert jedoch Skepsis, was die geplante Spendenaktion betrifft. Denn gerade in letzter Zeit seien immer wieder Vereine an Firmen herangetreten, so dass deren Spendenfreudigkeit nach seinen Informationen merklich nachgelassen habe. Er weist ferner darauf hin, dass die Folgekosten durch die Pflege der Spielanlage und die Wartung der Geräte nicht vergessen werden dürften. Auch an spätere Ersatzbeschaffungen müsse man denken.

*Frau A* hebt noch einmal die Wichtigkeit eines Kinderspielplatzes gerade in diesem Stadtgebiet hervor und zeigt sich überzeugt, dass der Bürger dafür Verständnis haben werde, auch wenn er keine Kinder habe bzw. woanders in Icksbrunn wohne. Die Verwendung von Steuergeldern sei hier voll gerechtfertigt.

*Herr B* erinnert an dieser Stelle an die Unterschriftenliste, die zeige, wie viele Mitbürger hinter diesem Wunsch stehen.

*Frau A* teilt nicht die Skepsis des Bürgermeisters im Hinblick auf die Spendenaktion. Sie nennt drei namhafte Firmen, die bereits ihre Unterstützung zugesagt haben.

*Herr B* ergänzt, dass er weitere Firmen kenne, die das Projekt Kinderspielplatz im Ortszentrum mit Zuwendungen unterstützen würden. Im Übrigen denke die Bürgerinitiative auch daran, anlässlich des nächsten Volksfestes eine Tombola durchzuführen.

*Der Bürgermeister* erklärt sich an diesem Punkt bereit, sich mit der Angelegenheit näher zu befassen. Selbstverständlich müsse die Gestaltung des Platzes in städtischer Hand liegen, wobei die Bürgerinitiative jederzeit Vorschläge machen könne. Vor allem denke er hier an die Auswahl der Spielgeräte, nachdem in der Initiative auch einige Pädagogen aktiv seien.

*Der Bauamtsleiter* denkt hinsichtlich der Planung der Anlage an einen bewährten Landschaftsarchitekten. Er nennt auch mögliche Firmen für die Spielgeräte, mit denen man bisher gute Erfahrungen gemacht habe.

*Herr B* schlägt vor, der Bürgermeister sollte versuchen, die städtischen Mittel für dieses Vorhaben im nächsten Nachtragshaushalt unterzubringen. Er selber werde sich mit allen Kräften dafür einsetzen, dass seitens der Bürgerinitiative alles wie besprochen verlaufe.

*Der Bürgermeister* hält den Vorschlag von Herrn B für realisierbar, falls überhaupt ein Nachtragshaushalt beschlossen werde. Dies sei zum jetzigen Zeitpunkt aber noch unsicher. Zunächst müsse der Stadtrat einen entsprechenden Grundsatzbeschluss fassen. Erst dann könne man die mögliche Finanzierung besprechen, an Einzelheiten der Ausgestaltung herangehen und konkrete Kostenberechnungen anstellen. Allerdings warne er vor zu viel Optimismus, zumal gerade in der Mehrheitsfraktion mit heftigen Widerständen gegen die Nutzungsänderung des angesprochenen Grundstücks zu rechnen sei.

*Frau A und Herr B* zeigen Verständnis für die Probleme seitens der Stadt und äußern die Absicht, in den nächsten Wochen mit Stadtratsmitgliedern aller Fraktionen zu sprechen, um sie von der Notwendigkeit dieses Projektes zu überzeugen.

*Der Bauamtsleiter* hat alle wesentlichen Besprechungspunkte notiert und *fasst wie folgt zusammen*:

1. Der Bürgermeister schlägt dem Stadtrat auf einer seiner nächsten Sitzungen vor, das städtische Grundstück X nicht wie geplant

zu bebauen, sondern darauf einen Kinderspielplatz zu errichten.

2. Die städtischen Mittel hierfür sollen gegebenenfalls im diesjährigen Nachtragshaushalt untergebracht werden.

3. Die Ausstattung des Platzes wird von der Bürgerinitiative durch eine Spendenaktion und durch eine Tombola finanziert.

4. Die Gesamtgestaltung der Anlage liegt in städtischer Hand. Dabei sollen Vorschläge der Bürgerinitiative nach Möglichkeit berücksichtigt werden.

5. Die pädagogische Beratung im Zusammenhang mit den Spielmöglichkeiten und der Gerätebeschaffung soll durch die Initiative erfolgen.

*Frau A und Herr B* bezeichnen diese Zusammenfassung als korrekt und bitten um rechtzeitige Verständigung, sobald die Angelegenheit im Stadtrat behandelt wird. Sie möchten bei der Beratung in öffentlicher Sitzung anwesend sein.

*Der Bürgermeister* sagt zu, die Vertreter der Bürgerinitiative für diese Sitzung besonders einzuladen.

*Der Bauamtsleiter* erklärt, gern Auskünfte über den jeweiligen Sachstand zu geben. Bei ihm könnten die Vertreter der Initiative auch erfahren, wann sich die verschiedenen Stadtratsausschüsse mit dem Projekt in öffentlicher Sitzung befassen.

*Frau A und Herr B* bedanken sich für das Gespräch und äußern die Hoffnung, dass der Kinderspielplatz möglichst bald in Angriff genommen werden kann.

---

Zusammenfassung von Kapitel XV:
Verhandlungstechnik

## 1. Grundsätzliches

- Verhandeln heisst Interessen ausgleichen.
- Verhandlungstechnik ist Behandlungstechnik.
- Der andere ist gleichberechtigter Partner.
- Der Verhandlungspartner soll kompetent sein.

## 2. Vorbereitung
- Verhandlungsziel klar kennen.
- Verhandlungsspielraum abstecken.
- Verhandlungsmaterie beherrschen.
- Sachlage von der Seite des Partners überdenken.
- Eigenart des Partners möglichst kennen.

## 3. Durchführung
- Kontaktthema zur »Aufwärmung« wählen.
- Gesellschaftliche Regeln beachten.
- Mit starken Argumenten beginnen.
- Den Partner beim Sprechen anschauen.
- Ihn mit seinem Namen anreden, evtl. auch mit Titel.
- Klar und deutlich sprechen, Missverständnisse vermeiden.
- Gut zuhören, keine Monologe führen.
- Den Partner möglichst nicht unterbrechen.
- Sympathie und Antipathie nicht dominieren lassen.
- Empfindlichkeiten des Partners beachten.
- Aggressive Wendungen vermeiden.
- Auch Spott und Ironie können schaden.
- Übertreibungen vermeiden.
- Gemeinsames und inzwischen Erreichtes betonen.
- Gegebenenfalls zusammenfassen.
- Notizen machen.
- Diplomatisch sein.
- Festfahren der Verhandlung vermeiden.
- Zum Schluss Verhandlungsergebnis nennen.
- Nächsten Verhandlungstermin vereinbaren.

## 4. Nachbereitung
- Gedächtnisprotokoll anlegen.
- Folgerungen ziehen.
- Kritische Selbstüberprüfung.

## 4. Übungen zu Kapitel XV
(Lösungen s. S. 274 ff)

### A. Verhandlungsskizze »Errichtung eines Kinderspielplatzes«

Analysieren Sie den Verlauf dieser Verhandlung, indem Sie die folgenden Fragen beantworten:

1. Wie beurteilen Sie das Kontaktgespräch?
2. Auf welche Weise haben die Vertreter der Bürgerinitiative ihrem Anliegen besonders Nachdruck verliehen?
3. Wie beurteilen Sie die erste Reaktion des Bürgermeisters?
4. Was halten die beiden Vertreter der Stadt ihren Gästen argumentativ entgegen?
5. Sind die Argumente der Bürgerinitiative Ihrer Meinung nach plausibel?
6. Ist die Anspielung von Frau A auf die Kommunalwahlen taktisch klug?
7. Ist der Vergleich von Frau A mit der Kegelbahn angebracht und stichhaltig?
8. Worin besteht das Entgegenkommen der Bürgerinitiative?
9. Wozu ist der Bürgermeister schließlich bereit?
10. Können Frau A und Herr B mit diesem Gespräch zufrieden sein?

### B. Was tun Sie, wenn...?

Welche Reaktionsmöglichkeiten für die häufig in Verhandlungen zu beobachtenden Verhaltensweisen sehen Sie? Notieren Sie Stichpunkte!

Ein Verhandlungspartner...

1. ...ist aggressiv.
2. ...weicht ständig aus.
3. ...ist unsicher und ängstlich.
4. ...spöttelt dauernd überheblich.

5.  ...ist unkonzentriert, hört nicht richtig zu und redet ständig mit seinem Nachbarn.
6.  ...fällt Ihnen immer wieder ins Wort.
7.  ...hat an allem etwas auszusetzen.
8.  ...hält endlose Monologe.
9.  ...drängt, hat angeblich wenig Zeit.
10. ...wiederholt sich ständig.
11. ...hat Probleme, Sie richtig zu verstehen (z.B. Ausländer).
12. ...sieht nur seine eigenen Interessen, hat sehr engen Blickwinkel.
13. ...versucht, Sie durch scheinbar verlockende Angebote zu ködern.
14. ...zitiert ständig aus Akten.
15. ...hüllt sich vielsagend in Schweigen.
16. ...drückt sich zu kompliziert aus.
17. ...betont immer wieder seine Fachkompetenz.
18. ...verbeißt sich in ein nicht so wichtiges Teilproblem.
19. ...gibt vor, Sie nicht zu verstehen, um Sie zu reizen oder zu verwirren.
20. ...streitet andauernd mit einem anderen Teilnehmer.
21. ...will Sie auf Widersprüche bzw. Ungereimtheiten festnageln.
22. ...reagiert auf Fragen ständig mit Gegenfragen.
23. ...redet öfter negativ über abwesende Dritte.
24. ...zieht das Gespräch absichtlich in die Länge (»filibustern«).

# XVI. Lösungsvorschläge zu den Übungen

*Lösungsvorschläge zu den Übungen von Kapitel II*

## A. Einfachere Ausdrucksweise

1. Der Ausflug fand wie geplant am letzten Samstag statt. Leider regnete es zeitweise in Strömen.
   Trotzdem war alles in bester Stimmung und jeder kam voll auf seine Kosten.
2. Über diese Frage wird viel geredet, aber es geschieht nichts!
3. Der Sprecher hatte am Nachmittag des Konferenzendes wiederholt verlangt, dass die Probleme realistisch eingeschätzt werden.
4. Schuldenmachen bringt nichts. Darüber ist man sich heute völlig im Klaren.
   Die Frage ist allerdings, wie man das allen verständlich machen kann.
5. Unser Hauptproblem ist, dass wir alles Unangenehme machen müssen und dass ihr euch auf das Populäre beschränkt. Diese Aufgabenverteilung machen wir nicht mehr mit.

## B. Verben anstelle von Hauptwörtern

1. Unsere Mitarbeiter bemühten sich sehr, konnten aber leider nicht abschließen.
2. Nachdem die Zuhörer über alle Probleme informiert worden waren, wurden verschiedene Fragen beantwortet.
3. Der Politiker meinte, dass hier nichts getan werden müsse.
4. Nachdem der Verdächtige verhaftet worden war, wurden seine Personalien festgestellt.
5. Auf dem Freigelände muss ein Rasen angelegt werden.
6. Weil die Straßenfläche einen Öl- und Fettbelag hatte, musste der Verkehr umgeleitet werden.
7. Es ist verboten, auf der Liftbahn abzusteigen, damit das junge Gras geschont wird.

## C. Aktivierung des Wortschatzes

1. Stichwörter zu »Teures Parken auf Behinderten-Parkplätzen«:
Mitteilung des ADAC in Bayern
auf Behindertenparkplatz nicht parken
kostet 30 DM
Gebot der Fairness
Verkehrssicherheit beeinträchtigt
Fahrzeuge abgeschleppt
Freie Wiedergabe:
Der ADAC in Bayern teilt mit, dass es verboten ist, sein Fahrzeug auf einem Behinderten-Parkplatz abzustellen. Man wird dann zur Kasse gebeten und muss 30 DM statt sonst 10 DM zahlen.
Das Innenministerium meint, wer auf solchen Plätzen parkt, verstößt auch gegen das Gebot der Fairness gegenüber Behinderten. Auch die Verkehrssicherheit wird dadurch beeinträchtigt, wenn dann ein Behinderter z. B. mühsam die Straße überqueren muss, weil sein Parkplatz besetzt ist.
Die Fahrzeuge von Gesunden können sogar abgeschleppt werden, wenn ein Behinderter sonst nicht parken kann.

## D. Sachlogisch richtige Reihenfolge

1. Wenn die Mutter eines autobegeisterten Sohnes ohne Führerschein ihre Autoschlüssel in der Küchenschürze an der Garderobe läßt, der Sohn diese an sich nimmt und mit dem Auto einen Unfall verursacht, dann handelt sie grob fahrlässig.
Das gilt vor allem, wenn der Sohn schon fünfmal bei Schwarzfahrten ertappt worden ist.
Die Versicherung muss deswegen auch nicht für den Unfallschaden aufkommen.

## E. Sätze verbessern, deren Metaphern nicht zusammenpassen

1. Das soziale Netz ist eine unverzichtbare Einrichtung unseres Rechtsstaates.
2. Der Redner hat mit seiner Bemerkung ins Schwarze getroffen.
3. Auch darüber wird im Laufe der Zeit Gras wachsen.

## F. Feststellung durch Beispiele bzw. Vergleiche verdeutlichen

1. Wenn Sie zum Beispiel auf einer Landkarte nach einem bestimmten Ort suchen und deshalb anhalten wollen, dann blinken Sie rechtzeitig, vermindern Sie Ihr Tempo und halten Sie nur an einer Stelle, wo andere Fahrzeuge ohne Schwierigkeiten an Ihnen vorbeifahren können.
2. Wenn Ihr Kind jeden Nachmittag stundenlang passiv vor dem Fernseher hockt und Sendungen wie »Der kleine Vampir« oder »Die rote Zora und ihre Bande« sieht, dann gewöhnt es sich schnell daran und ist von der Glotze nicht mehr wegzubringen. Für Spiele mit anderen Kindern an der frischen Luft ist es dann kaum mehr zu gewinnen.
3. Sie haben sicher auch schon oft beobachtet, wie Spaziergänger zum Beispiel nach einer Rast in einem Wald ihre Abfälle achtlos weggeworfen oder einfach liegen gelassen haben. Zigarettenschachteln, Butterbrotpapier und Pappbecher an den Wegrändern sind kein schöner Anblick und verschandeln die Natur.
Noch schlimmer ist es, wenn jemand im Wald gar seinen Auto-Ölwechsel macht und mit dem Altöl das Grundwasser gefährdet.

## *Lösungsvorschläge zu den Übungen von Kapitel IV*

1. Die Wähler sind der anderen Partei in Scharen davongelaufen.
2. Die ganze Belegschaft liegt Frau Schöneich zu Füßen.
3. Als der Redner geendet hatte, rührte sich keine Hand.

4. Man legte ihm ständig Stolpersteine in den Weg.
5. Wir befinden uns im Aufwind.
6. Herr Gebert hat den richtigen Stallgeruch.
7. Der Fahrer drehte voll auf und legte ein Affentempo vor.
8. Die Diskussion fand in erhitzter Atmosphäre statt.
9. Sein dünnhäutiger Konkurrent warf bald das Handtuch.
10. Dieses Argument brachte seine Gegner arg ins Schwitzen.
11. Unser Versammlungslokal ist nur einen Steinwurf vom Stadtzentrum entfernt.
12. Der Beschuldigte ging in Sack und Asche.
13. Der Gewählte hatte bald allen Kredit verspielt.
14. Die Verhandlungspartner benahmen sich wie die Axt im Walde.
15. Wir sind endlich über den Berg.
16. Der Chef platzte mitten in die Besprechung hinein.
17. Frau Worke hat früher mit Politik nie was am Hut gehabt.
18. Was du da sagst, kann man damit doch nicht in einen Topf werfen!
19. Das stundenlange Pflastertreten hatte uns müde gemacht.
20. Das Stimmengewirr im Hintergrund des Saales schwoll immer mehr an.
21. Martin hört die Flöhe husten.
22. Er hat es gewagt, ihm die Stirn zu bieten.
23. Wer Wind sät, wird Sturm ernten.
24. Ich bin doch nicht der liebe Gott!

*Lösungsvorschläge zu den Übungen von Kapitel V*

A. Einleitung und Schluss zu der Kurzrede ›Mitgliederstand‹

1. **Einleitung:**
Meine Damen und Herren,
unser 1. Vorsitzender hat uns in der letzten Hauptversammlung umfassend über die Aktivitäten des Vereins im abgelaufenen Jahr

informiert. Wie Sie sich alle erinnern werden, war das eine recht positive Bilanz, auf die wir insgesamt stolz sein können.
Nur eines muss uns mit etwas Sorge erfüllen: Die Zahl unserer Mitglieder ist leider zurückgegangen.

## 2. Schluss:
(Aufforderung)
Aber schon heute sollte sich jeder von uns aufgerufen fühlen, selber etwas in dieser Richtung zu tun.
Machen Sie, liebe Freunde, in Ihrem Bekanntenkreis auf unseren Verein aufmerksam; sprechen Sie besonders jüngere Leute an und laden Sie sie persönlich zu unseren Veranstaltungen ein!
Dann wird sich die Situation sicher bald ändern.

## B. Entwurf einer Meinungsrede

### 1. Gesundheit durch Bewegung

| (Lage) | Wir sind alle zu bequem | Auto, Freizeitverhalten (Fernsehen!). |
|---|---|---|
| | Folgen | Gewohnheiten entstehen, gesundheitliche Beschwerden (Herz, Kreislauf, Bewegungsapparat). |
| (Ziel) | Sich fit halten | Leistungsfähigkeit bewahren, Freude am Leben erhalten. |
| (Weg) | Täglich laufen | Spaziergänge, tägliche Besorgungen zu Fuß, Joggen, Schwimmen ... |

### 2. Weiterbildung ist immer aktuell

| (Lage) | Rascher Wandel überall | beruflich (techn. Entwicklung), öffentliches Leben (Politik, Gesellschaft). |
|---|---|---|
| (Ziel) | Mithalten können | auf der Höhe der Zeit sein, die Welt verstehen, urteilsfähig bleiben. |
| (Weg) | Weiterbildung | Lesen (Fachliteratur, Allgemeinbildendes), Volkshochschulen, Fortbildungsveranstaltungen, gezielt Fernsehen! |

**3. Demokratie im Betrieb?**

| (Lage) | Mitbestimmung noch oft im Argen | autoritäres Verhalten von Vorgesetzten, oft keine Betriebsräte, zu wenig Zivilcourage, manchmal wenig Solidarität der Belegschaft. |
| --- | --- | --- |
| (Ziel) | Mitreden, Mitverantwortung | dadurch optimales Betriebsklima, mehr Arbeitseffektivität. |
| (Weg) | Ausbau der Mitbestimmung | bessere gesetzliche Regelungen, mehr Verständnis der Unternehmer, häufiger Diskussionen über Betriebsklima etc., mehr Information durch Betriebsleitung. |

## C. Gelegenheitsrede

1. Dank an den Leiter eines Italienisch-Kurses:

Caro Signor Bedami, liebe Kurskollegen!

Heute abend ist unser Italienisch-Anfängerkurs zu Ende gegangen.

Vielleicht geht es euch auch so wie mir: Ich habe das Gefühl, dass die Zeit viel zu schnell vergangen ist, viel schneller jedenfalls, als ich es anfangs glaubte. Zu Kursbeginn hatten ja manche von uns noch Zweifel, ob sie wohl gut im Unterricht mitkommen würden. Schließlich liegt unsere Schulzeit schon einige Jahre zurück! Aber Sie, lieber Herr Bedami, haben uns schnell unsere Ängste genommen. Es ist Ihnen auch immer wieder gelungen, uns durch Ihren lebendigen Unterricht den Arbeitsalltag vergessen zu lassen. Wir haben viel gelernt – und auch viel gelacht! Und Ihr Heimatland ist uns nun auch nähergerückt: Italien sehen wir jetzt mit anderen Augen als zuvor.

Für all das danken wir Ihnen heute, lieber Herr Bedami. Nehmen Sie dieses kleine Geschenk als Erinnerung an Ihre Kursteilnehmer entgegen. Wir wünschen uns, dass es im Herbst eine Fortsetzung dieses Kurses gibt – natürlich mit Ihnen! Buone vacanze e arrivederci!

*Lösungsvorschläge zu den Übungen von Kapitel VI*

## A. Wiedergabe eines Textes im Redestil

### 1. Mehr Gift in unseren Böden:

Meine Damen und Herren,

können Sie sich vorstellen, dass es in 50 Jahren bei uns keine Bauern mehr gibt? Da ist vor einiger Zeit eine Alarmmeldung durch die Presse gegangen, die uns merkwürdigerweise jedoch kaum aufgeschreckt hat.

Vielleicht erinnern Sie sich noch daran: Der nordrhein-westfälische Landwirtschaftsminister Bäumer teilte damals mit, dass es in der Bundesrepublik in etwa 50 Jahren verboten sein wird, Nahrungsmittel zu erzeugen. Auf jeden Fall wird die Erzeugung erheblich eingeschränkt werden müssen. Sie werden jetzt den Grund dafür wissen wollen.

Nun, man nimmt an, dass bis dahin die meisten landwirtschaftlichen Böden durch Schwermetalle total vergiftet sind. Wenn das keine Hiobsbotschaft ist!

Meine Damen und Herren, wenn es dazu nicht kommen soll, werden wir uns schnell etwas einfallen lassen müssen...

### 2. Information zur Wahl:

Liebe Mitbürgerinnen und Mitbürger!

Wie Sie wissen, findet am 20. Mai die Wahl statt. Falls Sie körperbehindert sind, können Sie sich dafür einen Stimmschein besorgen. Sie können auch wählen, wenn Sie am Wahltag nicht zu Hause sind. Gehen Sie dann bitte auf das entsprechende Amt Ihrer Gemeinde und füllen Sie dort einen Antrag aus. In kleinen Gemeinden ist das noch bis Samstag 12 Uhr möglich, in Gemeinden wie der unseren müssen Sie das schon bis morgen abend 18 Uhr erledigt haben. Mit dem Stimmschein können Sie dann in jedem Stimmbezirk abstimmen.

Es wird Sie, meine Damen und Herren, sicher auch interessieren, dass es für Kranke und Körperbehinderte außer dem Stimmschein noch eine weitere Sonderregelung gibt: Sie brauchen zur Wahl selbst gar keinen Fuß vor die Tür zu setzen! Sie können in der Zeit vom 17. bis 20. Mai auch in Ihrer Wohnung abstimmen! Wie das geht? Nun, es kommt, wenn Sie das wünschen, ein so genannter beweglicher Wahlvorstand zu Ihnen ins Haus. Vergessen Sie aber nicht, dies rechtzeitig schriftlich, mündlich oder telefonisch zu beantragen, wenn Sie krank oder körperbehindert sind!

### *Lösungsvorschläge zu den Übungen von Kapitel VII*

**Wie verhalten Sie sich, wenn . . . ?**

1. Motivieren Sie sich positiv: Da gibt es etwas zu sagen! Konzentrieren Sie sich voll auf die gegebene Situation; schalten Sie eine Minute der Besinnung ein.
   Formulieren Sie aus der Augenblicksstimmung heraus; knüpfen Sie an vorher Gesagtes an und spinnen Sie ggf. den Faden weiter.
   Fassen Sie sich kurz: Ein paar prägnante, die Situation treffende Sätze genügen!
   Niemand erwartet von Ihnen jetzt eine perfekte Rede. Wenn Sie auf keine Weise zu motivieren sind: Sagen Sie höflich nein.

2. Erkundigen Sie sich, was möglicherweise schon von anderer Seite gesagt wird. Gehen Sie in einer stillen Ecke Ihren Stichwortzettel durch, konzentriert und ruhig, und streichen Sie alle nicht mehr wichtigen Punkte.
   Begründen Sie u. U. knapp die Kürzung zu Beginn Ihrer Ausführungen (»Die Zeit ist leider sehr vorgeschritten, deshalb will ich mich kurz fassen und nur auf Folgendes hinweisen . . .«).

3. Entspannen Sie sich, so gut es geht: Setzen Sie sich bequem und locker auf den Stuhl, atmen Sie einige Male ruhig durch (ausatmen!). Tauschen Sie ggf. ganz gelassen ein paar Worte mit anderen Anwesenden. Denken Sie jetzt nicht daran, was hinter Ihnen liegt, sondern nehmen Sie das vor Ihnen Liegende mit Ihrem ganzen Interesse in den Blick. Wenn möglich, bitten Sie die Organisatoren, Ihnen noch ein paar Minuten zum Verschnaufen Zeit zu lassen.

Beginnen Sie langsam und mit kurzen Sätzen, bringen Sie sich so in einen ruhigen Sprechrhythmus. Sprechtempo erst allmählich steigern.

4. Konzentrieren Sie sich ganz auf das, was Sie sagen wollen, und bleiben Sie von dessen Wichtigkeit überzeugt! Denken Sie daran, dass auch so genannte Prominente Menschen sind, denen Sie etwas zu sagen haben. Freuen Sie sich, dass auch wichtige Leute zu Ihren Zuhörern gehören.

5. Machen Sie eine Pause, atmen Sie dabei ruhig durch, stehen oder sitzen Sie bewusst entspannt, strecken Sie ggf. die Beine von sich, zeigen Sie vor allem keine Ungeduld!

Wenn es passt, lächeln Sie freundlich ins Publikum. Wenn Ihr Publikum wieder aufmerksam ist, wiederholen Sie vielleicht zunächst Ihren letzten Gedanken, bevor Sie mit Ihrem Referat fortfahren.

6. Nehmen Sie nur die Unterlagen (Blätter) in die Hand, die Sie wirklich brauchen. Stecken Sie Ihren Kugelschreiber vorher weg, Sie müssen sich an nichts festhalten!

Stehen Sie entspannt, achten Sie auf gute »Bodenhaftung«. Halten Sie Ihre Redeunterlagen in günstigem Abstand zu den Augen vor sich, möglichst nur in einer Hand, damit die andere frei ist für die Gestik.

»Spickzettel« nie in der gestreckten Hand halten oder gar hinter dem Rücken verschwinden lassen, Sie haben nichts zu verbergen!

7. Beziehen Sie das nicht gleich auf sich und Ihre Vortragsweise: Es gibt tausend Gründe, warum Zuhörer einmal vorzeitig wegmüssen! Sprechen Sie konzentriert weiter, wenn keine Unruhe entsteht und andere abgelenkt werden. Sollten Sie wirklich Anlass zu der Vermutung haben, dass das Weggehen etwas mit Ihnen zu tun hat, etwa weil Sie schon zu lange reden, straffen Sie das, was Sie noch sagen wollen, und kündigen Sie ggf. das nahe Ende Ihres Referates an, vielleicht mit einer Überleitung, die Verständnis signalisiert (»Ich weiß, ich muss jetzt zum Ende kommen. Lassen Sie mich aber noch Folgendes sagen...«).

Reden Sie ggf. mit einem Freund, der Ihnen zugehört hat, hinterher darüber, und ziehen Sie die richtigen Schlüsse aus dem Vorfall. Es fällt kein Meister vom Himmel!

8. Nehmen Sie diese Tatsache gelassen zur Kenntnis und sagen Sie mit Engagement, aber ohne zu übertreiben, was Sie sich vorgenommen haben und wovon Sie überzeugt sind. Lassen Sie sich nicht von Gedanken daran beherrschen und ablenken, was Ihnen diese Leute wohl entgegenhalten werden.

Beziehen Sie sich vor allem nicht verbal auf diese Gruppe (etwa: »Einige von Ihnen glauben vielleicht...«); sie würde das als Unsicherheit auslegen und sich erst recht zum Widerspruch ermuntert fühlen. Fürchten Sie das mögliche Kontra nicht: Widerspruch belebt!

9. Legen Sie eine Sprechpause ein, atmen Sie ruhig durch und konzentrieren Sie sich verstärkt auf den Inhalt Ihrer Rede.

Achten Sie auch darauf, dass Sie stimmlich nicht verkrampfen. Senken Sie Ihre Stimme etwas und sprechen Sie bewusst langsamer und artikulierter, dann wird Ihnen das leichter gelingen.

Schauen Sie nicht dauernd auf die Zuhörer (z. B. die trauernden Hinterbliebenen), von deren Emotionen Sie so stark ergriffen werden; blicken Sie auf andere. Auch ein häufigerer Blick auf Ihre Redeunterlage kann hier helfen. Vermeiden Sie Formulierungen, durch die Sie sich selber vielleicht noch stärker aus der Fassung bringen.

Sagen Sie vielleicht weniger, als Sie sich vorgenommen hatten. Im Übrigen: Ergriffenheit darf man sich auch anmerken lassen!

10. Versuchen Sie nicht, den verlorenen Gedanken herbeizuzwingen. Wiederholen Sie in Ruhe das zuletzt Gesagte mit besonderer Betonung dessen, was Ihnen vor allem wichtig erscheint, vielleicht auch mit einem weiteren Beispiel. Sie können den »Blackout« auch mit einer kurzen Zwischenbilanz überbrücken. Meist stellt sich der gesuchte Gedanke dann wieder ein. Sollte das nicht der Fall sein, so fahren Sie mit dem fort, was Sie sonst noch sagen wollten. Oft lässt sich die Gedankenlücke noch im Nachhinein ausfüllen (»Ich vergaß vorhin, zu sagen, dass...« oder »Ich möchte noch Folgendes nachholen...«).

Im Übrigen ist es keine Schande, einmal den Faden zu verlieren und das auch einzugestehen. Dies passiert auch routinierten Rednern. Die sichersten Mittel dagegen sind Gelassenheit und natürlich ein guter »Spickzettel«.

## *Lösungsvorschläge zu den Übungen von Kapitel IX. Abschnitt 1*

### Aufbau eines Diskussionsbeitrages zu vorgegebenen Zwecksätzen

1. Einstieg: Tochter seit Herbst in der Realschule.
   Argumente: 35 Schüler in der Klasse: viel zu viele; Massenbetrieb: oft Unruhe im Unterricht, kaum individuelle Förderung, gegenseitiges Kennenlernen schwer; Schüler brauchen besonders in Anfangsklassen persönliche Betreuung.
   Zwecksatz: *Deshalb nur 20 Kinder pro Klasse anstreben.*
2. Einstieg: Hinweis auf eben vorgelesenen Kassenbericht.
   Argumente: Schlechte Finanzlage: keine Reserven mehr; aber: Anschaffungen nötig, (neue Geräte!); Vereinsheim muss renoviert werden; städtischer Zuschuss? Nur, wenn wir zuvor selber etwas tun!
   Zwecksatz: *Deshalb Erhöhung des Vereinsbeitrages auf jährlich 20 DM.*
3. Einstieg: Mannschaft ist abgestiegen.
   Argumente: Spieler nicht optimal geführt – guter Wille allein reicht nicht aus! Wende nur durch qualifizierte Betreuung, Kassenlage ist gut.
   Zwecksatz: *Deshalb Einstellung eines hauptamtlichen Trainers.*
4. Einstieg: Fasching steht wieder einmal bevor.
   Argumente: Schlechte Erfahrungen im letzten Jahr: organisatorische Pannen, Aufgaben nicht richtig verteilt, Musikkapelle wurde kritisiert.
   Bessere Vorbereitung nötig!
   Zwecksatz: *Deshalb Vergnügungsausschuss bilden.*
5. Einstieg: Schon eine Stunde Beratung über diesen Tagesordnungspunkt!

Argumente: Alles Wesentliche wurde gesagt, Argumente wiederholen sich, noch zwei weitere Tagesordnungspunkte zu behandeln; wir wollen noch vor Mitternacht nach Hause!
Zwecksatz: *Deshalb Schluss der Debatte und Abstimmung.*

## *Lösungsvorschläge zu den Übungen von Kapitel X*

### A. Argumentation nach dem Fünfsatz-Schema

Selbstverständlich konnten Sie hier auch eine ganz andere Meinung entwickeln; entscheidend ist der logische Aufbau der Argumente.

**1. Wenn-dann-Schema: Tempolimit auf Autobahnen?**
1. (Einstieg) Was Herr Huber eben vorgeschlagen hat, sollte nicht so ohne weiteres vom Tisch gewischt werden.
2. (Arg. 1) Wenn wir nämlich auf unseren Autobahnen ein Tempolimit einführen, wird es sicher viel weniger schwere Unfälle geben.
3. (Arg. 2) Das bedeutet, dass möglicherweise Tausende von Menschen jährlich nicht sterben müssen.
4. (Arg. 3) Mit dieser Regelung würden wir schließlich mit den anderen Ländern Europas und Amerikas gleichziehen, die alle längst solche Geschwindigkeitsbeschränkungen haben.
5. (Zwecksatz) Deshalb fordere auch ich, dass ein Tempolimit beschlossen wird!

**2. Dialektik: Soll im Winter Salz gestreut werden?**
1. (Einstieg) Man muss das Problem von verschiedenen Seiten sehen.
2. (Arg. 1) Einerseits ist zu bedenken, dass Schnee und Glatteis auf den Straßen eine große Gefahr für jeden Verkehrsteilnehmer darstellen. Das Streusalz ist das wirksamste Mittel dagegen.
3. (Arg. 2) Andererseits jedoch wissen wir auch, dass das Salz die Umwelt, vor allem unsere Bäume, erheblich gefährdet.
4. (Arg. 3) Wägt man beides gegeneinander ab, so muss man wohl sagen, dass der Schutz des menschlichen Lebens an erster Stelle

stehen sollte. Allerdings sollte auch mehr als bisher an die Umwelt gedacht werden.

5. (Zwecksatz) Aus diesem Grunde bin ich der Ansicht, dass das Salz nur da gestreut werden sollte, wo es wegen der Verkehrssicherheit unumgänglich ist.

### 3. Deduktion: Arbeit auch an Wochenenden?

1. (Einstieg) Ich kann mich Ihrer Meinung nicht anschließen.

2. (Arg. 1) Wir sollten grundsätzlich am arbeitsfreien Wochenende festhalten; das gehört zu unserem natürlichen Arbeitsrhythmus.

3. (Arg. 2) Infolgedessen muss es die seltene, unvermeidbare Ausnahme bleiben, wenn jemand auch an Wochenenden arbeitet.

4. (Arg. 3) Das hat nicht nur für den Einzelnen, sondern auch für das Familienleben und weit darüber hinaus Vorteile, die man gar nicht hoch genug bewerten kann. Ich denke hier nur an den gemeinsamen Kirchgang und an Ausflüge.

5. (Zwecksatz) Daher empfehle ich, an der bisherigen Regelung nichts zu ändern.

### 4. Induktion: Flexibler Ladenschluss?

1. (Einstieg) Es wird unter anderem behauptet, dass flexiblere Ladenschlusszeiten höhere Umsätze bringen.

2. (Arg. 1) Ich meine, das geht an den Tatsachen vorbei, wie sich zum Beispiel in anderen Ländern gezeigt hat.

3. (Arg. 2) Dort hat man auch die Erfahrung gemacht, dass eine solche Regelung eindeutig zu Lasten der kleineren Geschäfte geht, die dadurch personell in große Schwierigkeiten kommen.

4. (Arg. 3) Unsere Richtlinie sollte nach wie vor sein, gleiche Wettbewerbschancen für alle zu wahren.

5. (Zwecksatz) Infolgedessen beantrage ich, dass es bei den bisherigen Ladenschlusszeiten bleibt.

**B. Welche Kontermöglichkeiten sehen Sie bei folgenden Argumentationen?**

## 1. Logik:

a) Diese Begründung ist nicht plausibel. Bekanntlich geschieht vieles, obwohl es verboten ist. Wäre es anders, brauchten wir keine Gerichte.

b) Hier stimmt die Voraussetzung nicht. Bei uns ist zum Glück keineswegs alles gesetzlich geregelt. Wir hätten sonst den reinen Zwangsstaat.

c) Die hier behauptete Konsequenz ist überhaupt nicht zwingend. Es gibt viele gute Demokraten, die nicht Parteimitglieder sind.

## 2. Beispiel/Vergleich:

a) Dieser Vergleich hinkt. Beim Rauchen geht es um eine Sucht. Aids-Aufklärung hingegen zielt auf die Änderung von Verhaltensweisen bzw. Moralvorstellungen.

b) Das hier angeführte Beispiel kann nicht überzeugen. Es gibt heute viele Frauen in traditionellen Männerberufen, zum Beispiel LKW-Fahrerinnen.

c) Der Vergleich mit dem Tapezieren ist völlig unangemessen. Der sowjetische Reformkurs ist weit mehr als eine Schönheitsreparatur. Aber, um im Bild zu bleiben: Die Arbeit des Nachbarn könnte mich ja auch daran erinnern, dass meine eigenen Tapeten erneuert werden müßten.

## 3. Autoritäten:

a) Der alte »Knigge« hat uns viele kluge Gedanken hinterlassen. Aber der Freiherr lebte im 18. Jahrhundert in der höfischen Gesellschaft. Heute aber haben wir eine demokratische Gesellschaft. Da gilt manches nicht mehr so unbedingt wie zur Zeit Friedrichs des Großen. Deshalb müssen wir heute im Einzelfall entscheiden, ob jemand und wer bei dieser Gelegenheit besonders anzureden ist.

b) Bei aller Verehrung, die Beethoven heute noch mit Recht genießt: Auch die Kunststile unterliegen dem Wandel der Zeiten. Lebte

Beethoven heute, würde er sicher anders komponieren als um 1800.

**4. Allgemeine Erfahrungen:**

a) Das ist eine völlig unzulässige Verallgemeinerung. Ich kenne viele junge Leute, die sich durchaus engagieren, zum Beispiel für soziale Dienste.

b) Diese Erfahrung kann man keineswegs auf alle Situationen übertragen. Jeder kennt heute die Vorteile der Teamarbeit. Schon Goethe wusste das, denn er sagte: »Wie fruchtbar ist der kleinste Kreis, wenn man ihn wohl zu pflegen weiß.«

**5. Emotionalisierung:**

a) Wer alle Autobahnbefürworter als »notorische Raser« diffamiert, der übertreibt in unerlaubter Weise. Er übersieht nicht zuletzt völlig den wirtschaftlichen Nutzen einer solchen Verkehrsverbindung.

b) Eine solche Bemerkung ist eine polemische Unterstellung. »Die Studenten« betrachten in ihrer Gesamtheit den Staat sicher nicht als »Selbstbedienungsladen«. Viele haben mit ihrer Forderung nach mehr Unterstützung recht. Ein Studium darf schließlich nicht primär vom Geldbeutel der Eltern abhängen. Jeder hat das Recht auf Bildung!

## C. Argumentationsweisen

**1. Wie wird hier argumentiert?**

* Die Wehrpflicht für Frauen wurde im Wesentlichen damit abgelehnt, dass »man (!) Frauen einfach da nicht einbezogen sehen möchte.« *(allgemeine Erfahrung)*
* Dann wird als *Alternative* das soziale Dienstjahr vorgebracht und zwar unter zwei Wertbegriffen: Gerechtigkeit und soziale Notwendigkeit. *(Emotionalisierung, positive Reizwörter)*
* Für die Gerechtigkeit wird der *Vergleich* mit der Situation bei den männlichen Jugendlichen herangezogen. Diese seien den Frauen gegenüber erheblich benachteiligt. *(Logik, Folge)*

- Die soziale Notwendigkeit wird mit dem Hinweis begründet, dass die Menschen immer älter werden *(allgemeine Erfahrung)*; dadurch werden die Gesundheitsdienste immer teurer, das Personal knapper. *(Logik, Folge)*
- Sodann wird argumentiert, dass »die ungefährdete Existenz durch die (männlichen) Soldaten gesichert« werde *(Emotionalisierung, positive Reizwörter)*; daraus wird die Berechtigung einer sozialen Fürsorgepflicht der Frauen abgeleitet. *(Logik, Folge)*
- Zum Schluss wird behauptet, viele Frauen übernähmen nicht mehr später durch Geburt von Kindern andere Pflichten *(allgemeine Erfahrung)*. Zur Begründung heißt es, »Kinderkriegen« sei für eine zunehmende Zahl von Frauen *(allgemeine Erfahrung)* eine »emanzipationshemmende und karrierebremsende Schikane (!) der Männer«. *(Emotionalisierung, negative Reizwörter)*

### *Lösungsvorschläge zu den Übungen von Kapitel XI*

1. »Das erwartet auch niemand von Ihnen, aber Sie wussten doch, dass es sich hier um eine besonders wichtige Besprechung gehandelt hat. Da hätte anderes zurückgestellt werden müssen.«
2. »Es ist auch uns bekannt, dass der Heimatverein in Schmalberg von der Stadt finanziell unzureichend unterstützt wird. Aber deshalb läuft da kaum noch etwas; man resigniert allmählich. Das ist auch schlecht für das Image dieser Stadt!«
3. »Ich bestreite diese Behauptung:
   1. Es dauern nicht *alle* Sitzungen sehr lange; die letzte war bekanntlich schon nach 1½ Stunden zu Ende.
   2. Es gibt in unserem Verein vieles zu besprechen, und das kostet eben Zeit.«
4. »Welche Alternative hast du dir überlegt, falls du dich doch täuschen solltest?«
5. »Da bin ich nicht ganz Ihrer Meinung. Es muss noch geklärt werden, wie... Wir sollten die Gegensätze nicht verwischen, das bringt keiner Seite etwas!«

6. »Sie haben mich eben nicht korrekt wiedergegeben. Ich habe damals wörtlich Folgendes gesagt:... Das Ganze stand im Zusammenhang mit der Frage, ob...«

7. »Ich schlage Ihnen vor, dass Sie zunächst meine Frage beantworten. Ich komme dann gern auf Ihre Gegenfrage zurück.«

8. »Wie sieht denn Ihrer Meinung nach die Praxis aus?« (Halten Sie Ihre Erfahrungen präzise entgegen.)

9. »Nein, aber Sie hätten sich nichts vergeben, wenn Sie freundlicher und beherrschter reagiert hätten.«

10. »Ich weiß nur, dass Sie in diesem Punkt sehr einseitig informiert sind.«

11. »Das Grundsätzliche ist hier nicht so sehr das Problem. Hier sind die Einzelheiten ausschlaggebend. Denn mit denen haben wir es täglich in der Praxis zu tun.«

12. »Es würde mich schon sehr interessieren, was Sie mir entgegenzuhalten haben.«
(Bei offensichtlicher Verlegenheitsbemerkung gar nicht reagieren – es hat ja jeder verstanden!)

### *Lösungsvorschläge zu den Übungen von Kapitel XII*

### A. Verhalten als Vorgesetzter

**1. (Ein Mitarbeiter ist sehr einsilbig)**
Versuchen Sie, die Ursache dafür zu erkennen: Ist er z.B. schüchtern, schuldbewusst, uneinsichtig oder nur mundfaul? Stellen Sie klare, ggf. auch auflockernde Fragen zur Sache. Äußern Sie pointiert Ihre Ansicht zum gegebenen Problem und provozieren Sie dadurch den Mitarbeiter zu einer Erwiderung. Locken Sie ihn durch persönliche Bemerkungen aus der Reserve, ohne ihm jedoch zu nahe zu treten. Zum Beispiel – je nach Situation – durch:
Ermunterung: »Sie kennen sich da doch gut aus!«
Zweifel: »Ich weiß nicht, ob ich Ihnen diese Aufgabe anvertrauen kann.«
Neugierde: »Ich bin gespannt darauf, Ihre Meinung zu hören!«

Vorgebliche Unwissenheit: »Ich habe selbst nur wenig Ahnung davon.«

Zeigen Sie, dass Sie geduldig zuhören können!

Eventuell das Verhalten direkt ansprechen (»Nun seien Sie nicht so einsilbig!«).

**2. (Ein Mitarbeiter sperrt sich gegen alles Neue)**

Überlegen Sie selbstkritisch, ob Sie sich verständlich ausgedrückt haben, stellen Sie ggf. entsprechende Fragen an den Gesprächspartner. Fragen Sie ihn, wo er konkret Schwierigkeiten sieht, und zeigen Sie ihm, dass Sie seine Einwände ernst nehmen.

Lassen Sie aber allgemeine Bemerkungen wie: »Das bringt doch nichts!« – »Da gibt's nur Ärger!« – »Bisher ging es ja auch gut!« nicht gelten, sondern begründen Sie geduldig Ihren Vorschlag.

Zeigen Sie auf, welche Vorteile (zumindest längerfristig) der neue Weg auch Ihrem Mitarbeiter bringt bzw. dass es sich letztlich lohnt, am Anfang einiges Ungewohnte in Kauf zu nehmen. Weisen Sie auf die guten Erfahrungen mit dieser Neuerung in anderen Betrieben oder Dienststellen hin. Erwähnen Sie ggf. Nachteile oder Gefahren, wenn alles beim Alten bleibt.

Machen Sie Ihrem Mitarbeiter persönlich Mut.

Eventuell ist auch eine Zurechtweisung angebracht (»Sie sollten sich nicht gegen alles Neue zur Wehr setzen!«).

**3. (Ein Mitarbeiter beschuldigt andere)**

Lassen Sie sich den Sachverhalt genau schildern. Stellen Sie gezielte Fragen, die ein Ausweichen unmöglich machen (» Wann hat das Gespräch stattgefunden?« – »Wer war dabei?« – »Um welche Summe ging es da?«).

Weisen Sie den Mitarbeiter darauf hin, dass Sie die von ihm Genannten selber noch dazu befragen werden. Machen Sie ihn auf die Folgen aufmerksam, wenn er Sie falsch informieren sollte.

Arrangieren Sie ggf. eine Gegenüberstellung.

Eventuell ist auch eine Belehrung sinnvoll (»Reden Sie sich nicht dauernd auf andere hinaus!«).

**4. (Ein Mitarbeiter stellt sich ahnungslos)**
Versuchen Sie, durch Fakten zu beweisen, dass der Mitarbeiter über diese Angelegenheit informiert worden ist.
Nennen Sie Zeugen, die das bestätigen können.
Hören Sie gut auf seine Rechtfertigungsversuche, vielleicht entdecken Sie Widersprüche, die Sie ihm vorhalten können. Bauen Sie ggf. Brücken zur Wahrheit (»Sie vergeben sich nichts, wenn Sie sich dazu bekennen!«).
Machen Sie deutlich, dass Sie nicht nachtragend sind.
Eventuell Verhalten direkt ansprechen (»Warum stellen Sie sich denn so ahnungslos? Sie wissen doch Bescheid!«).

**5. (Ein Mitarbeiter tritt unverschämt auf)**
Bleiben Sie selbst ruhig, sachlich und souverän. Verbitten Sie sich nicht gleich gereizt diesen Ton und weisen Sie auch nicht beleidigt auf Ihre Position als Vorgesetzter hin. Bringen Sie den Mitarbeiter in die Defensive, indem Sie sein Verhalten hinterfragen: »Hatten Sie heute Ärger?« – »Was macht Sie denn so gereizt?« »Haben Sie in dieser Angelegenheit etwa ein schlechtes Gewissen?« – »Warum ist denn heute mit Ihnen gar nicht zu reden?«.
Wenn das nichts hilft, weisen Sie mit ernstem Nachdruck darauf hin, dass es keinen Sinn hat, weiterzusprechen. Schlagen Sie ggf. einen neuen Gesprächstermin vor, etwa mit der Bemerkung: »Überlegen Sie sich das einmal in Ruhe bis morgen Nachmittag!«
Eventuell ist hier auch eine Warnung oder Drohung hilfreich (»Ihr Ton wird Ihnen noch Unannehmlichkeiten bringen!«).

**6. (Ein Mitarbeiter spielt den Beleidigten)**
Prüfen Sie unvoreingenommen, inwieweit der Mitarbeiter vielleicht tatsächlich Grund zur Klage hat. Zeigen Sie Verständnis für seine Situation, veranlassen Sie ihn aber auch, sich in die Lage der oder des anderen zu versetzen.
Machen Sie klar, wo der Mitarbeiter eindeutig im Unrecht ist. Weisen Sie ihn taktvoll auf seine Empfindlichkeiten hin, stabilisieren Sie sein Selbstwertgefühl durch positive Bemerkungen über seine Fähigkeiten.

Eventuell ist auch deutlich zu machen, dass er selbstkritischer werden sollte (»Drehen Sie nicht immer den Spieß um!«).

**7. (Ein Mitarbeiter gibt vor, ohnehin überlastet zu sein)**
Weisen Sie eine solche Behauptung eines Mitarbeiters nicht vorschnell und besserwisserisch zurück. Lassen Sie sich dessen Meinung genau begründen. Stellen Sie präzise Zusatzfragen zur tatsächlichen Situation des Betreffenden. Machen Sie ggf. Vorschläge, wie dieser seine Arbeit besser einteilen kann bzw. was er nicht unbedingt selbst tun muss oder was er delegieren kann.
Begründen Sie, warum das, was Sie von ihm erledigt haben wollen, besonders wichtig ist und nicht warten kann. Heben Sie ggf. hervor, dass der betreffende Mitarbeiter am Besten dafür geeignet ist. Vielleicht fallen Ihnen dazu auch gute Gründe ein.
Eventuell ist auch die Einstellung des Mitarbeiters zu kritisieren (»Sie übertreiben, auch andere haben viel zu tun!«).

## B. Verhalten gegenüber Ihrem Chef

**1. (Ihr Chef beruft sich gern auf Dritte)**
Bitten Sie um genaue Information, wer wann was gesagt hat, und erwidern Sie dann bzw. stellen Sie richtig. Falls Ihr Chef nicht bereit ist, »Ross und Reiter« zu nennen, weisen Sie höflich darauf hin, dass es sich da wohl um sehr trübe Quellen handeln muss und informieren Sie anschließend Ihren Vorgesetzten ganz unpolemisch über den wahren Sachverhalt. Weisen Sie auf die Folgen dieser Methode für das Betriebsklima hin, besonders im Hinblick auf die notwendige vertrauensvolle Zusammenarbeit.
Verwahren Sie sich evtl. dagegen mit dem Hinweis: »Das würde Ihnen an meiner Stelle sicher auch nicht gefallen!«

**2. (Ihr Chef bezweifelt Ihre Aussagen)**
Fragen Sie sich, ob Sie gründlich genug argumentiert haben. Weisen Sie auf Zeugen hin oder auf schriftliche Quellen, die Ihre Feststellungen bestätigen können.

Versuchen Sie durch direkte Fragen herauszufinden, was konkret den Zweifel verursacht: »Warum glauben Sie mir nicht?« – »Was hat Sie denn nicht überzeugt?«

Falls eindeutig Vorurteile auf seiten des Chefs der Grund sind, sprechen Sie diese offen, aber ungereizt an. Steckt Misstrauen aus Unsicherheit dahinter, überlegen Sie, was Sie tun können, um Befürchtungen Ihres Vorgesetzten zu zerstreuen.

Manchmal braucht auch ein Chef Streicheleinheiten!

Bewerten Sie eventuell dieses Verhalten (»Ihnen kann man es auch gar nicht recht machen!«).

### 3. (Ihr Chef behandelt Sie von oben herab und zeigt auch wenig Interesse an Ihrem Problem)

Lassen Sie sich nicht unsicher machen, bleiben Sie innerlich ausgeglichen, atmen Sie ruhig durch. Tragen Sie Ihren Standpunkt ruhig und selbstbewusst vor; ignorieren Sie den Ton und halten Sie an der Überzeugung fest, dass Sie Wichtiges vorzubringen haben.

Versuchen Sie den Punkt zu finden, wo Ihr Vorgesetzter zu aktivieren ist, wo er anspricht, weil das auch in seinem Interesse liegt. Sprechen Sie ihn ggf. auf sein Desinteresse direkt an (»Das scheint Sie aber nicht sonderlich zu interessieren«). Es kann auch die Frage angebracht sein, ob Sie diese Angelegenheit besser zu einem anderen Zeitpunkt verfolgen sollten, da Ihr Gesprächspartner im Moment offensichtlich mehr mit anderem beschäftigt ist.

### 4. (Ihr Chef teilt Ihnen angeblich Vertrauliches mit)

Ergründen Sie, wie das gemeint ist. Will er Sie ernstlich ins Vertrauen ziehen und damit auszeichnen oder täuscht er Ihnen das nur vor, um Ihnen seinerseits etwas herauszulocken oder um einen Keil zwischen Sie und andere Mitarbeiter zu treiben?

Wem nützt es, wem schadet es? Fragen Sie, warum diese Mitteilung als vertraulich behandelt werden soll. Bezweifeln Sie ggf. die Notwendigkeit dazu.

Sagen Sie es Ihrem Chef, wenn Sie sich in dieser Angelegenheit nicht den Mund versiegeln lassen wollen.

Eventuell sollten Sie auch die Hintergründe beleuchten (»Ihr An-
sinnen kommt mir offen gestanden recht zwielichtig vor!«).

**5. (Ihr Chef will Sie mit billigen Sprüchen vertrösten)**
Tragen Sie Ihr Anliegen entschieden genug vor. Machen Sie deutlich, dass in dieser Angelegenheit eine klare Entscheidung wichtig
ist. Weisen Sie auf mögliche Folgen hin, wenn die Sache verschleppt
wird.
Erleichtern Sie Ihrem Vorgesetzten die Entscheidung durch gezielte,
einengende Fragen: »Haben Sie vor, dafür eine neue Stelle zu schaffen?« – »Findet hier eine Ausschreibung statt?« – »Wer soll Ihrer
Meinung nach diese Aufgabe übernehmen?« Fragen Sie ggf. nach
den Gründen seines Zögerns oder danach, wann Sie eine klare
Auskunft erwarten können.
Man sollte dieses Verhalten eventuell auch offensiv angehen (»Ich
glaube, Sie wollen uns nur hinhalten!«).

**6. (Ihr Chef versteckt sich ständig hinter »Bestimmungen«)**
Hören Sie zunächst gut zu, um herauszufinden, ob hinter diesen
Hinweisen wirklich Substanz zu erkennen ist. Prüfen Sie vor allem,
inwieweit die zitierten Bestimmungen in dieser Situation zutreffen.
Falls das nicht so ist, weisen Sie darauf hin und begründen Sie
sorgfältig, warum das hier Ihrer Meinung nach nicht gelten kann.
Weisen Sie ihn ggf. auf Irrtümer oder Denkfehler hin.
Machen Sie die negativen Konsequenzen deutlich, wenn in dieser
Angelegenheit schematisch verfahren wird, ohne Berücksichtigung
der besonderen Umstände.
Wenn Ihnen klar ist, dass der Chef nur »Angst vor der eigenen
Courage« hat, machen Sie ihm Mut, ggf. mit dem Hinweis auf eine
vergleichbare Situation, wo auch, und zwar sehr erfolgreich, fall-
bezogen entschieden wurde.
Eventuell sollte man auch eine Vermutung äußern (»Ich glaube, Sie
verstecken sich nur hinter den Bestimmungen!«).

**7. (Ihr Chef hält Ihnen das gute Beispiel anderer vor Augen)**

Lassen Sie sich nicht aus der Balance bringen, wenn Ihnen nichts Negatives vorzuhalten ist. Versuchen Sie nachzuweisen, dass Herr Bestler in einer anderen Situation ist, dass er unter günstigeren Voraussetzungen arbeitet, z.B. qualifiziertere Mitarbeiter hat. Vielleicht fällt Ihnen ein Beispiel ein, wo Herr Bestler »danebengegriffen« hat, während Sie damals das Richtige getan haben. Sagen Sie das aber ganz sachlich; polemisieren Sie nicht gegen Herrn Bestler. Möglicherweise will Ihr Chef Sie gegeneinander ausspielen. Dann würde es in sein Konzept passen, wenn Sie jetzt über Ihren Kollegen herziehen.

Wenn Sie merken, dass Voreingenommenheit im Spiele ist, weisen Sie behutsam und ohne Wehleidigkeit darauf hin: »Ich weiß, Sie schätzen Herrn Bestler hoch ein; er hat sicher seine Stärken. Aber wenn Sie die Sache ganz objektiv betrachten, dann können Sie doch nicht übersehen, dass ...«

Möglicherweise empfiehlt es sich auch, diese Taktik gezielt zu hinterfragen (»Wollen Sie den Kollegen und mich gegeneinander ausspielen?«).

**8. (Ihr Chef geht nicht auf Ihre Argumente ein)**

Nicht gleich resignieren (das ist ja meist das Ziel dieser Taktik!) und sich nicht mit allgemeinen Bemerkungen abspeisen lassen. Vielmehr sollten Sie die Initiative übernehmen durch gezielte Fragen, die ein Ausweichen erschweren: »Warum ist das Ihrer Meinung nach zu riskant?«

Bei ständigem Wiederholen des gleichen Scheinarguments direkt auf die Methode eingehen: »Sie haben das jetzt schon dreimal gesagt, statt auf meine Argumente einzugehen. Wir reden aneinander vorbei!« – »Wie stellen Sie sich denn eine Lösung dieses Problems vor?« (Oder: »Warum sind Sie in dieser Angelegenheit so unbeweglich?«).

Wesentlich wird auch hier sein, sich zu überlegen, wie dem Chef Ihr Anliegen schmackhaft gemacht werden kann. Deshalb Vorteile für die Firma deutlich machen, evtl. dem Geltungsdrang des Chefs Rechnung tragen. Es ist klar, dass es hier auch Grenzen gibt. So soll natürlich nicht dem »Schleimen« beim Vorgesetzten um den Preis der Selbstachtung das Wort geredet werden. Kommunikation ist letztlich nur möglich, wenn *beide* Seiten dazu bereit sind.

Manchmal bleibt nichts anderes übrig, als ein Gespräch als gescheitert zu erklären und ggf. andere Instanzen mit dem Problem zu befassen.

## C. Verbindliche Form

**1. (Das ist eine infame Unterstellung!)**
Ich schlage vor, dass wir bei den Tatsachen bleiben. Ich habe gesagt ...

**2. (Sie haben total unrecht!)**
Ich kann Ihrer Argumentation leider nicht folgen.

**3. (Informieren Sie sich zuerst einmal, bevor Sie darüber reden!)**
Ich rate Ihnen, sich damit näher zu befassen; Sie können sich dann ein besseres Urteil bilden.

**4 (Was Sie da vorschlagen, ist eine bodenlose Unverschämtheit!)**
Bitte überdenken Sie Ihren Vorschlag noch einmal. In dieser Form halte ich ihn für nicht akzeptabel.

**5. (Kommen Sie mir doch nicht mit solchem Quatsch!)**
Ihr Argument erscheint mir doch etwas abwegig.

**6. (Das weiß ich besser als Sie!)**
Ich hatte die Möglichkeit, mich in dieser Sache genau zu informieren.

**7. (Erst denken, dann reden!)**
War das nicht etwas voreilig, was Sie eben gesagt haben?

**8. (Wo haben Sie denn diesen Schwachsinn her?)**
Ihre Information scheint aus keiner seriösen Quelle zu stammen.

**9. (Sie scheinen heute nicht ganz da zu sein!)**
Darf ich Sie bitten, etwas genauer zuzuhören.

**10. (Das hören wir jetzt schon bis zum Überdruss von Ihnen!)**
Ich glaube, wir haben verstanden, was Sie uns sagen wollen.

**11. (Sie drehen mir das Wort im Munde herum!)**
Entschuldigen Sie, aber so habe ich es weder gesagt noch gemeint.

**12. (Wer soll denn das glauben!)**
Was Sie eben gesagt haben, ist wohl nicht ganz hieb- und stichfest.

## Lösungsvorschläge zu den Übungen von Kapitel XIV Abschnitt 2

**1. (Kauf eines Gebrauchtwagens)**
1. Günstiger Preis, ggf. gute Zahlungsbedingungen, Garantien; einwandfreies Fahrzeug: Fahreigenschaften, technischer Zustand, Aussehen.
2. Möglichst hoher Erlös; Kunde soll mit dem Auto zufrieden sein (Ansehen der Firma).
3. Beide Seiten an fairem Verkaufsabschluss interessiert, persönliches Prestige soll unbeschädigt bleiben.
4. Seriosität des Händlers nicht ohne Grund anzweifeln; finanziell flexibel sein.
5. Bestimmte Wünsche überzeugend begründen, keine überzogenen Forderungen stellen, die mit dem eigenen finanziellen Angebot nicht zusammenpassen.
6. Hinweis auf Werbeeffekt bei Zufriedenheit mit dem Kauf, Kundendienst bei derselben Firma.
7. Rabattfrage bei Barzahlung, Garantieleistungen, Verrechnung von »Extras«.

**2. (Verhandlung über Raumnutzung)**
1. An zwei Abenden wöchentlich Zugang zu den Räumen für die Vereinstätigkeit.

2. Stadt muss auch anderen Raumwünschen Rechnung tragen; keine Beschädigungen, keine Veränderungen in den Räumen; nichts soll abhanden kommen, der Hausmeister nicht überfordert werden.
3. Optimale Nutzung der Räume im Interesse der Bürger, einwandfreier Zustand.
4. Verantwortliche nennen, bestimmte Zeiten einhalten, Verwendung nur für die erklärten Zwecke.
5. Andere Räume gibt es nicht in der Gemeinde. Verein ist gemeinnützig und dient dem Bürgerinteresse; verfolgt allgemein anerkannte Ziele; es hat mit ihm bisher noch nie Probleme gegeben.
6. Auch Gemeinde ist daran interessiert, dass die Bürger zufrieden sind; sie erwartet positives Echo in der Öffentlichkeit.
7. Möglicherweise auch Benutzung nur einmal wöchentlich statt zweimal. Ende der Zusammenkünfte mit Rücksicht auf den Hausmeister jeweils pünktlich um 22 Uhr. An der Einrichtung soll nichts verändert werden.

### Lösungsvorschläge zu den Übungen von Kapitel XV

#### A. Fragen zur Verhandlung über die Errichtung eines Kinderspielplatzes.

1. Das Kontaktgespräch ist positiv zu beurteilen.
   Es ergab sich zwanglos aus der Situation (Ankunft der Gäste, die ihre Autos parken mussten). Die beiden nahmen die Gelegenheit wahr, die Stadt wegen der erfreulichen Parkmöglichkeiten zu loben.
2. Sie wiesen besonders auf den Wunsch vieler Bürger ihres Ortsteiles nach Errichtung des Spielplatzes hin und konnten zum Beweis das Ergebnis einer Unterschriftenaktion vorlegen.
3. Der Bürgermeister war aufgeschlossen und flexibel, fand positive Worte für das Anliegen der Bürger, bevor er Einwände erhob.
4. Sie wiesen darauf hin, dass es bereits etliche andere Spielplätze in den verschiedenen Ortsteilen gebe, dass das Grundstück aus städtebaulichen Gründen besser für eine Bebauung geeignet sei,

dass der Stadtrat bereits einen Grundsatzbeschluss in dieser Richtung gefasst habe und dass wegen der Nähe einer Verkehrsstraße spielende Kinder auf dem fraglichen Grundstück gefährdet wären.

5. Sie konnten ihr Anliegen gut begründen, auch Bedenken seitens der Stadt (Gefahren für die Kinder, Finanzierung) konnten ausgeräumt werden. Das Gespräch war von Ihnen offensichtlich gründlich vorbereitet worden.

6. Grundsätzlich läßt sich gegen eine solche Bemerkung nichts einwenden; es kommt hier entscheidend auf Ton und Wortwahl an. Die Reaktion des Bürgermeisters hat gezeigt, dass er solche Anspielungen nicht gerne hört, er war etwas verärgert darüber. Er wollte sich wohl dadurch nicht unter Druck setzen lassen. Trotzdem könnte diese Bemerkung bei seinem Entgegenkommen eine Rolle gespielt haben. Denn es ist klar, dass der Bürgermeister die Stimmen braucht!

7. Er war angebracht, da die Stadt hier auch Geld für Bürgerinteressen »locker gemacht« hat. Andererseits handelte es sich hier nicht um eine Grundstücksfrage, sondern nur um eine Ausbau-Maßnahme in einem schon bestehenden Gebäude (Sporthalle). Insofern war der Vergleich nicht ganz stichhaltig.

8. Die Bürgerinitiative beteiligt sich an den Kosten durch eine Spendenaktion bzw. eine Tombola; sie bemüht sich um die Stiftung von Bänken und Spielgeräten; sie berät die Stadt durch eine Fachkraft bei der Auswahl der Spielgeräte.

9. Der Bürgermeister ist bereit, den Vorschlag der Bürgerinitiative dem Stadtrat zu unterbreiten. Die Mittel sollen ggf. im Nachtragshaushalt untergebracht werden.

10. Beide haben durchaus Grund zur Zufriedenheit über den Verlauf dieses Gespräches. Allerdings ist ihre Sache damit noch keineswegs gelaufen: Über den weiteren Fortgang besteht noch Ungewissheit, vor allem deshalb, weil bei der Mehrheitsfraktion Widerstand erwartet werden muss. Deshalb werden die Verhandlungen mit Stadtratsmitgliedern aller Fraktionen wohl von entscheidender Bedeutung sein.

## B. Verhaltensweisen bei Verhandlungen

### 1. (Ein Verhandlungspartner ist aggressiv)
Beruhigend einwirken (»Bleiben wir doch sachlich«); Schärfe, »höflich, aber bestimmt« als unangemessen kennzeichnen;
Vorurteile aufdecken;
durch lockere Bemerkung Situation entkrampfen (»Herr Huber ist heute nicht gut auf uns zu sprechen«);
durch Frage auf die Ursache hinlenken (»Warum sind Sie denn so scharf?«);
sich persönliche Angriffe beherrscht verbitten;
wenn sich der andere beruhigt hat, selbst einen versöhnlichen Ton anschlagen, nicht nachtragen oder »nachtarocken«.

### 2. (... weicht ständig aus)
Über Ursachen nachdenken (Verhalten anderer?);
zu einer klaren Stellungnahme bringen, vor allem durch gezielte (»geschlossene«) Fragen (»Stimmen Sie dem Vorschlag zu?« – »In welchem Punkt sind Sie anderer Ansicht?« – »Haben Sie mit Herrn Meier darüber gesprochen?«);
Schlussfolgerungen nahelegen (»Meinen Sie nicht auch, dass wir das aufgrund dieser Sachlage tun sollten?«).

### 3. (... ist unsicher, ängstlich)
Wie oben über Ursachen nachdenken;
Vertrauensgrundlage schaffen;
auf von ihm anerkannte Autoritäten hinweisen (»Auch Professor Müller, den Sie ja schätzen, sagt...«);
Mut machen (»Wir können hier offen darüber sprechen«);
Antworten positiv bewerten;
Interesse zeigen (»Das ist eine wichtige Bemerkung; sagen Sie uns mehr darüber!«).

### 4. (... spöttelt dauernd überheblich)
Nerven bewahren, sich nicht reizen und auch nicht einschüchtern lassen;

offensiv reagieren, ohne aggressiv zu sein (»Was ist Ihr Beitrag zu diesem Problem?«);

bei einem schwachen Argument einhaken und mit Tatsachen verunsichern (»In diesem Punkt irren Sie sich, weil...«);

Verhalten direkt thematisieren (»Warum nehmen Sie uns nicht für voll? Sie erwarten doch auch, dass wir Sie ernst nehmen!«)

### 5. (... ist unkonzentriert, hört nicht richtig zu und redet ständig mit seinem Nachbarn)

Sprechpause einlegen und den Betreffenden ruhig anschauen;

Bedeutung des gerade Gesagten betonen;

darauf hinweisen, dass das im Interesse der Sache jeder beachten sollte;

direkte Frage stellen (»Herr Huber, haben Sie das auch mitbekommen? Können Sie dem zustimmen?«);

falls bei mehreren Teilnehmern Unkonzentriertheit bemerkt wird, evtl. Pause vorschlagen oder Zusammenfassung geben.

### 6. (... fällt Ihnen immer wieder ins Wort)

Zunächst Geduld zeigen und selbst innehalten, damit der andere das Seine sagen kann, guten Willen zeigen;

bei Wiederholung höflich bitten, weiterreden zu dürfen (»Darf ich meinen Gedanken zu Ende führen?« – »Ich bin gleich fertig.«);

Hinweis, dass dieser gleich zu Wort kommt;

Spielregeln in Erinnerung rufen (»Sie haben noch nicht das Wort!«);

auf die Hintergründe eingehen (»Ich verstehe Ihre Unruhe, aber...« – »Warum sind Sie so ungeduldig?«).

### 7. (... hat an allem etwas auszusetzen)

Unzufriedenheit artikulieren und evtl. begründen lassen (»Fassen Sie doch mal Ihre Kritikpunkte zusammen.« – »Was gefällt Ihnen denn nicht an dieser Diskussion?«);

positiv motivieren (»Das ist doch auch für Sie von Vorteil!«);

Wir-Gefühle aktivieren (»Wir müssen hier zu gemeinsamen Lösungen kommen; dazu sollte jeder beitragen.«).

**8. (… hält endlose Monologe)**

Wenn Handzeichen zur Wortmeldung nichts nützen und auch andere körpersprachliche Signale (skeptischer Gesichtsausdruck, Kopfschütteln) nicht helfen, sich an passender Stelle einschalten, evtl. mit einer Zwischenfrage (»Verstehe ich Sie richtig, dass Sie …?« – »Sie meinen also, dass wir …«);

direkt ums Wort bitten (»Darf ich dazu jetzt auch mal etwas sagen?«);

vielleicht Unterbrechung mit Lob verbinden (»Das ist sehr interessant, was Sie da sagen …«);

allgemeinen Vorschlag machen (»Damit jeder dazu das Seine sagen kann, sollten wir uns alle möglichst kurz fassen.«).

**9. (… drängt, hat angeblich wenig Zeit)**

Hinweis, dass es das Thema wert ist, in Ruhe besprochen zu werden;

fragen, ob das andere nicht verschoben werden kann;

auf Nachteile hinweisen, wenn das Problem nicht gründlich diskutiert wird (»… dann müssen wir uns noch einmal zusammensetzen.«);

eventuell weiteren Gesprächstermin vereinbaren, zu dem jeder genügend Zeit haben muss;

falls das Drängen als Taktik zu durchschauen ist, diese direkt ansprechen (»Solche Methoden führen doch nicht weiter!«).

**10. (… wiederholt sich ständig)**

Zunächst Geduld zeigen;

zur Straffung des Gesprächs beitragen (»Das haben Sie bereits gesagt.« – »Dieser Aspekt wurde schon behandelt, kommen wir nun zu …«);

allgemeine Bewertung des bisherigen Verlaufs (»Wir drehen uns im Kreis«);

Zusammenfassung geben, was bisher besprochen worden ist;

den Betreffenden direkt zurechtweisen (»Sie wiederholen sich ständig« – »Wir haben Sie schon verstanden.«).

**11. (... hat Probleme, Sie richtig zu verstehen; z.B. Ausländer)**
Das Gesagte verdeutlichen, evtl. mit einem Beispiel oder Vergleich;
an eigene Erfahrungen anknüpfen;
langsam sprechen, Fachausdrücke erklären, kurze Sätze bilden;
zurückfragen, was im Einzelnen unklar geblieben ist;
Hilfsmittel verwenden (z.B. Skizze).

**12. (... sieht nur seine eigenen Interessen, hat sehr engen Blickwinkel)**
Die Interessen der anderen dagegensetzen;
auf Vorteile hinweisen, wenn diese auch berücksichtigt werden;
Verständnis zeigen, bevor Korrektur erfolgt (»Sie haben aus Ihrer Sicht schon Recht, wenn Sie... Aber bedenken Sie doch auch, dass...«);
Aufforderung, sich in die Lage der oder des anderen zu versetzen;
auf negative Folgen hinweisen, wenn etwas nur aus einem Blickwinkel betrachtet und beurteilt wird.

**13. (... versucht, Sie durch scheinbar verlockende Angebote zu ködern)**
Nicht vorschnell darauf eingehen;
Angebot in Ruhe prüfen, von allen Seiten her betrachten;
kritische Fragen dazu stellen (»Was geschieht aber, wenn...?«)
evtl. Seriosität des Angebotes begründet in Zweifel ziehen;
negative Erfahrungen in einem ähnlichen Fall erwähnen;
sich Schriftliches vorlegen lassen und genau lesen;
ggf. auf Gefahren oder Nachteile dieses Angebots für den anderen hinweisen, dessen Reaktion darauf beobachten und entsprechende Schlüsse ziehen.

**14. (... zitiert ständig aus Akten)**
Zunächst aufmerksam zuhören;
prüfen, ob die Zitate zum Verhandlungsgegenstand gehören und auch etwas bringen;
sich die Quellen nennen lassen, möglichst genau;
gegebenenfalls weitere Informationen dazu einholen;

auf Widersprüche achten, dann sofort einhaken;
andere, gegenteilige Aussagen bzw. Autoritäten ins Spiel bringen;
bitten, nur Wesentliches zu zitieren oder zusammenzufassen.

**15. (... hüllt sich vielsagend in Schweigen)**
Zunächst dies scheinbar übergehen, aber aufmerksam zur Kenntnis nehmen;
Verhalten zu deuten versuchen:
Will der Betreffende gerade dadurch Beachtung finden?
Ist er verärgert?
Steckt Arroganz dahinter?
Gegebenenfalls ins Gespräch ziehen durch gezielte Bemerkungen
(»Warum sagen Sie nichts dazu?« – »Das scheint Ihnen nicht ganz zu passen!«)

**16. (... drückt sich zu kompliziert aus)**
Gut zuhören;
nachfragen (»Meinen Sie damit, dass...?«);
um Erläuterungen bitten!
sich nicht verstandene Ausdrücke erklären lassen (»Was bedeutet...?«);
Kritik üben (»Können Sie das nicht einfacher sagen, damit wir Sie alle verstehen können?«).

**17. (... betont immer wieder seine Fachkompetenz)**
Soweit diese tatsächlich vorhanden ist, sie sich zunutze machen durch entsprechende Anstöße (»Darüber können Sie uns sicher auch etwas sagen«);
ggf. Grenzen sichtbar machen, auf den Zahn fühlen;
auf unterschiedliche Meinungen bei Experten hinweisen;
als Gesprächsleiter darauf achten, dass andere nicht eingeschüchtert werden und schweigen.

**18. (... verbeißt sich in ein nicht so wichtiges Teilproblem)**
Korrigierend eingreifen (»Ich meine, dieser Punkt ist nicht so wichtig, weil...«);

Wichtigeres in Erinnerung bringen (»Viel wesentlicher erscheint mir, dass wir...«);

Situation ansprechen (»Wir sollten uns jetzt nicht in Randfragen verbeißen«);

evtl. auf vorgeschrittene Zeit hinweisen.

### 19. (... gibt vor, Sie nicht zu verstehen, um Sie zu reizen oder zu verwirren)

Nerven behalten, damit der andere nicht an sein Ziel kommt;

zurückfragen (»Was haben Sie denn nicht verstanden?«);

eigenen Standpunkt noch besser untermauern durch weitere Argumente;

in die Runde schauen und fragen, ob auch andere das nicht verstanden haben;

direkt angreifen (»Sie wollen mich offensichtlich gar nicht verstehen!«);

dann zur Tagesordnung zurückkehren durch einen Vorschlag, der der Gesprächsrunde weiterhilft.

### 20. (... streitet andauernd mit einem anderen Teilnehmer)

Sich nicht polemisierend ins Getümmel stürzen;

beruhigend einwirken (»Aber, meine Herren...!«);

Ton kritisieren (»So sollten wir nicht miteinander umgehen«);

auf Nachteile für die Verhandlung hinweisen (»Das bringt uns doch nicht weiter!«);

evtl. Hintergründe ansprechen (»Wir wollen hier keine privaten Rechnungen begleichen«);

Vorschlag zur Sache machen (»Ich schlage vor, dass wir jetzt den Punkt X behandeln«).

### 21. (... will Sie auf Widersprüche bzw. Ungereimtheiten festnageln)

Gelassen bleiben und noch konsequenter auf den betreffenden Punkt eingehen;

falls Missverständnis vorliegt, präzisieren, was Sie gemeint haben;

rückfragen, ob Sie nun verstanden wurden;

ggf. auch die übrige Runde danach fragen (Rückendeckung durch die anderen!);

falls Kritik berechtigt, Fehler bzw. missverständliche Äußerung einräumen (»Da habe ich mich in der Tat geirrt«);

nicht krampfhaft nach Ausflüchten suchen;

vielleicht auch witzig-offensiv reagieren wie einst Konrad Adenauer in einer Bundestagsdebatte:

»Auch Sie können mich nicht daran hindern, klüger zu werden!«

**22. (... reagiert auf Fragen ständig mit Gegenfragen)**

Kritisch (auch selbstkritisch!) prüfen, ob Gegenfrage berechtigt ist;

ggf. knapp Auskunft geben;

Anliegen nicht aus dem Auge verlieren, sich nicht verwirren oder auf ein anderes Gleis schieben lassen;

eigene Frage sachlich rechtfertigen (»Ich frage Sie deshalb, weil...«);

bei eindeutigem Ablenkungsmanöver zuerst auf Antwort bestehen (»Bitte beantworten Sie mir doch erst einmal meine Frage, ich gehe dann gern auch auf Ihre ein.«);

zum Angriff übergehen (»Wollen Sie mich mit Ihren dauernden Gegenfragen aus dem Konzept bringen?« – »Ist Ihnen denn meine Frage unangenehm?«).

**23. (... redet öfter negativ über abwesende Dritte)**

Nicht gleich ins Wort fallen und schulmeisterlich zurechtweisen, aber zu bedenken geben, dass Herr X nicht anwesend ist und sich deshalb auch nicht verteidigen kann;

Hinweis, dass man dazu beide Seiten hören müsste;

ggf. kurz positive Erfahrung mit dem Angeschwärzten oder gegenteilige Äußerung von diesem entgegensetzen;

Thema auf den sachlichen Kern zurückführen;

dem Betreffenden vor Augen halten, dass es ihm sicher auch nicht recht wäre, wenn sich andere über ihn in seiner Abwesenheit negativ äußern würden.

**24. (. . . zieht das Gespräch absichtlich in die Länge)**
Über Gründe nachdenken:
Ermüdungs- oder Verschleppungstaktik?
Spekulation darauf, dass dann ein bestimmter anderer (heikler) Punkt nicht mehr oder nur flüchtig behandelt werden kann?
Stand der Verhandlung in Erinnerung bringen;
aufzeigen, was noch alles zu klären ist;
Methode kritisieren und auf negative Folgen hinweisen (»Sie wollen offenbar, dass uns die Zeit davonläuft!«);
Antrag auf Beschlussfassung stellen;
ggf. Geschäftsordnungsantrag: Beschränkung der Redezeit.

## Nachbemerkung:

Fassen Sie diese Vorschläge bitte nicht als verbindliche Rezepte auf. Es kann sich dabei nur um allgemeine Orientierungen handeln. Denn kaum eine Situation ist mit einer anderen bis ins letzte Detail vergleichbar. Dazu sind nun einmal die Menschen zu verschieden. Vielleicht haben Sie noch weitere Reaktionsmöglichkeiten gefunden und in der Praxis schon mit Erfolg erprobt. Wichtig ist, dass Sie sich beweglich verhalten und in solchen Situationen mit dem nötigen Fingerspitzengefühl reagieren können.

# XVII. Anregungen für weitere Übungen und Spiele

Bei der Durcharbeitung dieses Buches ist Ihnen bereits eine Reihe von Übungsaufgaben begegnet, die Sie hoffentlich nicht überblättert haben.

Es gibt noch etliche andere Möglichkeiten, wie Sie allein oder in geselliger Runde Ihre Ausdrucksfähigkeit verbessern und gewandter argumentieren lernen können. Die folgenden Übungen und Spiele sind besonders zu empfehlen. Einige von ihnen, zum Beispiel die »Stille Post«, mögen vor allem Jüngere ansprechen. Die Erfahrung vieler Rhetorik-Seminare zeigt aber, dass auch Erwachsene, deren Jugendzeit schon etwas weiter zurückliegt, sich für Übungen mit Spielcharakter aufschließen, ja sogar begeistern lassen. Machen Sie also von den folgenden Anregungen Gebrauch. Sie wissen ja: Die Übung bringt's!

## 1. Übungen, die Sie allein machen können
(Selbstkontrolle mit Kassettenrecorder)

### A. Wiedergabe von fremden Texten in eigener Fassung

Wortsendung im Rundfunk (Information oder Kommentar) anhören und mitschneiden;
dabei Stichpunkte notieren;
Ihre Fassung auf Band sprechen;
beides vergleichend abhören.

Lesetext, z. B. eine Fabel, laut lesen und aufnehmen;
beim Abhören Stichpunkte notieren;
Ihre Wiedergabe auf Band sprechen;
Vergleich mit dem Originaltext auf dem Band.

Eigenen Redetext nach Stichwortkonzept oder Wortmanuskript als »Generalprobe vor dem Ernstfall« auf Band sprechen;

sich das Publikum dabei vorstellen;
beim Abhören auch auf die Zeit achten.


## B. Artikulationsübungen

Bestimmte Sätze mit verschiedener *Betonung* und dadurch Sinnver-
schiebung laut sprechen, zum Beispiel:
*Sagen* Sie endlich, was Sie wirklich meinen.
Sagen Sie *endlich*, was Sie wirklich meinen.
Sagen Sie endlich, was *Sie* wirklich meinen.
Sagen Sie endlich, was Sie *wirklich* meinen.
*Sie* will mich nicht.
Sie *will* mich nicht.
Sie will *mich* nicht.
Sie will mich *nicht.*
Frauen (Männer) sind *einfach* besser.
Frauen (Männer) sind einfach *besser.*

Bestimmten Sätzen durch wechselnde *Pausen* einen unterschiedli-
chen Sinn geben, zum Beispiel:
Zur Arbeit – nicht zum Müßiggang sind wir geschaffen.
Zur Arbeit nicht – zum Müßiggang sind wir geschaffen.
Der brave Mann – denkt an sich selbst zuletzt.
Der brave Mann denkt an sich – selbst zuletzt.

*Sachlichen Text*, zum Beispiel den Wetterbericht, laut lesen;
zuerst dem Inhalt entsprechend (affektneutral),
dann mit verschiedenem Gefühlsausdruck (affektbetont),
z.B. dramatisch, gelangweilt, freudig.

*Übung von Vokalen* in Sätzen oder Versen, zum Beispiel:
a: Am Abend kam Vater am Bahnhof an.
e: Sich regen bringt Segen.
i: Ilse liebt ihn innig.
o: Wir sind gewohnt,

wo es auch thront,
in Sonn' und Mond
hinzuleben, es lohnt.
(Goethe, »Faust«)
u: Uwe suchte guten Mutes.

*Lesen von so genannten Zungenbrechern* (Konsonantenhäufung),
dabei jedes Wort bzw. jeden Wortteil klar hervorheben, z. b.
Es klapperten die Klapperschlangen,
bis ihre Klappern schlapper klangen.
Fischers Fritz fischt frische Fische.
Die Katze tritt die Treppe krumm.
Angstschweiß – Dorschschwanz – Borschtsch.

Ebenso Wortbildungen, wie sie uns im Alltag zuweilen begegnen,
z. B.:
Sprachgruppenzugehörigkeitserklärung,
Rechtsberatungsmissbrauchgesetz,
Weihnachtsgratifikationsregelung,
Zentralverwaltungswirtschaft,
Elektrostahlschiebedach,
Arbeitslosenversicherungsbeiträge,
Sprechwirksamkeitslehrgang,
Arbeitsbeschaffungsmaßnahme,
Rüstungsbegrenzungsverhandlungen,
Bluthochdruckbekämpfung,
Kommunikationsprobleme,
Sicherheitsfahrgastzelle,
Haftpflichtversicherungsprämie.
(Solche Wortmonster aber im aktiven Sprachgebrauch möglichst
vermeiden!)

*Übung im Sprechatmen,* kombinierte Brust-Zwerchfellatmung.
Zur Vergrößerung des Atemvorrates z. B. folgendes Goethe-Ge-
dicht laut lesen:
»Im Atemholen sind zweierlei Gnaden:

Die Luft einziehen, sich ihrer entladen.
Jenes bedrängt, dieses erfrischt;
So wunderbar ist das Leben gemischt.
Du, danke Gott, wenn er dich presst,
Und dank ihm, wenn er dich wieder entlässt.«

Übungsweise:
Einige Tiefatemzüge, sich bewusst entspannen, dann je zwei Zeilen auf einen Atemzug;
Steigerung auf drei Zeilen;
schließlich das ganze Gedicht auf einen Atemzug sprechen.

## 2. Übungen gemeinsam mit anderen

(Möglichst mit Video- oder Tonkassettenrecorder und gemeinsamer Nachbesprechung)

### »Stille Post«:

Ein Satz geht leise von Ohr zu Ohr, zum Beispiel: »Gestern abend gab es einen so langweiligen Krimi im Fernsehen, dass ich mittendrin eingeschlafen bin.«
Der letzte in der Runde sagt laut, was ihm mitgeteilt wurde. Danach wiederholt der erste seinen Ausgangssatz (siehe oben).
Der Unterschied ist oft erheblich, so sinnentstellt wurde der Satz inzwischen durch missverständliche Formulierungen und/oder Hörfehler, natürlich vor allem dann, wenn er vielleicht durch zehn Ohren gegangen ist.
Eine gute Konzentrations- und Hinhörübung, die bekanntlich schon Kindern viel Spaß macht, bei der aber auch Erwachsene neue Erkenntnisse gewinnen können.

### Ballonspiel:

Einige Teilnehmer spielen die Insassen eines Ballons, der über dem Meer schwebt und infolge eines Schadens zu sinken beginnt. Um ihn wieder flott zu bekommen, muss eine bestimmte Zahl von ihnen »geopfert« werden und den Ballon verlassen.

Jeder Balloninsasse übt einen bestimmten Beruf aus, z.B. Richter, Pfarrer, Lehrer, Bauer oder Arzt, und hat nun mit möglichst überzeugenden Argumenten zu beweisen, dass er der Menschheit unbedingt erhalten bleiben muss und deshalb nicht geopfert werden darf.

Wenn jeder seine Kurzrede gehalten hat, stimmen die übrigen Teilnehmer der Runde, sozusagen als überirdische Jury, darüber ab, wer nun den Ballon verlassen muss, weil er am wenigsten überzeugt hat, bzw. es wird entschieden, in welcher Reihenfolge dies zu geschehen hat.

Ein Rollenspiel, das vor allem ein Argumentationstraining mit Unterhaltungswert ist.

**Gegenposition beziehen:**

Ein Teilnehmer äußert seine Meinung in einem kurzen Statement, zum Beispiel: »Ich meine, dass Orden nur der Eitelkeit dienen und deshalb überflüssig sind.«

Ein anderer Teilnehmer widerspricht in einem zielgerichteten Diskussionsbeitrag, wobei er als Einstieg die geäußerte Meinung wiederholt: »Du bist der Meinung, dass Orden überflüssig sind, weil sie doch nur der Eitelkeit dienen. Darüber denke ich aber ganz anders...«

**Zwecksätze vorgeben:**

Dieser Übung sind Sie bereits im Text begegnet. Hier erhält jeder Teilnehmer einen Zwecksatz, zu dem hin er einen Diskussionsbeitrag zu entwerfen und vorzutragen hat, evtl. mit drei Argumenten, so dass das Fünfsatz-Schema entsteht. Geeignete Zwecksätze sind z.B.:

... deshalb sollte man das Boxen verbieten (nicht verbieten).

... deshalb meine ich, dass wir in unserem Ort ein Jugendzentrum brauchen (nicht brauchen).

... deshalb bin ich für (gegen) eine Änderung der Ladenschlusszeiten.

Der Zwecksatz muss den jeweiligen Beitrag abschließen. Themen, die Bewertungen enthalten, sollten jedoch grundsätzlich freiwillig, je nach eigenem Standpunkt, übernommen werden. Man kann nur das engagiert und wirksam vertreten, hinter dem man auch tatsächlich steht (Motivation!).

Das gilt natürlich auch für die Übung »Gegenposition beziehen«. Für beide Übungen sollten die Teilnehmer ein paar Minuten Vorbereitungszeit haben.

## Zeitungsmeldung
(Kurzartikel) nach kurzer Einleitung vorlesen, anschließend *kommentieren.*

## Kontrollierter Dialog (auch »konzentrierter Dialog« genannt)
Die Teilnehmer gruppieren sich zu dritt, zwei sprechen miteinander über ein beliebiges Thema, z.B. Urlaub, Mode, Fernsehgewohnheiten oder Frauenzeitschriften; der dritte hört genau zu.

Wer spricht, muss zuerst kurz wiedergeben, was sein Gegenüber zuvor gesagt hat, z.B.: »Du bist also der Meinung, dass ein Urlaub in der Karibik mehr Ärger als Erholung bringt. Als Gründe nennst du ...«

Dann entwickelt er seinen Standpunkt dazu, widerspricht oder bestätigt mit eigenen Argumenten.

Hier geht es vor allem darum, genau zuzuhören, nicht aneinander vorbeizureden. Der Beobachter hat dies zu kontrollieren und sich ggf. einzuschalten. Nach einigen Minuten Wechsel der Beobachterrolle.

## Amerikanische Debatte

Zwei gleichstarke Gruppen (je drei bis fünf Teilnehmer) sitzen sich gegenüber und diskutieren kontrovers eine Streitfrage in nachstehender Reihenfolge:

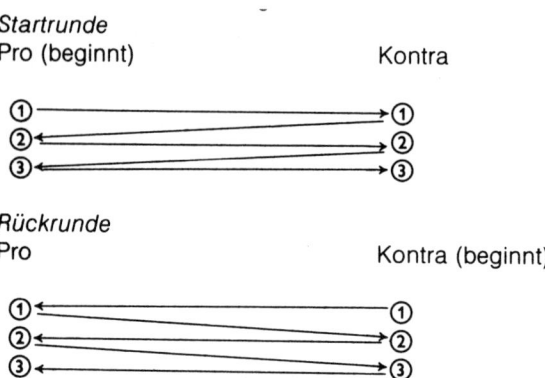

*Startrunde*
Pro (beginnt)                          Kontra

*Rückrunde*
Pro                                    Kontra (beginnt)

Wie die Darstellungen zeigen, beginnt die Startrunde beim ersten Sprecher der Pro-Seite und endet beim letzten der Kontra-Seite, während die Rückrunde beim ersten Kontra-Sprecher gestartet wird und mit dem letzten Pro-Sprecher abschließt.

Jeder kommt also zweimal zu Wort und hat *jeweils eine Minute Redezeit*, die vom Spielleiter aber nicht zu streng überwacht werden sollte (nach einer Minute gibt er ein Klopfzeichen, der gerade Redende soll aber sein Argument zu Ende führen können).

Es kann auch vereinbart werden, dass in der Startrunde nur die im Team vorbereiteten Argumente vorgebracht werden und erst in der Rückrunde auf die Äußerungen der Gegenseite eingegangen wird.

### Englische Debatte

Einem Vorsitzenden sitzen je zwei Pro- und zwei Kontraanwälte zur Seite.

| Pro | | Vorsitzender | Kontra | |
|---|---|---|---|---|
| 3 | 1 | | 2 | 4 |

Der Vorsitzende führt kurz in das Thema ein, darauf nehmen abwechselnd die »Anwälte« das Wort zu ihren »Plädoyers« (Reihenfolge wie Nummerierung oben). Wenn beide Seiten argumentiert haben, spricht der Vorsitzende ein kurzes, neutrales Schlusswort. Darauf erfolgt durch die Zuhörer Abstimmung, welche Seite ihren Standpunkt überzeugender vertreten hat. Es empfiehlt sich, hier so zu verfahren, dass jeweils der erste Anwalt das Vorbereitete darlegt, während der zweite Anwalt vorwiegend auf die Argumente der Gegenseite eingeht. Abstimmung auch hier evtl. nach bestimmten Gesichtspunkten. Die *Themen* für die Amerikanische und Englische Debatte sollten nicht zu fachlich sein, damit jeder Teilnehmer auch nach kurzer Vorbereitung inhaltlich und argumentativ mithalten kann.

Beispiele:

Verbot der Werbung für Alkohol?

Das Pro und Kontra der Auto-Aufkleber.

Brauchen wir heute noch Kinos?

Soll man einer Partei beitreten?

Zur spielerischen Auflockerung und zur Aktivierung der Phantasie eignen sich – besonders in Jugendgruppen – auch so genannte *Nonsens-Themen* wie

»Sollen nur Großväter Bärte tragen dürfen?«

## 3. Kurzübungen und -spiele

### Bild beschreiben

Ein Teilnehmer erhält ein Bild und beschreibt es, ohne dass die anderen es sehen können. Dann zeigt er es vor, so dass nun beurteilt werden kann, inwieweit der Sprecher mit seiner Beschreibung eine korrekte Vorstellung von dem Bild vermittelt hat.

### Personen beschreiben und/oder charakterisieren

Personen aus der Runde oder aus dem Bekanntenkreis werden beschrieben bzw. charakterisiert (Sprechweise, Eigenschaften, Verhalten), die Zuhörer müssen sie erraten.

**Begriffe oder Regeln erläutern**
Jeder Teilnehmer erhält (evtl. auf einem Kärtchen) einen Begriff oder
eine einfache Regel, die nach kurzer Konzentrationszeit zu erläutern
ist, z. B. Emanzipation, Stammtisch, Abseitsregel beim Fußball.

**Synonyme suchen**
*Verben* mit gleicher Bedeutung einem hauptwörtlichen Begriff zu-
ordnen, evtl. notieren, z. B.
einen Standpunkt – vertreten, einnehmen, haben . . .
ein Haus – bauen, errichten, erstellen . . .
einen Streit – beginnen, vom Zaun brechen, auslösen . . .
ein Verfahren . . .
eine Reise . . .
ein Referat . . .
ein Fest . . .
eine Veranstaltung . . .
eine Entscheidung . . .
eine Behauptung . . .
die Herrschaft . . .
Widerspruch . . .
Gründe . . .
Zwietracht . . .
Siege . . .
Niederlagen . . .
Diskussionen . . .
Texte . . .
Wettbewerb: Wer findet nach einer bestimmten Zeit die meisten
Synonyme?

# Stichwortverzeichnis

# Notizen

✎   Notizen